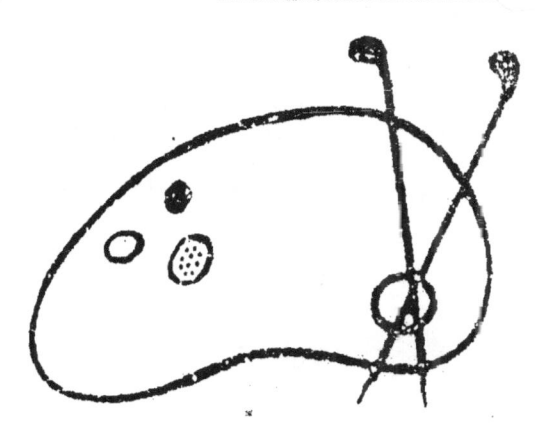

Couvertures supérieure et inférieure
en couleur

COUVERTURES SUPERIEURE ET INFERIEURE D'IMPRIMEUR.

LES MYSTÈRES

DE

L'ILE SAINT-LOUIS

I

CALMANN LÉVY, ÉDITEUR

OUVRAGES

DE

ROGER DE BEAUVOIR

FORMAT GRAND IN-18

Poissy. — Typ. S. Lejay et Cie.

LES MYSTÈRES

DE

L'ILE SAINT-LOUIS

CHRONIQUES DE L'HOTEL PIMODAN

PAR

ROGER DE BEAUVOIR

I

— CHARLES GRUYN —

NOUVELLE ÉDITION

C·L

PARIS

CALMANN LÉVY, ÉDITEUR
ANCIENNE MAISON MICHEL LÉVY FRÈRES
RUE AUBER, 3, ET BOULEVARD DES ITALIENS, 15
A LA LIBRAIRIE NOUVELLE

—

1877

LES MYSTÈRES

DE L'ILE SAINT-LOUIS

INTRODUCTION.

UNE VISITE A L'HÔTEL PIMODAN.

Au commencement de l'année 1844, me trouvant dans
l'une de ces dispositions bizarres où le déplacement devient
une loi de notre nature, je me résolus à entreprendre, au
sein de Paris même, un voyage à vol d'oiseau, n'ayant pour
tout compagnon de route que Germain Brice, lequel dédia
la préface de son livre (1) à Son Altesse Sérénissime le duc
régnant de Brunswick et de Lunebourg, et s'occupa de décrire le Paris de Louis XIV et de Louis XV en véritable an-
tiquaire.

Germain Brice était un maître de langue française, qui
servait aussi, par contre-coup, de cicerone aux étrangers
voyageant à Paris. Il gagna, assure-t-on, à ce métier pro-
ductif, une existence assez ronde. Il me semblait le voir,
orné de la perruque sacramentelle que porta le grand roi
lui-même, trotter d'un pas alerte devant la chaise à porteurs de quelque Allemand naïf, et prisant bientôt familiè-

(1) *Description de la ville de Paris et de tout ce qu'elle contient de plus
remarquable;* édition de 1717.

I.   1

rement dans sa tabatière en lui parlant de M. de Vaugelas.
La première apparition de son livre eut lieu en 1684, à Paris même; l'année suivante on le contrefaisait à la Hayë.
Germain Brice devait enseigner à l'étranger mille belles traditions dont, hélas! il ne reste plus vestige; il lui apprenait le *fin du fin*, comme dit Cathos des *Précieuses*. Dans la même journée, il était bien homme à lui montrer à la fois la place Royale et Ninon de l'Enclos, l'hôtel de Rambouillet et la Comédie, l'hôtel de Soubise et le Cours de la Reine, le pont Neuf et les *illustres* logés sous la grande galerie du Louvre *aux frais du roi*. Dans ce beau palais, où Germain Brice avait ses entrées, l'étranger causait avec Coustou, le sculpteur, et Boule, l'ébéniste; il voyait à la fois Nicolas de Launay, orfévre du roi, Coypel, le peintre, et Paraub, l'arquebusier; Mansart, Louis le Vau, Lebrun, et tout ce que ce siècle miraculeux possédait d'artistes honorés de la confiance du maître. S'il passait de là aux perspectives vénitiennes du Palais-Royal, ou aux magnificences de l'Opéra, il devait, ce nous semble, de larges remerciments à Germain Brice, à ses jambes, à son livret! Cependant le Paris d'alors était loin d'offrir les ressources d'aujourd'hui, et, comme Mascarille, on *y imprimait souvent ses souliers en boue*. Les quais n'étalaient pas cette symétrie admirable qui plaît tant aux bouquinistes, et malgré la colonnade du Louvre, plus d'une royauté splendide du neau siècle de Louis XIV rentrait chez elle lenez dans son manteau, en se rappelant la satire de Boileau sur les embarras de la capitale.

En ce temps de progrès où les omnibus existent, les cicerone, en revanche, n'existent plus. L'unique cicerone de nos jours, le plus simple, sinon le plus sûr, est le cocher de cabriolet.

Le cocher de cabriolet est un feuilleton à deux roues, fort commode par son format. Lui seul vous dira où étaient situés l'hôtel de Créquy, celui de Longueville et celui de Montauzier, autrefois l'hôtel de Rambouillet. Il vous conduira rue Culture-Sainte-Catherine, à cette délicieuse fa-

çade de l'hôtel Carnavalet, où M. Verdot, l'instituteur, se
contente de faire gagner des prix d'honneur à ses élèves,
bien après madame de Sévigné, qui y a gagné le prix du
style. Dites-lui d'aller au quai de la Tournelle, à l'hôtel
Nesmond, et il ira ; seulement, demandez-lui comment ce
même hôtel porte encore l'inscription de *propriété natio-*
nale, il ne pourra vous l'apprendre. Germain Brice eût mis
pour vous son habit le plus incarnadin, et il vous eût dit :
Voici, Excellence, une maison bâtie par Lulli, cette autre
appartient à Germain Boffrand, architecte renommé ; voici
l'hôtel Louvois, l'hôtel de Ménars, l'hôtel de Grammont ou
l'hôtel de Pontchartrain ! Moi, je suis admis chez M. de
Gèvres ou chez Samuel Bernard, je sais par cœur chaque
vers et chaque fontaine de Santeuil ; je vous dirai au juste
où repose Nicolas Flamel, et où l'on garde le cœur de
Louis XIII ; vienne un coup de pluie, et nous nous réfugie-
rons dans la curieuse bibliothèque de l'hôtel de Lamoignon.
L'hôtel de Luynes ou le cabinet de l'abbé de Broglio vous
vont-ils ? ou voulez-vous voir la porte rustique qui est dans
la rue Pavée?... Parlez, Excellence, je suis un de ces hommes rares que l'on eût jadis divinisés ; je connais tout dans
Paris, tout, depuis M. de Louvois jusqu'à l'allumeur de
chandelles qui illumine chaque soir Molière. La bibliothèque de Paris et celle de Wolfenbuttel, que je sais par cœur,
ne sont rien auprès de moi !

Ainsi eût parlé Germain Brice, et vous l'eussiez écouté
comme son livre. C'est quelque chose de si admirable qu'un
cicerone qui croit en lui ! Ceux d'Italie ont trop peur de
lâcher quelque bévue. Et puis, quelle condition humiliante
que celle de ces antiquaires en plein vent ! Ils cirent à la
fois, le matin, vos bottes, comme *facchini,* et le soir, vous
conduisent à Saint-Pierre de Rome. Germain Brice était
professeur de langue française ; il courait le cachet, mais
il plaisait. Il avait vu le jeu de Marion Delorme, et il avait
assisté à un duel sous un réverbère de la place Royale : les

deux ennemis se battaient pour un adverbe. Il ne faisait pas bon narguer la grammaire en ce temps-là.

Interpellé par moi au sujet de l'hôtel Pimodan, dont je me rappelais fort bien avoir remarqué la tablette de marbre, quai d'Anjou, mon cocher de cabriolet resta court.

— Vous voulez dire, sans doute, l'hôtel Lambert, mon bourgeois? reprit-il avec assurance.

Je n'étais pas en train d'entamer une discussion scientifique. Arrivé au numéro 17 du quai d'Anjou, je fis signe à mon automédon d'arrêter.

— Vous voulez dire l'hôtel des teinturiers? poursuivit-il, je passe souvent par là, et je vois couler devant cette maison des ruisseaux de toutes couleurs.

Les abords du vaste hôtel, portant sur sa plaque de marbre ce nom : *Hôtel Pimodan*, étaient loin en effet d'être fort beaux; une fumée épaisse, nauséabonde, s'échappait des caves aux larges portes ouvertes sur le quai d'Anjou comme autant de vomitoires. Bravant ces exhalaisons délétères, je pénétrai dans l'hôtel, non sans peine toutefois, car le portier avait la consigne. Ce portier avait dû vivre du temps de M. de la Reynie. Représentez-vous le cocher-fantôme de Scarron au pays des ombres (1), sa toux seule put me convaincre qu'il existait.

Il ne tarda pas à m'introduire dans une cour de belle apparence, où triomphait l'herbe poussant dans les jointures du pavé. Cette cour est froide et triste. Deux lions massifs, placés aux coins de la grande porte, soutiennent une des extrémités de la façade du côté de la cour; toutefois, cette sculpture est d'un bon style. De larges écuries forment le rez-de-chaussée du fond, dont le premier étage n'a rien que d'ordinaire et ne renferme pas une seule pein-

(1)   Je vis l'ombre d'un cocher
            Avec l'ombre d'une brosse
            Brosser l'ombre d'un carrosse.

ture. En tournant à droite, vous entrez dans la cage vitrée d'un escalier où l'on a pratiqué une volière. L'hôtel était désert, et nul oiseau ne chantait sous ces grillages. Le concierge faisait sonner en montant son trousseau de clefs, ce fut le seul bruit qui éveilla ces marches de pierre. J'arrivai à une porte en velours d'Utrecht jadis vert, mais qui me sembla alors d'un ton indéfinissable. Mon guide mit la clef dans la serrure, et je me trouvai bientôt dans une vaste pièce qui mérite l'attention.

Cette salle d'attente, qui a pu servir dans le temps de salle des gardes, est éclairée au levant par deux immenses fenêtres; l'ornement en était jadis doré, il a été reblanchi.

Le plafond représente *le Triomphe de la Vérité*; on s'accorde à l'attribuer à Lafosse. La frise en est riche, mais le décor un peu lourd. Des amours, des génies et des enfants composent ses attributs; trois panneaux énormes flanquent le fond, passé au badigeon le plus pur. Les remaniements sont visibles en cette pièce, depuis le poêle en faïence jusqu'aux dalles de liais formant le parquet.

Nous passâmes de là dans la salle à manger de l'hôtel, où se voient de beaux Robert, et surtout deux panneaux consacrés, l'un à don Quichotte, l'autre à son écuyer pantagruélique (1). Rien de plus charmant et de plus ingénieux que ces deux toiles évidemment postérieures au style italien des arabesques et des amours qui décorent la base de cette pièce, où la vasque de marbre d'une belle fontaine plaquée d'un masque de satyre attire l'œil du visiteur. Le salon qui fait suite est un prodige de travail et de splendeur; des fruits de Batiste, un panneau du milieu que l'on peut sans crainte donner à Lesueur, et surtout le plafond empreint de la touche chaleureuse de ce maître, lui donnent aujourd'hui un prix inestimable aux yeux de l'artiste. Deux portes

_____

(1) Un journal d'illustrations (la *Revue pittoresque*) les a fait lithographier.

en glaces répondent aux fenêtres du balcon, d'où la vue
s'étend du côté gauche sur les Célestins et l'Arsenal, et du
côté droit jusqu'aux larges confins du Louvre.

La chambre à coucher, d'un style riche et pâteux, possède un fort beau plafond et un raccourci de Lesueur, *le
Sommeil.* Elle a des camaïeux et des grisailles d'une bonne
école. La dernière pièce de ce riche appartement consiste
enfin dans un boudoir d'une délicatesse exquise, où les
glaces de Bohême témoignent assez d'une date antérieure
à celle de la manufacture due au génie de Fouquet, le
surintendant. Des peintures mythologiques, des chiffres et
des enroulements d'un grand effet donnent à ce boudoir un
cachet si particulier, que la main tâtonne involontairement
ces divins panneaux, jusqu'à ce qu'elle ait trouvé le ressort
mystérieux de quelque porte secrète. Or, cette porte même
ne manque pas, et l'on veut que Lauzun, poursuivi par le
couteau galant de la jalouse Mademoiselle, ait plus d'une
fois profité de cette issue.

Ébloui devant de pareilles magnificences comme devant
un riche écrin de Froment Meurice, l'habile ciseleur, j'eusse
toutefois cherché vainement à m'asseoir, l'appartement
n'avait pas même une chaise. Aveuglés un moment par les
radieuses effluves de ces plafonds, mes yeux devaient pourtant retomber sur des profanations encore récentes. C'est
ainsi que je vis avec effroi les portes jadis dorées recouvertes
d'un odieux empâtage, et que je pus lire sur un volet une
formule du Codex. Une formule de droguiste tracée à la
craie dans pareil lieu! Qu'avait donc à faire la gent phar-
maceutique avec les peintures de Lesueur? Je ne remar-
quai pas sans frissonner l'angle de la rue des Lions-Saint-
Paul, que l'on pouvait voir de ce balcon; c'est là que
demeurait la Brinvilliers! Il serait piquant, pensai-je,
qu'il eût logé ici, vis-à-vis d'elle, un chimiste comme Sainte-
Croix! Ou bien serait-ce Lauzun qui soufflait de l'or
en ce palais, et faisait de l'alchimie! Quoi qu'il en pût être

de toutes mes suppositions, je demeurais convaincu du passage d'un être singulier dans cet hôtel, quand le concierge voulut bien m'apprendre qu'un locataire s'y était amusé à faire des préparations chimiques. Cet acte de vandalisme pouvait étrangement compromettre ces magnifiques peintures; elles en ont été quittes pour quelques taches. L'odeur âcre de la teinture n'a pas peu contribué à leurs souillures, mais les propriétaires de Paris sont ainsi faits. ils veulent avant tout faire des baux et s'assurer leurs pleins revenus. La difficulté d'une location pareille les effraye, de là une incurie profonde, résolue, pour tout ce qui la concerne. Je vous ai parlé du concierge qui m'escortait, c'était l'unique serviteur de cette maison, il ne l'avait pas quittée depuis son enfance, il demeurait seul chargé de ce lourd fardeau. Je ne sais pourquoi, malgré ses ténèbres et sa poussière, ce vieux palais vénitien, au bord de la Seine, me séduisait; mais en le quittant, je me promis de le revoir, et bientôt j'y vins rêver tous les jours.

Je ne fis pas même difficulté d'avouer en stances ce beau caprice :

Philis, ô pardonnez, ce n'est plus vous que j'aime !
Vraiment ce n'est plus vous, excusez ce blasphème,
Vous cependant si belle et que j'aimai longtemps;
Non ! c'est un morne hôtel, débris de l'ancien temps,

Qu'on aima comme vous, jadis, sous le vieux règne!
Il est bien loin de vous, mais la Seine le baigne.
Lanzun, le fier Lauzun y joua des monts d'or,
Son portrait rayonnant au mur flamboie encor.

On dirait, à le voir, du jeune et beau Fiesque !
Ce vieil hôtel dans l'île est une immense fresque
Dont rosaces, festons, astragales d'amour,
Comme en un grand ballet accomplissent le tour.

J'y vais depuis huit jours rêver... C'est tout un monde
D'oubli, de solitude et de splendeur profonde,

Une tombe dorée au bout du vieux Paris,
Mais enfin de la tombe on est parfois épris.

Dans celle-ci, d'ailleurs, je vois en robe à queue,
Des dames de la cour qui font bien une lieue
En chaise, en falbalas, afin de voir le bal
Que Lauzun va donner en ce salon royal.

Je vous y vois vous-même avec l'abbé Coulanges,
Je respire l'œillet qui sort de vos fontanges,
Un grave président, le président Lambert,
Y parle à vos côtés de Fouquet, de Colbert,

Tandis qu'avec amour une docte marquise,
La Sévigné, caresse auprès du feu Marphise.
Du jet de vingt cristaux le plafond est ardent,
Voici tous les héros de l'hôtel Pimodan :

Gruyn, Hervart, Ogier, Grandmaison et vingt autres
Illustres financiers qui valaient bien les nôtres,
Que Rigaud, Largillière ont peints sur ces panneaux.
Voyez! la cour d'honneur ruisselle de flambeaux,

Et la Seine déjà reflète en gerbes folles
Le lustre de l'hôtel aux mille girandoles!
Puis la fête s'éteint aux premiers feux du jour,
Comme tout doit s'éteindre, hélas! même l'amour!

Ainsi m'étais-je passionné pour cette ancienne demeure.
En apprenant que Lauzun et le marquis de Richelieu
avaient tous les deux passé par là, que le constructeur de
cet hôtel avait été le héros d'une sombre et tragique histoire, que tout ce qu'il y avait eu de beau, de noble et de
brillant dans le grand siècle avait dû fouler les parquets de
l'hôtel Pimodan, que Bossuet et le père Feuillet de l'Oratoire y avaient enfin converti madame de Lauzun la mère,
je m'applaudis du choix de cette retraite devenue pour
moi une étude. Ici venaient mourir les derniers bruits de
la capitale, car en ce lieu les artères de Paris cessent de
battre, la vie s'en est retirée. J'avais lu la veille le *Rancé*

de M. de Chateaubriand, et, bien que cet hôtel désert ne fût pas la Trappe, j'y entrais avec le trouble d'une grande résolution. La bienveillance de quelques artistes m'encouragea vis-à-vis de mes censeurs ; les premiers regardaient mon entrée dans cet hôtel comme un bienfait, les seconds comme une profanation. Je reçus un matin la carte de visite suivante, elle était signée du nom de Méry :

Ce grand hôtel aristocrate
Par Lauzun vous était promis,
Et vous pouvez, mieux que Socrate,
Le peupler de tous vos amis.

La presse parisienne, cette fée de tous les baptêmes, voulut assister à celui de l'hôtel Pimodan, elle fit le voyage de l'île Saint-Louis et fouilla l'hôtel de fond en comble. Elle en parla à la hâte et commit nombre d'erreurs. Heureusement le propriétaire actuel est un homme d'érudition, il se pique beaucoup de gravures rares, de vieux livres. Il eut la bonté de me communiquer quelques notes à l'aide desquelles je parvins à reconstruire la physionomie de son hôtel, puis à la fondre en deux drames séparés.

C'est le premier de ces drames que j'offre aujourd'hui à la curiosité du lecteur. Il s'appuie sur une donnée du temps de Louis XIII. Son héros fut le véritable et unique fondateur de l'hôtel Pimodan.

Après lui, arrivent en première ligne, comme propriétaires, Lauzun et le marquis de Richelieu.

De 1709 à 1774, époque de la mort de Louis XV, on ne rencontre aucun nom éclatant dans les propriétaires de l'hôtel de l'île.

Ce que nous pouvons affirmer d'après des documents authentiques, c'est qu'il fut acheté vers 1780 par M. Rarecourt de la Vallée, marquis de Pimodan, et officier supérieur de cavalerie.

Il porta dès lors le nom de Pimodan qui figure encore

sur sa plaque de marbre. Ce nom est celui d'une famille chère à tous les hommes d'honneur à plus d'un titre.

Par suite de partage entre les enfants du marquis de Pimodan, l'hôtel devint la propriété de M. le comte de la Violaye son gendre, fils du marquis de la Violaye, dernier président des états de Bretagne.

Une tradition suspecte donnerait à croire que M. de la Violaye, durant la terreur, aurait été caché dans l'un des égouts de l'hôtel pour échapper aux bourreaux : M. de la Violaye passa cet horrible temps dans les prisons de Nantes, telle est l'exacte vérité. Il fut même embarqué sur les fameux bateaux à soupapes, mais il eut le bonheur de s'évader.

La révolution française respecta, chose étrange ! les murs et les fresques de l'hôtel Pimodan ; les septembriseurs l'oublièrent. Aujourd'hui, les plafonds de Lesueur et de Lafosse y brillent encore de tout leur éclat. Un auditeur au conseil d'État, M. J. Pichon, s'en est rendu l'acquéreur, et il le conserve avec un soin qui mérite tout éloge. Ressusciter un pareil cadavre après Lauzun serait impossible ; M. J. Pichon s'est contenté de l'embaumer de son mieux.

A quelques pas de l'hôtel Lambert, où la bienfaisance invente des fêtes, où Lebrun rayonne, éclate, éblouit, l'hôtel Pimodan ressemble à l'un des chartreux de Lesueur ; sa nuit est profonde, ses dalles mornes, sa cour remplie d'herbes. Peut-être, à défaut de nous, hôte rapide qui n'avons fait qu'y passer, trouvera-t-il un jour quelque Anglais épris de Buckingham et de Lauzun, pour lui rendre son ancienne vie. Le Pactole des poëtes et des artistes ne suffit pas à ce riche et vieux palais ; Dieu le garde seulement d'un nouveau droguiste pour locataire ! La fumée qui sort de ses alambics grossiers avait failli déjà lui nuire ; ses dorures en ont souffert. Nous exprimons le vœu que cette noble demeure ne sorte pas des mains dans lesquelles on la retrouve, ou qu'elle ne passe à d'autres que pour revêtir

son antique robe de splendeur ! L'hôtel Lambert abrite une
royauté déchue, une famille décapitée d'une partie de ses
revenus par l'empire russe : l'hôtel Pimodan devrait se voir
un jour converti en un musée où s'abriterait le génie de Lesueur. Les toiles de ce maître peupleraient la nudité de ses
grands murs. En 1832, nous signalâmes des premiers, dans
la préface d'un roman (1), l'hôtel de Cluny à l'attention des
artistes ; le gouvernement vient d'en faire l'acquisition. La
fortune des particuliers est impuissante à relever des mo-
numents de pareille nature ; leur parcimonie devient une
faute. Signalons seulement ce fait : Paris ne possède plus
à cette heure que trois hôtels dont la conservation étonne,
l'hôtel de Soubise, l'hôtel Lambert et l'hôtel Pimodan.

(1) *L'Écolier de Cluny.*

PREMIÈRE PARTIE

LA DUCHESSE DE FORNARO

I

LE PASSEUR DE L'ILE AUX VACHES.

En 1638, époque à laquelle se passe la première partie de ce récit, la pointe de l'île Saint-Louis vers laquelle nous conduisons le lecteur, était loin d'offrir un aspect semblable à celui qu'elle présente en cet an de grâce 1845 ; il nous paraît donc indispensable de lui restituer en peu de lignes sa physionomie ancienne.

L'île Saint-Louis se composait d'abord autrefois de deux îles : de l'île Notre-Dame et de l'île aux Vaches. Ces deux îles réunies n'en formèrent bientôt plus qu'une.

La partie est de l'île était échue à Luc Le Poulletier, secrétaire de la chambre du roi ; dans cette partie se trouve encore une rue qui porte son nom (1).

(1) Il faut même s'étonner de ce que les membres du conseil municipal ne l'aient pas encore débaptisée. Ce sont cependant ces mêmes édiles qui commettent chaque jour d'impardonnables âneries. Pour n'en citer qu'une, qui se trouve sur le chemin de notre hôtel, la rue de la Tonnellerie conserve encore, grâce à eux, l'inscription la plus apocryphe. Molière y est inscrit comme étant né en 1620, tandis qu'il ne vit le jour qu'en 1622, et rue Saint-Honoré, au coin de celle des Vieilles-Etuves. Ainsi que l'a fait observer un ingénieux critique, bibliothécaire de la ville, M. Rolle, que doit penser l'étranger en voyant d'un côté, rue de la Tonnellerie, l'inscription susdite à la date de 1620, et à la fontaine Molière, au coin de la rue Riche-

L'île Notre-Dame, appelée aujourd'hui l'île Saint-Louis, ne reçut ce premier nom que parce qu'elle relevait de l'église métropolitaine, et qu'elle lui appartenait en propre. Elle se trouvait partagée d'abord en deux par un petit bras de la rivière; ce bras la traversait dans l'endroit même où est maintenant l'église de Saint-Louis.

Dans la plus petite de ces îles (l'île aux Vaches), on menait paître les bestiaux; dans la plus grande (l'île Notre-Dame), le chapitre régnait en maître si absolu que, malgré plusieurs arrêts du conseil obtenus par les entrepreneurs des constructions de l'île, commencées en 1614, ses oppositions seules empêchèrent la construction du pont Marie, jusqu'à ce que le roi intervînt et promit de donner dans un mois, au chapitre, cinquante mille livres.

Le chapitre de Notre-Dame traversa les entrepreneurs jusqu'en 1642.

Ces entrepreneurs étaient Christophe Marie , entrepreneur général des ponts de France, Le Regrattier, trésorier des Cent-Suisses, et Poulletier, commissaire des guerres.

En 1614, Christophe Marie s'était déjà obligé à joindre, en dix ans, les deux îles, à les environner de quais revêtus de pierres de taille, et à bâtir des maisons, à y faire des rues et un pont vis-à-vis celle des Nonaindières.

Après avoir fait bâtir une partie de l'île, Marie et ses associés se rebutèrent. Leur traité fut cédé par eux, puis repris, puis recédé; l'entreprise ne ·fut achevée qu'en 1647, par Herbert et autres habitants de l'île.

Toutefois, dès 1635, le pont Marie était terminé.

Il faut bien le dire, pour un Parisien peu fait aux merveilles monumentales de l'Espagne ou de l'Italie, ce pont,

lieu, celle de 1622? Nous demanderons humblement à ces mêmes édiles pourquoi, ayant en main les chartes du royaume, Germain Brice, etc., etc., ils s'obstinent encore à estropier le nom de Poulletier dans sa rue même : ils l'écrivent *Poultier.*

l'un des trois par lesquels on entre dans l'île, réalisait un magnifique travail.

Sur ses cinq belles arches de pierre, complétées par quatre piles et deux culées, s'élevait une double ligne de maisons uniformes et profondes de quatre toises. Le pont lui-même en avait cinquante de longueur. L'île Notre-Dame, développant son immense carré couvert de toits encore rares et bordé de quais, alors en voie de construction, ne pouvait lui opposer que le pont Rouge, encore celui-ci était-il de bois (1), comme le pont de la Tournelle. Ce dernier même venait de se voir emporter par les glaces et le débordement de la Seine, en 1637, l'année d'avant (2). Le regard du passant plongeait à travers les fenêtres neuves des maisons, d'un côté, sur cet horizon de fabriques et d'édifices qui s'arrête à peine au Louvre; de l'autre, sur l'étendue alors inculte de terrains coupés par la Seine, qui donne au paysage les seules limites de Charenton. Le marteau des travailleurs retentissait déjà à la pointe de l'île aux Vaches; tout ce que la cour comptait de seigneurs ou de gens riches marchandait, soit par spéculation, soit par luxe, ce sol vierge encore, sur lequel l'édilité mettait la main, et qu'elle vendait au plus offrant. Les événements de la guerre étaient de nature à satisfaire les esprits; l'œuvre lente et progressive de Richelieu, l'abaissement de la maison d'Autriche allait se voir dû aux succès de nos propres armes. Louis XIII avait alors six armées sur pied, dans les Pays-Bas, dans le Luxembourg et la Champagne, en Languedoc, en Italie et

(1) Alors le pont de Bois.
(2) Le temps de la reconstruction de ce pont en pierres de taille date de 1656. Alexandre de Seve, prévôt des marchands, y fit placer le distique suivant :

Ædiles recreant submersum flumine pontem.
Non est officii, sed pietatis opus.

en Piémont. Le duc de Rohan, ce fameux chef des huguenots qui s'était soumis au roi après le siége de la Rochelle,
venait de mourir à Rhinfeld, après s'être signalé par plusieurs victoires contre les impériaux dans la Valteline. Le
maréchal de Créquy, l'un des plus grands généraux de
Louis XIII, avait perdu la vie d'un coup de canon au siége
de Brême. Ces retentissements guerriers imprimaient alors
à Paris une allure martiale et grandiose, la population
tournait au soldat La France rêvait les conquêtes, et, à
l'aide de mouvements extérieurs, le cardinal venait de se
rendre plus nécessaire que jamais.

Alors aussi, tout ce qu'il y avait de gens de cape et
d'épée dans les pays voisins refluait vers nos murailles. Les
aventuriers d'Espagne, d'Angleterre et d'Italie venaient
essayer de notre soleil, et traîner à la cour ou par les rues
ces manteaux, souvent troués, que Callot immortalisa de
son burin. Ceux-ci quittaient la solde de Piccolomini, ceux-
là le pain de Buckingham, d'autres l'or du cardinal de
Savoie. Il n'était pas de cour en Europe dont le cardinal
ne connût les intérêts et dont les négociateurs les plus
obscurs ne lui servissent. Les espions de Richelieu exerçaient partout une inquisition victorieuse. Occupé à la fois
du dedans et du dehors, Richelieu venait enfin de fonder
l'Académie. Il avait fait un traité entre la France et la
Hollande par lequel ces deux puissances devaient s'unir;
mais les Espagnols, instruits de ce traité et ayant surpris
Trèves, avaient enlevé l'électeur. Ce coup hardi avait oc-
casionné entre la France et l'Espagne une longue et cruelle
guerre.

Par une soirée brumeuse de janvier 1638, un personnage
à la cape longue, éraillée, sorte de couverture semée de
taches, qui laissait à peine apercevoir le bout de sa longue
rapière, longeait la draperie neuve des maisons du pont
Marie. Indifférent aux bruits divers de la foule, il marchait
d'un pas ferme vers cette partie de l'île Saint-Louis où se

trouve situé aujourd'hui l'hôtel Pimodan, mais dont le
terrain était alors semé d'herbes comme ceux qui l'avoisi-
naient. A son air préoccupé, il était facile de voir que les
embellissements nouveaux de cette portion du vieux Paris
le touchaient peu, car il n'avait pas même jeté un regard
d'encouragement aux travailleurs employés à ce quai par
Christophe Marie, et qui fredonnaient, en taillant la pierre,
un refrain en vogue alors au cabaret de la *Femme sans
tête.*

Plusieurs de ces ouvriers, voyant la journée finie, emportaient déjà leur besace pleine d'outils, quand l'apparition du nouveau venu vint les mettre en veine de malice
et de gaieté.

En effet, outre que l'espace vers lequel notre personnage
s'avançait pouvait à bon droit passer pour un lieu peu fré-
quenté, il était semé d'une foule de matériaux à travers
lesquels il eût pu difficilement se faire jour.

Tantôt sa longue cape se prenait aux moellons ou à la
scie, tantôt il trébuchait sur des bois amoncelés ; ses éperons s'accrochaient comme à plaisir au milieu d'herbes et
de varechs rejetés en cet endroit par la Seine; sa rapière
interminable battait ses flancs et menaçait de le faire tomber. A son feutre gris pendait un panache agonisant; ses
bottes étaient ouvertes aux quatre points cardinaux; son
pourpoint avait pour boutons de méchantes cordes. Tout ce
qu'on pouvait voir raisonnablement de sa figure, c'étaient
deux moustaches dont les crocs menaçaient le ciel, une
royale démesurée et quelques touffes de cheveux. Il était
long, osseux, et ressemblait alors à un héron qui sautille.
Enfin, piége horrible! et dont sa méditation profonde l'a-
vait sans doute empêché de s'apercevoir : il portait en guise
de galon au bas de son manteau un énorme bouchon de
paille, que de malins clercs de Sorbonne, ou des vendeurs
de lèchefrite du pont Neuf lui avaient attaché injurieuse-
ment, lorsqu'il y pensait le moins.

Un concert d'acclamations bouffonnes accueillit l'inconnu à son passage. Ce fut à qui, parmi les ouvriers de maître Christophe Marie, lui lancerait un lardon.

— Où allez-vous donc, monsieur le masque? prenez garde de salir vos broderies!

— Ce courageux pèlerin va prendre sans doute un bain d'hiver.

— Vous n'y êtes pas : il vient acheter un terrain pour s'y construire un palais!

— C'est un riche bourgeois qui veut fonder ici un jeu de paume!

— Il rebondira sur la raquette comme un volant! Il est si maigre!

— Examine ses jambes, ne dirait-on pas de deux arches du pont Marie!

— Et ce bouchon de paille! Ah çà! il est donc à vendre!

L'inconnu se drapa silencieusement dans son manteau, et rejetant son corps en arrière avec fierté, il se mit à toiser dédaigneusement ces épais railleurs. C'était un homme d'une quarantaine d'années, aussi brun qu'un Cafre au premier coup d'œil, mais dont la physionomie rusée, le regard étincelant et la désinvolture élégante trahissaient bien vite le pays : il était Italien. Une chevelure noire, abondante, s'échappait en boucles entremêlées sous son feutre; il avait le rire aigu, éclatant : il n'eut pas de peine à remettre à leur place les mauvais plaisants qui l'obsédaient.

— Arrière! leur cria-t-il; je croyais avoir affaire ici à des hommes et non à des pierres! Le terrain que je foule m'appartient autant qu'à vous!

Il se fit un silence forcé dans la foule; elle s'écarta pour mieux lui faire passage.

— La maison de maître Gérard? demanda-t-il.

Ces hommes se regardèrent; maître Gérard était le passeux de l'île aux Vaches, mais ils n'avaient guère souvenance qu'à cette heure avancée et dans pareille saison, un gentilhomme pût avoir fantaisie de lui faire détacher sa barque pour côtoyer les îlots de la Seine. Peu de seigneurs frappaient en hiver à sa cabane isolée.

— Eh bien! ne m'avez-vous pas entendu? poursuivit l'Italien, je vous prie de me dire où reste maître Gérard?

— Mais... à cette hutte sur la Seine, répondit l'un d'eux en indiquant du doigt à l'Italien une sorte de cabane revêtue de mauvais ciment, et au pied de laquelle une barque était amarrée.

Cette habitation chétive faisait face à l'Arsenal.

Il se racontait sur ce lieu de sombres et tragiques histoires. Une fatalité étrange, mystérieuse, voulait que vers cette pointe de l'île nombre d'imprudents ou de malheureux eussent trouvé la mort, les uns en se noyant, d'autres en s'étant battus en duel malgré les édits, car pour les duels ce terrain écarté était commode.

L'Italien prit à peine le temps de remercier son homme, et il se dirigea d'un air résolu vers la cahute.

Dix heures sonnaient alors à l'église des Célestins; le froid était vif, notre personnage doubla le pas.

La demeure du passeux de l'île aux Vaches laissait à peine échapper un jet de lumière... L'abord en était silencieux comme l'abord d'une tombe.

— Maître Gérard! cria l'inconnu d'une voix ferme.

En appelant ainsi, il se trouvait à deux pas de la cahute: l'unique porte de ce gîte noirâtre s'ouvrit.

— Que me veut-on? demanda d'une voix fêlée un petit vieillard qui tenait en main une lanterne.

— Tu vas le savoir, mais d'abord prends.

Maître Gérard recula d'un pas, en sentant le poids de quelques écus tomber dans sa main.

— Entrez, mon gentilhomme, entrez, dit-il au nouveau venu.

L'Italien descendit dans la cahute du passeux en s'y laissant couler le long de la corde qui formait sa rampe.

Il ne tarda pas à se voir dans une pièce lambrissée de

méchantes planches, ayant à son plafond quelques misérables filets de pêche pour tout ornement. Sur une table
boiteuse, le souper de maître Gérard était servi; dans un
coin de la cahute, on entrevoyait une sorte de créature
humaine roulée près du feu. C'était un chien.

A l'approche de l'étranger, le chien se dressa sur ses jar-
rets vigoureux, et flaira la cape de l'Italien. Peu satisfait de
son examen, il revint ensuite à sa place devant le foyer d'un
air de mépris taciturne.

— Je suis à vos ordres, monsieur, dit le vieillard en cour-
bant sa maigre échine; permettez-moi seulement de m'é-
tonner...

— De ce que je vienne chez vous si tard par un semblable
froid, mon brave homme? Dame, je n'avais pas le choix de
l'heure et de la saison, reprit l'inconnu.

— Que voulez-vous de moi? demanda maître Gérard avec
une crainte secrète. En même temps il regardait le chien,
unique gardien de sa solitude, et la bourse qu'il venait de
recevoir.

— Une chose bien simple, répondit l'Italien; je veux
votre barque.

— Y songez-vous, monseigneur? La promenade en Seine
est peu praticable par le temps présent, et à moins qu'il ne
vous prenne envie d'aller par eau à l'Arsenal...

— Je n'ai rien à faire à l'Arsenal, objecta l'Italien; c'est
une promenade que je veux faire, rien de plus.

Maître Gérard se prit à considérer l'inconnu avec une
attention défiante.

Peu de peintres eussent pu trouver un plus curieux sujet
d'études; le visage de cet homme défiait l'analyse et la
réflexion. Quelques rides légères sillonnaient son front
habituellement pâle et méditatif, mais ces rides indiquaient
aussi bien les fatigues de l'esprit que celles du corps. Le
ton de l'inconnu était bref et saccadé; mais il provenait
peut-être autant de l'habitude du commandement que
d'une résolution soudaine. La flamme qui brillait dans ce

regard laissait l'examen indécis, elle représentait aussi bien le courage que la folie. Cette défroque usée de gentilhomme pouvait enfin cacher un aventurier comme un seigneur.

Ce qui affermissait le doute chez Gérard, c'était une ironie insistante dans le sourire de l'étranger ; lui-même avait l'air de s'être pris le premier pour but d'une amère plaisanterie ; il se raillait devant le passeux par une pantomime hautaine et cruelle, inspectant tour à tour avec mépris, et le manteau troué qu'il portait, et ses bottines prenant l'eau.

— C'est peut-être un fou qui a parié de me faire sortir ! pensa le vieillard. En ce cas, le temps est mal choisi ; mon souper m'attend et ma journée a été rude.

En se parlant ainsi à lui-même, l'honnête passeux jetait un regard sur sa cabane. L'araignée suspendait sa toile grise à ses planches, le vent y faisait une basse lamentable et continue. Les flots de la Seine, grossis par les pluies d'hiver, en battaient les ais avec un sombre roulis. Auprès de la table était le lit, au-dessus du lit un amas de cordes, de harpons, de nasses, de poissons fumés et desséchés. Dans un coin de cette pièce, il y avait un berceau à l'osier disjoint, sur lequel Gérard avait étendu sa cape grise, humide encore de givre. L'inconnu examinait à peine ces détails, et semblait plongé dans la plus profonde méditation. La flamme de l'âtre renvoyait de temps à autre des reflets énergiques à sa figure, et cette figure revêtait alors un mélange indéfinissable de haine, de pitié ou de dédain. Il poursuivait un monologue approfondi avec lui-même, se parlant tantôt avec une vivacité hautaine, tantôt retombant comme épuisé sur son escabeau dans le plus morne des silences. Le passeux restait muet devant cet hôte inattendu, il n'osait l'appeler et le tirer de sa rêverie.

Tout d'un coup l'Italien fit un bond.

— Je suis prêt, dit-il, et vous ?

Maître Gérard s'inclina machinalement.

L'inconnu s'était levé, il avait ôté son manteau ; en y

trouvant le bouchon de paille, il fit un léger mouvement d'épaule.

— Je ne m'étais pas encore vendu ici, cependant ! murmura-t-il avec une singulière expression.

Il jeta le bouchon de paille au feu, et commanda au passeux d'amener sa barque.

Cette fois, maître Gérard se sentit pris malgré lui d'une frayeur invincible. Il représenta de nouveau à l'étranger, en balbutiant, qu'il était tard, que la Seine était froide et peu propice à la promenade. Les sentinelles de l'Arsenal s'effrayeraient, on allait peut-être les interroger tous deux. En un mot, Gérard accumula tout ce qu'il put trouver de raisons; mais l'inconnu insista.

Le passeux eut si peur qu'il offrit de rendre la bourse.

— Gardez-la, dit l'autre, nous n'irons pas loin, rassurez-vous.

— Mais où voulez-vous donc que je vous conduise? reprit Gérard.

— Que vous importe?

— Monseigneur, reprit Gérard, malgré vos habits, vous me faites l'effet d'un brave gentilhomme. Peut-être en ce moment les fumées du vin vous traquent la cervelle. Si c'est un pari que vous avez fait de l'autre côté de la Seine, soyez tranquille, je dirai que vous l'avez gagné, je vous jure.

— Voilà huit jours que mes lèvres n'ont touché une coupe, dit l'étranger; voilà huit jours que j'aurais dû faire ce que je fais aujourd'hui.

— Monseigneur, vous ne voulez pas, n'est-il pas vrai, vous moquer ici d'un pauvre homme? Je n'ai pas de famille, mon cher seigneur; quoique dans le temps on eût pu voir ici une pauvre petite créature jouer avec ses mains d'ange dans ce berceau qui est vide, hélas! Mais je suis connu dans l'île Notre-Dame pour un digne homme, j'honore Dieu, le roi et M. le cardinal.

A ce dernier nom, l'inconnu fronça le sourcil, mais

reprenant bientôt un ton d'autorité, il dit à maître Gérard :

— Me prendriez-vous d'aventure pour un voleur ?

— Certainement non, reprit le passeux, mais une fois en Seine, qui me dit...

— Honnête Gérard, reprit l'inconnu, voici mon épée, je la laisserai dans ta cahute ; ce poignard, je le dépose sur ta table ; ces mains, tu vas les lier toi-même... A présent, hésites-tu ?

— Non, non, mon gentilhomme, répondit Gérard ; mais alors, que vais-je faire ?

— Tu ne le devines pas ? dit l'étranger.

— Non, mon gentilhomme.

— Tu vas m'introduire dans cette barque ; au plus profond de la Seine... Eh bien ! qu'as-tu donc ? je n'ai pas encore parlé...

— Rien... oh ! rien... murmura le passeux demi-mort de peur, achevez...

— Eh bien, maître Gérard, au plus profond de la Seine, tu me pousseras hors de ta barque et tu me noieras !

II

UN CONSEIL D'AMI.

L'étranger avait prononcé ces paroles avec un tel accent de décision, que le passeux recula.

L'Italien, après avoir croisé ses bras sur sa poitrine, regardait silencieusement maître Gérard.

— Tu ne comprends donc pas que je veuille me noyer ? dit-il au passeux.

— Dame ! mon gentilhomme, c'est une idée comme une autre, répondit Gérard en affectant un grand flegme. Seulement, je trouve que vous quittez la vie de bonne heure...

— La vie ! tu en parles comme d'un bien assuré, reprit l'inconnu ; serais-tu donc heureux, par hasard ? Çà, conti-

hua-t-il en frappant la table du pommeau de son épée,
qu'on me montre un heureux, et j'y croirai, à la vie!...

— Hélas! monseigneur, dit Gérard avec un soupir, je
n'ai guère le droit de vous prêcher ici en faveur de la vie,
moi qui vous parle, et cependant, voyez-vous, non, je ne
me noierais pas.

— Cela veut dire que tu n'en aurais pas le courage.

— Je suis aussi courageux qu'un autre dans l'occasion;
mais c'est un péché.

— Un péché, dis-tu ?

— Oui, c'est un péché que de disposer ainsi de soi-même;
comme si derrière nous, nous ne laissions rien!... Allons
donc! mais cela n'est pas possible... Tenez, monseigneur,
on oublie toujours en partant quelqu'un que l'on aime ou
qui vous aime. On a une mère, une sœur, une femme ou
un ami.

— Je n'ai rien de tout cela, brave homme; la famille est
le plus gênant des attirails quand on veut se jeter en Seine.
Je n'ai pas même un chien pour ami; mais en revanche,
j'ai là, sur le cœur, des choses qui m'empêcheraient de remonter sur l'eau si jamais je devais y revenir.

Gérard considéra l'Italien avec une sorte de frayeur superstitieuse. Il avait souvent ouï parler d'une armée occulte de *bravi* que le cardinal entretenait à sa solde; c'é-
taient des Padouans, des Vénitiens, des gueux de Mantoue
et de Naples. Il attacha sur l'inconnu un regard insistant.
Mais les prunelles bordées de cils gris du vieillard furent
bientôt forcées de s'incliner devant la flamme électrique
qui jaillissait des yeux de l'Italien : il resta confus et tremblant devant cet homme. Était-ce un véritable dépit d'a-
moureux, un désespoir de joueur, ou le remords qui poussait l'étranger à une résolution pareille ? L'inconnu s'était
accusé trop franchement devant lui pour que Gérard ne
dût pas le croire sous l'obsession de quelque délit; il n'hésita donc pas à lui demander si d'aventure il s'était battu
en duel, contrairement aux édits du cardinal.

— Le cas serait grave, ajouta l'honnête passeux, mais ce n'est pas une raison pour se tuer, quand on a tué son ennemi dans les règles.

— Je ne me suis pas encore battu ici, reprit l'étranger; je suis dans cette ville depuis six jours.

— Mais enfin, mon noble seigneur, dit Gérard en joignant les mains, par quelle circonstance cruelle...

— Encore un coup, l'ami, vos questions sont inutiles; je me noie parce que tel est mon bon plaisir; je me noie parce que je ne veux ni ne dois plus vivre.

Cette fois, le front de l'Italien s'était assombri, sa parole était devenue si brève et en même temps si ferme, que le passeux ne répliqua plus. Il fit semblant de chercher dans sa cahute une nasse dont il avait soin, disait-il, de se pourvoir dans son bateau chaque fois qu'il devait sortir. Puis, sans que l'étranger pût le voir, il s'assura en même temps de la présence d'une petite cassette en bois de sandal qu'il cachait chaque soir sous son oreiller. La rivière clapotait autour des planches de la cabane, et le veilleur de l'Arsenal venait de crier onze heures.

Maître Gérard, en continuant ainsi divers préparatifs, espérait gagner du temps; mais il avait affaire à forte partie. Depuis quelques secondes pourtant, l'inconnu semblait plongé dans une sorte de rêverie mélancolique; il s'était approché du berceau laissé dans un coin de cette demeure, et il regardait ses branches d'osier presque rompues.

— Un enfant que vous avez perdu sans doute, et que vous aimiez? demanda-t-il au passeux avec intérêt. Comment est-il mort?

— Cette histoire serait trop longue à vous conter, mon gentilhomme, répondit le bonhomme avec malice; n'oubliez pas que vous devez vous noyer avant minuit...

— A minuit, soit; mais en une heure, tu peux me dire ton histoire. Voyons, fais-moi, l'ami, quelque beau récit; demain, je le conterai aux poissons.

Et l'inconnu sourit d'un sourire amer et triste.

— Après tout, mon gentilhomme, répondit Gérard, puisque vous l'exigez, je m'en vais vous satisfaire. Ce berceau
que vous voyez fut fait par moi, il y a quinze ans, pour une
pauvre petite créature qu'on espérait bien noyer en Seine.

— *Vivat!* tu sauvas l'enfant? J'en eusse fait autant à ta
place, mon brave Gérard! C'était peut-être quelque petit
monstre qu'on voulait prudemment empêcher de grandir,
de peur qu'il ne déshonorât son noble père? demanda l'I-
talien avec ironie... On a vu cela; continue.

— Du tout, mon gentilhomme, vous êtes pleinement dans
l'erreur. Le pauvre enfant recueilli par moi, grâce à mon
filet de pêche, était une ravissante petite fille...

— Que tu as vue grandir, croître sous tes yeux, jusqu'au
jour où ses parents...

— Ses parents... continua le passeux en hochant la tête,
elle n'en avait point; personne ne la réclama. Ceci dura
deux ans; elle grandissait et devenait belle à faire ma joie...
Un soir, des bateleurs revenant de l'Arsenal, où M. de Sully
donnait une fête, entrèrent subitement chez moi... Ils exi-
gèrent que je les conduisisse vers Conflans. Pendant que je
disposais ma barque, je crus entendre des gémissements
sourds, étouffés. L'un d'eux me tenait toujours par ma cape,
je voulais sortir, je voulais reconnaître l'endroit d'où partaient ces cris... Tout d'un coup, un de ces misérables me
pousse dans l'eau, les autres me frappent à coups d'aviron;
j'avais beau crier, ils chantaient en chœur un noël assour-
dissant. Leur barque s'éloigna, laissant bientôt derrière elle
un sillage où s'était mêlé mon sang... Quand on me trans-
porta chez moi sur mon lit, ma cabane était déserte. Le
berceau de la pauvre enfant était renversé, mon chien était
couché près du berceau et faisait entendre des hurlements
douloureux. En un mot, on m'avait enlevé ma fille, mon
seul bien, hélas! le trésor de ma pauvreté! Ces lâches l'emmenaient, ils l'emportaient dans ma propre barque!

— Et tu ne pus découvrir...

— Les noms et la retraite de ces misérables? Non, mon-

2

sieur. Je pensai seulement qu'arrachée une fois à la mort
par un miracle, la pauvre enfant avait dû cette fois la trouver entre leurs mains... C'étaient des gens payés, ou des
histrions qui voulaient trafiquer d'elle sur leurs tréteaux...

— Et jamais depuis...

— Depuis, il y a de cela un mois seulement, il s'est passé ici
même quelque chose d'extraordinaire... Mais, reprit maître
Gérard, vous me faites jaser, et j'avais promis de me taire...

— Et que s'est-il donc passé ?

— Une dame, son loup sur le visage, escortée d'un seul
valet, est venue un soir m'appeler... là, comme vous l'avez
fait tout à l'heure... Elle aussi, elle m'a donné de l'or, et
m'a demandé si je n'avais pas recueilli, il y avait quinze ans,
une petite fille qu'avait dû me conduire un homme masqué. Je lui racontai ce qui en était. « Le misérable ! » s'est-
elle écriée en apprenant le crime tenté sur l'enfant. Elle
avait fait retirer le valet qui l'accompagnait du moment
qu'elle mit le pied dans ma cahute. Tirant alors une cassette de dessous sa mante : « Je tremble, dit-elle, que mes
démarches ne soient surveillées, c'est donc à vous que je
confie ce dépôt. Un jour, s'il plaît à Dieu, si cet enfant
existe, si vous le retrouvez... ces papiers lui serviront. En
attendant, gardez-vous, avant toutes choses, de montrer
cette cassette à qui que ce soit. Elle est plus en sûreté dans
vos mains que dans les miennes. Adieu ! J'espérais, en frappant à votre porte, moi qui touche d'hier le sol de France,
retrouver celle qu'un lâche m'avait juré sur Dieu de vous
avoir confiée ; mais Dieu est juste, il venge les mères, un
jour il me vengera ! »

Ces paroles à peine dites, elle disparut, me laissant
anéanti de frayeur, car en ce temps-ci, ajouta le passeux,
un pareil dépôt n'est pas commode à garder. Plus d'une
fois les corbeaux du cardinal sont venus s'abattre ici, et
sans mes précautions...

L'Italien avait écouté avec un singulier intérêt le récit
de maître Gérard ; un trouble inexprimable se faisait jour

dans ses traits, il semblait en proie à un combat violent avec lui-même.

— Sans ces lettres d'Italie que je tiens là... murmura-t-il; mais quelle apparence que la duchesse... Elle est à Ferrare, oh! oui. N'importe. Il pourrait se faire... Ne savez-vous rien de plus, maître Gérard?

— Rien, mon gentilhomme, et c'est déjà vous en avoir trop dit... mais comme vous allez être discret pour long-temps...

— Gérard, reprit l'étranger en se levant subitement, il faut que tu me montres cette cassette...

— Cette cassette? répondit Gérard, impossible...

— Encore une fois, je veux la voir.

— Et moi, je ne dois la rendre qu'à celui qui se présentera de la part de la comtesse Alvinzi... C'est le nom que m'a laissé cette dame.

— Alvinzi!... ce n'est pas elle, balbutia l'inconnu en retombant sur sa chaise avec accablement.

Il demeurait terrassé; de longues gouttes de sueur humectaient ses joues... Il passa une main rapide sur son front et demanda au passeux s'il était prêt.

En ce moment même, la porte de la cahute se vit ébranlée violemment, et un nouveau personnage, poussant des éclats de rire immodérés, la chevelure et le baudrier en désordre, entra dans l'unique chambre de maître Gérard.

Cette figure grotesque, enluminée des tons les plus chauds, contrastait dès l'abord d'une façon si frappante avec celle de l'Italien, que tous deux se regardèrent. Ce visiteur nocturne était certainement aussi inattendu que l'autre chez maître Gérard...

Il était couvert de boue de la tête aux pieds, et semblait, à vrai dire, sortir plutôt d'une ornière que de la chaussée... Une oscillation perpétuelle imprimée à tout son corps donnait à penser qu'il revenait alors de quelque joyeux repas où il avait splendidement fêté Bacchus; son panache était

indignement maltraité, ses bottes remplies d'eau et sa collerette méconnaissable.

— Allons, dépêche, l'ami ; je me nomme Saint-Amand,
et l'on m'attend là-bas pour un sonnet ! Diable de sonnet,
il m'a fait rouler au fond d'un trou ! A quoi pensent les ouvriers de maître Marie de n'avoir pas encore établi de garde-
fous en cet endroit pour les gens qui reviennent comme
moi de dîner à Charenton !

— Voulez-vous pas d'abord, monsieur, que je sèche votre
manteau ? répondit Gérard ; il n'est pas convenable qu'un
gentilhomme comme vous...

— N'est-ce pas, mon ami, que j'ai bien l'air cavalier?
Ecoute donc, tu parles à l'un des chevaliers de la Coupe, à
l'ami du duc de Retz, au grand Saint-Amand, couronné ce
soir pour son ode *aux Goinfres*, par Gillot et Faret, les
vrais favoris de la déesse Hébé! J'avais dit à mon valet Mardochée de me précéder au cabaret de la *Pomme de pin*.
Le drôle a laissé éteindre sa torche et m'a embourbé. Que
la peste l'étouffe! Il me mène à l'eau quand j'allais au vin!
Me voilà bien loti, dans ta maudite cahute!

En jetant ces mots d'un air burlesque, Saint-Amand examinait la cabane de maître Gérard. Tout d'un coup il demeura muet vis-à-vis de l'inconnu, dont la physionomie,
il faut le dire, était bien faite pour modérer ses transports
bachiques. Dès que le passeux lui eut expliqué le dessein
de ce gentilhomme :

— Qu'ai-je entendu ? reprit-il, monsieur veut se noyer?
Fi donc! je partage peu cette opinion aquatique. Alexandre
se baigna dans le Cydnus et il périt; Sapho trouva la mort
au sein des ondes, Léandre ne put se sauver de leur courroux : voilà de jolis exemples à imiter! Mais par les démons de la joie! une table ronde vaut bien la Seine; on y
trouve des linceuls de toutes couleurs! Vin d'Arbois, vin
de l'Ermitage, vin de Langon, voilà l'eau du Styx dans laquelle un vrai gentilhomme doit se noyer! De grâce, mon
cher monsieur, n'annoblissez pas la Seine! La Seine est

une vile roturière; pour moi, je la méprise et ne reconnais
que la Taverne. La taverne! c'est là mon champ clos, j'y
défie les mauvais garçons et les capitaines! La taverne,
monsieur, c'est mon âme, c'est ma vie! A moi, Faret,
Grandchamp, Bilot, Pontmenard, Saint-Brice, Chassaingrimont (1) et vingt autres! venez tous ici pour dire à ce gentilhomme quel goût fade possède l'objet de ses vœux! La
Seine! mais ce lit est bon pour un Gascon ou un recors!
Eh quoi! monsieur, dont la moustache est frisée en croc,
dont l'air est martial et n'a rien d'un comte allemand,
voudrait converser avec des nymphes grelottantes qui ne
jouent pas même au lansquenet! Mais songez donc, monsieur, que c'est là un gîte abominable! Sans compter ce
qu'on y jette, réfléchissez un peu qu'on n'y rencontre que
des dieux armés de fourches qu'ils nomment tridents, et
qui ne leur servent pas même à ouvrir les huîtres vertes.
Ma parole d'honneur, j'ai connu une Amadryade qui s'en-
nuyait tant en ce pays, qu'elle en est morte. Allez, cher
désolé, on voit bien que vous ne connaissez en rien le
Cours ni les Tuileries. Je vous recommanderai au comédien Bellerose. En voilà un brave! il m'a promis à souper
l'un de ces soirs. Par les yeux de Marmousette, la docte
chatte de maître Philippe Gruyn, je veux vous présenter à
nos amis. Précisément, ils seront tous ce soir à notre cabaret du pont Marie.

> Arrière, Dol, Peur, Mort, Soif, Faim,
> Honte, Rancœur, Dam, Deuil, Chagrin,
> Paresse, Désespoir, Envie,
> La kyrielle en est finie.
> Mon cher, à la *Pomme de Pin!*

Cette tirade achevée, le gros et joyeux Saint-Amand s'é-
venta avec la plume de son feutre. Un auditeur de plus lui
plaisait assez, et l'idée de rencontrer peut-être un protec-

(1) Tous ces héros ont été célébrés par Saint-Amand dans ses vers.

I.   2.

teur inconnu dans l'étranger le comblait de joie. L'orgie et
le cabaret étaient les seules classes de ce poëte éraillé, plus
connu par un quatrain au Palais de Justice que par ses
œuvres. L'Italien le considéra d'un air dédaigneux.

— Vous ne répondez pas, mon cher compagnon? Je vois
bien que le vin ne vous tente pas. C'est dommage, celui de
maître Philippe est excellent. Un gaillard qui a la promesse
de fournir la cave de M. de la Meilleraye! Je vois bien qu'il
faut que je vous parle de la jolie Mariette... Apprenez donc
que pour cet objet glorieux... ce brasier, ce soleil, on met
chaque soir le glaive au poing. Moi-même, je vous le confie, j'en suis féru; le dard m'est entré là... ajouta Saint-
Amand en touchant son cœur, et il n'est pas de jour où je
ne lui fasse des vers à miracle... Le cabaretier m'adore et
je la vois à toute heure... Ecoutez plutôt :

> J'ai vu ses beaux cheveux blonds, charmes des regards,
> Sous l'ivoire du peigne alentour d'elle épars,
> Représenter au vrai le Pactole en sa source!

Mais ce qu'il y a de cruel, monsieur, c'est que c'est à la
fois un miroir de beauté et de vertu. Je l'aime, oui, je
l'aime, malgré le gris de mes cheveux; elle a le sceptre de
mon cœur, mais elle s'en moque! En un mot, vous la verrez, et vous direz ensuite comme moi que c'est là une fille
inexplicable. Je connais Céphise, Amaranthe, Sylvie et
Macette; elles ne sont pas dignes de lui embrasser les
pieds, et cependant c'est une simple cabaretière! Le cavalier Marin brûlerait pour elle ses sonnets, son maître ses
futailles, Paris son pont Neuf, et vous, par ma foi! vous
vous noieriez.

L'Italien se prit à sourire. La bonne humeur de Saint-
Amand l'avait gagné; c'était aussi la première fois qu'il entendait parler du cabaret de la *Pomme de pin*. La résolution extrême qu'il avait prise cédait peu à peu, non qu'il y
renonçât, mais il voulait peut-être jouer cette fois son der-

nier coup de dé contre le hasard. Le passeux attachait alors
sur Saint-Amand un regard épais, ébloui. Le babil bouffon
du poëte le plongeait, à son insu, dans le même étonnement naïf que lui eussent causé Tabarin ou Gauthier Garguille.

— Bacchus a rarement trahi Saint-Amand, reprit l'étrange
poëte : allons, mon gentilhomme, prenez-moi pour votre
guide. Je suis un homme de plume, vous un César; la cape
et l'épée vont bien ensemble! Encore un coup, ne vous
noyez qu'après avoir vu Mariette. En attendant, voguons
jusque-là à l'aide de ce brave passeux. Çà, mon laquais
Mardochée est déjà loin...

Et comme l'étranger semblait encore hésiter :

— Ce n'est pas, reprit le poëte, un fils de la Gascogne que
j'inviterais, croyez-le. Mais à votre teint, j'ai vu tout de suite
que j'avais affaire à un enfant d'Espagne ou d'Italie... Or,
ces deux pays sont les deux seuls créanciers que je recon-
naisse. Nous autres poëtes, nous leur empruntons beaucoup.

L'inconnu s'inclina et salua Saint-Amand d'un air railleur.

— Eh bien! vous êtes décidé?

— A découvrir par tous les moyens ce que je cherche,
reprit l'Italien en attachant un regard fixe sur maître Gérard. Peut-être m'instruirai-je à la taverne de la *Pomme
de pin*.

— Maître Caron, poursuivit Saint-Amand en s'adressant
au passeux, songe à bien mener ta barque. Tu nous des-
cendras, ce gentilhomme et moi, au pont Marie... Le cabaret de maître Philippe fait l'angle du quai des Ormes.

— Suffit, dit Gérard, ce n'est pas d'aujourd'hui que je
connais la *Pomme de pin*. Seulement mon maître, ajouta
à voix basse le passeux à l'Italien, ayez en ce lieu la bouche
close; observez-vous-y, c'est essentiel.

La barque fendit la Seine, et atteignit vite les arches
noires du pont Marie...

Le poëte et l'inconnu sautèrent à terre; à droite, devant

eux, brillait un grand fallot retenu au mur par un bras de
bois peint en rouge.

C'était l'enseigne du cabaret de la *Pomme de pin*.

Comme ils abordaient ce seuil renommé, l'Italien et son
compagnon entrevirent dans l'ombre un cavalier de moyenne
taille, muché jusqu'aux yeux dans sa cape ; il s'arrêta devant
une petite porte basse, tira une clef de la poche de son pourpoint, et se glissa prestement dans l'allée de maître Philippe
Gruyn.

— Bravo! murmura Saint-Amand, voilà quelque bachelier qui fait son siége! Avec Mariette, le cabaret ne doit
point chômer. Entrons.

III

LE CABARET DE LA POMME DE PIN.

A peine entré dans le cabaret, Saint-Amand jeta un coup
d'œil rapide autour de lui, espérant sans doute trouver à
ces tables ses acolytes ordinaires. A l'exeption de Gillot et
de Faret, tous s'y trouvaient à leur poste.

Envoyant à peine un léger salut aux figures enluminées
de Granchamp, de Pontmenard, de Chassaingrimont, de
Saint-Brice et de Bilot, désignés tous en ce beau gîte sous
le nom des *Chevaliers de la Coupe*, le poëte s'arrêta tout
droit devant un gros homme que maître Philippe Gruyn,
le cabaretier, venait de servir sur son comptoir même ; c'é-
tait le capitaine la Ripaille.

Chassé des gendarmes rouges pour quelques légers mé-
faits, ce brave capitaine humait alors, d'un air platonique,
un large verre de vin de Hongrie.

— C'est un brave à trois poils, dit au poëte maître Philippe Gruyn; il peut nous être utile dans l'occasion. Mon
cabaret, vous le savez, a plus d'une fois éveillé l'attention
de la police. Ce que c'est, monsieur Saint-Amand, que d'a-

voir affaire à des gens nobles! ils ont sur les bras bien plus
d'affaires que les gueux! A propos de gueux, vous me feriez bien plaisir de me dire où est mon fils! L'avez-vous vu,
monsieur Saint-Amand? Que fait-il? où passe-t-il maintenant ses jours et même ses nuits? Ce garçon-là, voyez-vous,
me fera mourir!

— Maître Philippe, répondit Saint-Amand, désireux de
couper court à cette jérémiade paternelle, je vous présente
un de mes bons amis... dont je vous dirai le nom plus tard.
C'est un homme d'épée, et ce sera bientôt, j'en suis sûr, un
des plus solides *Chevaliers de la Coupe!* Il arrive d'Italie...

— D'Italie? vraiment! Alors je vais servir à monseigneur
du lacryma, du montefiascone, du rosolio... dit maître Philippe en s'empressant.

— Comment donc! mais vous allez lui servir le broc
d'honneur! vous entendez? celui que l'on ne donne qu'aux
grands jours! Dépêchez, maître Philippe.

En entendant ces paroles, le capitaine la Ripaille s'approcha soudain de l'étranger dont la venue lui semblait
d'heureux augure.

— Monsieur n'a pas sans doute encore vu Paris? Je me
charge de l'y guider. Monsieur me trouvera chaque jour à
midi devant la Samaritaine. S'il a besoin d'un second, je
suis son homme. Ah! c'est que le pavé est ici des plus glis-
sants! A la dague, au pistolet, à cheval comme à pied, c'est
mon état.

— Si monsieur veut connaître les comédiens de l'hôtel
de Bourgogne, ou bien encore la troupe de Gauthier Garguille, Turlupin et Gros Guillaume, je me fais fort de l'y
mener dès demain, dit Bellerose l'acteur, d'un ton engageant.

Bellerose était un assez bel homme, qui venait chaque
soir au cabaret de la *Pomme de pin*, où l'on ne se souvenait pas, de mémoire d'homme, qu'il eût payé.

L'Italien ne répondit à ces compliments intéressés que
par un salut assez dédaigneux. La fumée des pipes formait

une atmosphère épaisse autour de lui : il s'assit paisible-
ment à une table, sans trop prendre garde aux hôtes de
maître Philippe.

Deux masques remuaient alors les dés à deux pas de l'Italien. A sa vue, l'un d'eux fit un mouvement et arrêta son
cornet.

— Qu'avez-vous donc? demanda le plus grand des joueurs
à l'autre.

— Je vous le dirai... Observons, lui répondit son interlocuteur en se remettant au jeu.

— Le broc d'honneur! s'écria Saint-Amand d'une voix
rauque. Si vous voulez que je vous dise mon sonnet, il faut
m'humecter.

Car le vin c'est mon feu, mon sang et mon soleil!

Saint-Amand trébucha ; il fût tombé sur le sol sans l'aide
de Chassaingrimont. Il y avait, dans ce cabaret de la
Pomme de pin, chanté tant de fois par lui, deux camps
bien distincts : d'abord les véritables clients de maître
Gruyn, c'est-à-dire ceux qui payaient. De ce nombre étaient
Granchamp, Chassaingrimont, Pontmenard, Saint-Brice et
Bilot ; l'autre se recrutait du capitaine la Ripaille, de Bellerose le comédien, et d'autres pauvres hères. Placé sur le
pont Marie, le cabaret de maître Philippe Gruyn ne ressemblait, du reste, en rien aux établissements ignobles d'aujourd'hui ; les gens les plus distingués par la naissance et
par le talent le fréquentaient. On y dînait tour à tour et on
y soupait. Des poëtes du temps, tels que Saint-Amand et
Régnier, ses desservants, comparaient ce lieu à la fontaine
de Jouvence. On ne dit pas que le vin de cette taverne ra-
jeunît ; mais il est à présumer qu'il était bon, le cabaretier
Philippe Gruyn ayant fourni plus tard la maison du maréchal la Meilleraye, ce bizarre neveu du cardinal de Richelieu, devenu depuis surintendant des finances.

— Mais on veut donc ma mort! hurla de nouveau Saint-

Amand; on ne veut donc pas que je puisse dire mon sonnet! Le broc d'honneur!

— Attendez Mariette, dit Bellerose avec grâce et en s'a-
justant devant un miroir piqué de mouches, n'est-ce pas
Hébé qui présente la coupe aux dieux?

Bellerose, en parlant ainsi, se dirigea vers la compagnie
de maître Philippe Gruyn, et le pria, au nom de l'assemblée, de faire descendre Mariette...

Lors donc que le digne cabaretier eut agité trois fois la
petite clochette suspendue, par un léger battant de cuivre,
à la droite de son comptoir, signal ordinaire par lequel il
annonçait l'entrée de Mariette, il se fit un grand silence.

Saint-Amand peigna de son mieux sa moustache rousse, et
leva les yeux au plafond pour y chercher une rime; le capitaine la Ripaille reboucla son ceinturon sur ses reins, le
masque et son compagnon interrompirent leur jeu, Bellerose siffla un air, et l'Italien, placé près du poëte, regarda
négligemment.

Mariette parut, embrassant à peine de ses deux mains un
de ces pots de Flandre, au ventre énorme, sur le grès desquels les curieux d'aujourd'hui recherchent encore, plus
que ceux des seizième et dix-septième siècles, le ciseau de
l'ouvrier qui souvent était un maître. Sur le couvercle de
ce vase d'étain était sculptée en ronde bosse l'effigie du roi
Louis XIII; c'était là le broc d'honneur, le broc par lequel
tout étranger payait sa bienvenue au cabaret de la *Pomme
de pin.*

Comme il était bien rempli, Mariette avait grand'peine à
le soulever, elle pouvait même le laisser choir; aussi vit-on
aussitôt se détacher derrière elle, dans l'espace lumineux
qui entourait le comptoir de maître Philippe, une sorte de
figure assez semblable à celle d'un nain, celle du valet de
Saint-Amand, qu'il appelait Mardochée. Craignant un faux
pas de la belle enfant, il prit le vase trop lourd pour ses
jolis doigts.

Mardochée avait, dans sa jeunesse, été sonneur, puis

donneur d'eau bénite à Saint-Eustache, puis enfin valet de
Saint-Amand. Il portait souvent les habits de ce dernier, ce
qui a été de tout temps l'usage des valets qui ont quelques
familiarités avec leurs maîtres. Décemment il le pouvait,
car Saint-Amand ne le payait pas, à moins que ce ne fût de
grands coups, monnaie dont Mardochée se plaignait fort.
Toutefois, plus il mettait de rabats et de pourpoints à son
maître, qui fermait complaisamment les yeux sur ces diverses éclipses de sa garde-robe, et moins il était battu,
Saint-Amand craignait de détériorer ses effets sur ce pauvre
hère. Au demeurant, Mardochée était bossu, louche et ban-
cal, ce qui constituait chez lui une triple rancune contre
les hommes beaux et bien faits.

Noué, trapu, ramassé, il enleva le grès de Flandre d'un
seul bras, le posa devant son maître Saint-Amand et l'inconnu, puis il se tint à l'écart respectueusement.

La seconde d'après, Mariette se trouvait vis-à-vis de l'Italien, à qui, sur l'invitation ou plutôt sur l'ordre de maître
Philippe Gruyn, elle tendit sa main blanche.

L'inconnu comprit ce geste, fouilla lentement dans son
pourpoint, pendant que Saint-Amand faisait mine de ne
rien voir et agaçait la chatte du cabaret, nommée Marmousette.

Les habitués de la *Pomme de pin* se regardaient entre
eux; la Ripaille laissait percer sa joie dans ses petits yeux
verts, brillants d'envie et de malice; Bellerose se dandinait,
et Mardochée ouvrait déjà, pour mieux rire, sa bouche dé-
mantelée de toutes ses dents.

Le masque et son compagnon ne prêtaient pas une moindre attention à cette scène.

L'Italien ne possédait plus un teston; il avait donné sa
bourse au passeur, la sueur mouilla son front. Il regarda
Saint-Amand, il toussa; Saint-Amand corrigeait les vers de
son sonnet.

Cependant Mariette, la charmante Hébé du cabaret, se
tenait toujours devant lui; elle attendait, et semblait ne pas

comprendre l'embarras de l'étranger. Avertie bientôt par
son silence et sa pantomime piteuse, la jolie fille laissa tomber son regard sur lui, et dans ce regard brilla le feu d'une
indicible pitié. Cet homme était malheureux; il venait d'un
autre pays; il paraissait fier, courageux, de bonne mine;
qui sait? il pouvait devenir un jour le protecteur et l'ami
de Mariette. Ces réflexions furent chez elle l'affaire d'un
instant. Mariette avait cru voir une larme furtive rouler
dans la paupière de l'étranger; c'était peut-être une larme
de rage ou de honte... Elle se baissa rapidement au milieu
des chuchotements de l'assemblée, et ramassant tout d'un
coup une bourse sur le parquet :

— Une autre fois, monsieur, ne me forcez pas à ramasser votre argent à terre, dit-elle avec un petit air de muti-
nerie. Voyons, comptez-moi ce que vous me devez; c'est
une pistole; j'attends!

L'étranger avait seul compris le regard d'intelligence que
lui jeta Mariette. Ce regard pénétra son âme de gratitude,
mais il se contint; il ouvrit la bourse que Mariette avait
laissé tomber, et en tira une pistole.

Saint-Amand et le capitaine la Ripaille n'observèrent pas
sans étonnement la rondeur de cette bourse.

— Par ma foi! voilà un fils de Naples ou de Mantoue qui
ne ressemble guère à ses chers compatriotes! murmura
Bellerose à l'oreille du capitaine.

Aucun des spectateurs, et maître Philippe lui-même, n'eût
pu soupçonner le manége de Mariette; la jeune fille était
pauvre, qui donc eût pensé qu'elle avait de l'or?

L'Italien regarda Mariette avec un mélange de défiance
et d'attendrissement. La bourse était belle, et il y avait des-
sus des armes gravées. L'Italien y prit garde, et il la serra
dans son pourpoint.

Le broc d'honneur fit le tour des tables; chacun, et surtout Saint-Amand et la Ripaille, se récria sur la générosité
du nouveau venu.

Maître Philippe lui fit donner par un de ses garçons un

fauteuil de cuir, au lieu d'un simple escabeau. Saint-Amand intima l'ordre à Mardochée de se tenir derrière lui, la serviette en main.

Pour notre étranger, il ne quittait pas des yeux chaque mouvement de Mariette. Il put se convaincre alors à loisir que les louanges d'un poëte aussi exagéré que Saint-Amand étaient loin d'approcher encore de la vérité.

Sous une enveloppe fine et délicate, Mariette lui parut cacher un fond de résolution presque virile ; elle avait le regard vif et décidé. Ses yeux, d'un noir de jais, les boucles lustrées de ses cheveux, le ton légèrement ombré de sa peau, l'éclat de ses dents, la légèreté de son pas et de sa démarche, étaient en harmonie chez elle avec certaines allures masculines. A sa voix, on eût dit une jolie fille ; à ses mouvements, on eût cru voir un page gêné sous l'habit de femme. Son front était calme, son regard doux et limpide. Quand elle s'était penchée pour ramasser la bourse, l'étranger avait presque réchauffé son cœur à cette tiède et douce haleine. Il but à peine, quand tous les autres buvaient. Elle s'était placée vis-à-vis de lui, avec un air de triomphe ingénu dont l'Italien avait seul la clef.

Elle alla soulever ensuite de ses doigts effilés le rideau placé à la porte d'entrée, et elle regarda avec inquiétude dans la rue. La pluie tintait alors avec violence contre les vitres, et les pratiques de maître Philippe Gruyn ne paraissaient guère disposées à quitter son cabaret par un temps pareil.

— *Evohe! Bacche!* s'écria Saint-Amand, qui passait au latin dès qu'il se voyait un peu gris. La Ripaille, versez à boire à monsieur ! Mardochée est indigne de servir un si galant homme ! A propos, Mardochée, allume donc la pipe du capitaine ! Il nous contera l'un de ses duels en Italie ou en Catalogne... *Accende! puer, accende!*

— Monsieur, dit Bellerose en s'approchant de l'Italien, vous êtes un galant homme.

— Monsieur, dit la Ripaille, j'aime à voir comment vous vous conduisez dans l'occasion.

— Honneur à l'Italie! honneur aux Italiens! cria à tue-tête Saint-Amand. Maintenant, je vais vous dire mon sonnet...

— Si c'est un sonnet en italien... je vous le permets, monsieur, dit le capitaine la Ripaille, qui goûtait peu les sonnets. J'ai quelques teintures de l'italien, ayant été employé au service du duc de Fornaro.

L'Italien tressaillit. Le nom que le capitaine venait de prononcer avait amené sur son front un pli léger. Il reprit en versant une rasade au capitaine :

— On m'a parlé, monsieur, de ce duc de Fornaro. N'est-ce point un seigneur qui résidait à Florence?... N'a-t-il point épousé...

— La jeune et belle Thérésina Pitte, il y a bien quinze ans de cela. Le duc s'en montra de bonne heure jaloux, si jaloux que les moindres familiers de la duchesse lui déplaisaient. La duchesse m'a toujours paru cependant une femme fort exemplaire. Si vous la connaissez, je n'ai pas besoin de vous dire que c'est assurément la plus belle personne qu'on puisse voir. J'étais alors l'écuyer du duc; il m'avait ramené de France avec lui; mon épée était à son service. Le duc me donnait par mois trente ducats. Je devais, pour cette solde, observer ce qui se ferait chez sa femme, métier peu commode avec la foule de seigneurs et de poursuivants qui l'obsédaient. Encore une fois, j'eusse été Satan que je n'aurais pu prendre en défaut madame la duchesse... Elle allait aux églises une grande partie du jour, s'occupait d'œuvres pieuses; bref, son noble époux semblait furieux contre son propre bonheur, lorsqu'un jour...

— Un jour... achevez, reprit l'Italien, le regard ému, flamboyant.

— Il paraît que mon histoire vous intéresse, dit le capitaine.

— Ne vous ai-je pas dit que je connaissais le duc?

— Donc, un jour, continua le capitaine, c'était à Florence... il y avait foule sur le pont du Saint-Esprit... On devait extraire de la prison plusieurs criminels, et, comme il est d'usage, nombre de citadins se pressaient sur ce pont

par lequel ils devaient passer. C'étaient des cris, un tumulte
à rendre sourd. Le duc, marié depuis trois semaines, refusait d'abord de conduire sa femme à un pareil spectacle ;
mais elle insista, ce que j'attribuai, pour ma part, à un
caprice. Je pris mon épée et je les suivis. En vérité, rien
qu'à voir ce vieillard caduc appuyé au bras de cette ravissante jeune femme, on se demandait dans la foule par quel
étrange malheur elle lui était échue en partage, et l'on
accusait sa famille de tyrannie. Les noces avaient été splendides, étourdissantes. Il semblait que le duc ne voulût point
laisser à sa femme le temps de se reconnaître... Pour elle,
il m'en souviendra toujours, je ne la vis jamais plus triste
et plus accablée que le soir de cette cérémonie. Quand on
parlait de morts ou de condamnés, elle pâlissait, et cependant, lorsque les cris du peuple nous annoncèrent l'arrivée
de ces criminels, son regard abattu brilla tout d'un coup
d'une flamme extraordinaire. Elle ne parlait plus, ne remuait plus les bras, mais elle semblait attendre avec une
anxiété cruelle le trajet de ces malheureux qu'on allait
mener chez leurs juges. Le chariot qui les voiturait passa
bientôt devant nous, et je regardai comme les autres. Mais
à l'instant même un cri d'angoisse partit de derrière moi,
et ce cri sortait de la poitrine de la duchesse... Elle retomba
inanimée entre mes bras, se cachant le visage de ses deux
mains. Anita, sa camériste, m'affirma le soir qu'au moment
où elle avait aperçu le chariot, elle y avait rencontré le
regard d'un homme de belle taille, qui, de son côté, en la
voyant, voulut rompre ses menottes et s'élancer vers la
duchesse... Mais c'était là sans doute une imagination de
cette Anita, belle fille d'Italie, dont je vois encore le petit
voile de gaze noire et transparente rabattu sur le visage, et
qui descendait jusqu'au menton. Ce fut elle pourtant qui
me fit quitter le service du noble duc, lequel me payait
beaucoup trop dans un poste où je n'avais rien à faire.
Comme je vous l'ai dit, en effet, la duchesse de Fornaro
était vertueuse ; aussi trouva-t-elle fort mal que je refusasse

d'épouser cette Anita, à laquelle j'avais, en effet, promis de m'unir. A cela, il n'y avait qu'un petit inconvénient : j'étais marié en France... Force me fut donc de quitter le duc, que je ne servis que deux mois. Ils allèrent à Ferrare, et de là je ne sais où...

En écoutant parler le capitaine, la physionomie de l'Italien était devenue si pâle, que la Ripaille fut le premier à lui dire :

— Mais vous ne buvez pas, serait-ce que mon récit...

— Il m'a plu singulièrement, dit l'inconnu. Oui, le duc avait en vous un brave serviteur. Je bois à notre rencontre, capitaine, et vous remercie, monsieur, continua-t-il en se tournant vers Saint-Amand, de m'avoir fait entrevoir ici la charmante Mariette.

En disant ainsi, l'Italien montrait du doigt la belle enfant. L'inquiétude la plus vive semblait dominer alors tous les mouvements de la jeune fille; elle collait son visage contre les vitres du cabaret, frappant du pied avec une vive impatience.

— Honneur à l'Italie! honneur aux Italiens! répéta Saint-Amand.

La brusque arrivée d'un nouveau personnage mit fin à ces libations intéressées; la porte du cabaret craqua sur ses gonds, et un jeune homme, sur les pas duquel on semblait marcher, se précipita dans la salle.

Son feutre, son manteau et ses habits ruisselaient de pluie, car l'orage continuait.

Il respirait à peine, et il se laissa tomber sur un escabeau.

A peine fut-il entré que Mariette, aussi prompte que l'éclair, tira le verrou de la porte sur lui.

— De par le roi et le cardinal! criait-on en dehors.

Il se fit un grand silence.

— Ouvrez, ouvrez, répétèrent les mêmes voix.

— Peste! la triple ronde! dit Bellerose en regardant à travers la vitrine en mailles de plomb; voilà qui est grave! Que nous veut-elle?

La figure de maître Philippe Gruyn, le cabaretier, se rembrunit; il courut au jeune homme et lui jeta à l'oreille quelques paroles brèves.

— Ouvrez! reprit une voix bien connue de maître Philippe, ouvrez, ou nous enfonçons la porte!

IV

CE QU'IL EN COUTE D'ÊTRE SECOURU PAR UNE JOLIE FILLE.

A cette injonction redoutable, Mariette ouvrit, et l'on vit entrer plusieurs gardes du cardinal, mêlés à ceux du guet et de la reine. Depuis quelques vols récents, ces trois patrouilles avaient alors la surveillance nocturne de la capitale, et composaient un corps de milice assez redoutable, appelé la *Triple Ronde.*

— Rassurez-vous, maître Philippe, dit le capitaine, nous ne venons pas vous faire du mal.

— De quoi s'agit-il, messieurs? demanda le cabaretier.

— D'un cavalier qui a sauvé une dame près de l'Arsenal, il y a une demi-heure, répondit le capitaine. Ce cavalier a mis lestement l'épée au poing, et a déconfit plusieurs gens apostés pour enlever ou voler cette personne. Vérification faite, nous avons reconnu qu'elle avait sur elle un magnifique collier de pierreries. Elle était en coche de cuir roussi, les mantelets du coche soigneusement abaissés : elle nous a dit se nommer la comtesse Alvinzi. Le cavalier susdit a reçu une bourse d'elle. Il est ici, on l'y a vu entrer; c'est lui qu'il nous faut. Encore une fois, il ne lui sera fait aucun mal; on veut, au contraire, le remercier.

Mariette échangea avec l'Italien un coup d'œil de doute. En ce moment même, l'un des masques s'était levé; il parlait à voix basse au capitaine de ronde.

— Encore une fois, elle nous a dit se nommer la comtesse Alvinzi... répondit au masque le capitaine de ronde sur le même ton.

— Alvinzi... murmura l'Italien à part lui ; c'est bien le nom que le passeux m'a dit ce soir... Oh ! oui... cette femme...

— Pour ce jeune homme, ajouta le capitaine en désignant du doigt à Philippe Gruyn celui qui venait d'entrer, je n'ai pas besoin de vous apprendre qui il est. Nous l'avons trouvé tout proche d'ici, arrêté sous les fenêtres de ladite dame ; il attendait peut-être la rentrée de son carrosse ; or, la nuit un galant ressemble à un voleur ; nous l'avons donc poursuivi. Il suffira qu'il se réclame de vous... de son père... Reconnaissez-vous, sous ces habits de gentilhomme, Charles Gruyn, votre fils? demanda le capitaine en riant.

— Je ne le reconnais que trop... capitaine... soupira le cabaretier. Un enfant qui n'est bon qu'à me donner du chagrin ! un coureur, un larron de nuit !... N'as-tu pas de honte ! ajouta maître Philippe en montrant le poing à son fils.

— Mon père... dit le jeune homme en contenant mal son dépit.

— Qu'allais-tu faire à cette heure indue? réponds.

— Jeune homme, il est de fait que vous êtes dans votre tort, reprit la Ripaille, qui, devant au tavernier nombre de brocs payés aux gendarmes rouges en ce lieu de plaisance, jugeait prudent de se ranger du côté de maître Philippe.

— Monsieur le capitaine, répondit Charles Gruyn, je ne vous ai point, je pense, adressé la parole...

Cette phrase fut dite d'un ton si net, si profondément empreint de fierté, que le capitaine resta interdit. Il n'osa poursuivre, tant l'air et la figure de Charles Gruyn commandaient alors la déférence aux plus mal intentionnés.

C'était un garçon d'une belle venue, comme on dit communément ; il avait les dents blanches et le sourire fin, la taille bien prise, le front élevé, les yeux vifs ; seulement on remarquait chez lui un grand fonds de mélancolie... Il était âgé de vingt et un ans.

Contre l'habitude des gens de sa classe, le fils du caba-

retier portait en effet, ce soir-là, un charmant justaucorps
fleur-de-seigle; il avait les rubans, les aiguillettes et la
fraise. Ses manches à lames d'argent, tailladées à l'espagnole, laissaient deviner aisément des membres robustes,
et les pratiques de maître Gruyn ne se rappelaient pas sans
un certain plaisir les joutes soutenues par lui, l'année précédente, sur la Seine, au bas du pont Notre-Dame, devant
les maîtres échevins de la ville. Dans tout le quartier de
l'île, il était cité à la fois pour son bon cœur et pour sa
force. La sévérité de maître Philippe lui reprochait bien
cependant quelques peccadilles. Il fréquentait trop les comédiens de la troupe Turlupin, jouait à la paume avec les
pages du cardinal, et ne traversait guère le pont Neuf sans
s'arrêter devant les tréteaux de Scaramouche.

Il n'était pas sûr que de temps à autre Bellerose ne lui
eût point fait jouer la comédie. Au lieu de servir les cha-
lands de la *Pomme de pin*, il s'amusait le plus souvent à
pincer du luth, ce qui déplaisait fort à maître Philippe, son
père, mais ce qui, en revanche, charmait infiniment Mariette. Un jour, il avait supplié Boisrobert de lui apprendre
à faire un sonnet; l'abbé avait eu la patience de lui en cor-
riger chaque rime. Il ne manquait jamais, le dimanche,
d'aller entendre l'orgue des Célestins, ce qui ne l'empêchait
pas, le reste de la semaine, de lire des romans de chevale-
rie. Le pauvre jeune homme se sentait enfin profondément
humilié de vivre au sein des futailles. Son humeur cha-
touilleuse lui avait déjà attiré quelques disputes; il avait
même rudoyé certain Gascon qui prenait le menton à Mariette. Mais à ces premières effervescences d'écolier succé-
dait, depuis un mois environ, un étrange accablement. Mariette trouva son livre ouvert à la même page; des pensées
nouvelles, inquiètes, le dominaient. Il eût voulu marcher l'é-
gal de ces seigneurs, dont il n'était, après tout, que le valet,
lui, le fils d'un homme déjà connu cependant pour sa fortune.
Ce comptoir enfumé, ces nappes rougies, ce choc importun
des verres, ces chansons de lansquenets ivres, ces sonnets

de poëtes faméliques, lui faisaient mal. Plus d'une fois il avait manifesté à maître Philippe Gruyn, son père, la ferme volonté de s'enrôler, et de se conquérir au moins une place plus noble à l'aide de son épée ; mais la tendresse du caba-retier, dont il était le plus jeune fils et le fils le plus aimé, l'avait détourné de cette résolution. Au lieu de frayer avec les étudiants, il les avait pris en haine ; à défaut d'un monde réel, il s'était créé un monde fictif, un monde de roman et d'oripeaux. Les comédiens le grugeaient, et le plus coquet d'eux tous, Bellerose, s'était chargé de l'initier aux belles manières.

De tout temps Paris a renfermé dans son sein de pareilles natures, consumées de pareils désirs et rongées de pareilles plaies. Vers le même temps, Molière maudissait aussi le velours, les clous et les banquettes de maître Poquelin ; mais Molière, au sortir du collége de Clermont, trouvait déjà par son chemin de nobles amitiés : les Conti, les Ber-nier, les Hénaut et les Chapelle avaient partagé avec lui les leçons de Gassendi. L'isolement de notre jeune homme était complet. Hors son luth et Mariette, qui pouvait-il ai-mer raisonnablement dans la grande ville ? Le père d'une étuvière du quai de Gesvres avait proposé récemment à maître Philippe d'unir sa fille à Charles Gruyn, et celui-ci avait refusé hautement un mariage opposé, disait-il, à ses idées. Une fois lancé dans ce rêve qu'on appelle le théâtre, Charles se croyait un héros. Un jour, Bellerose lui avait fait toucher la main de Rotrou. A dater de ce jour, le fils du cabaretier de la *Pomme de pin* perdit son temps et son argent à des travestissements ruineux. Qu'allait-il donc faire sous les fenêtres de cette belle dame ? se demandait alors la rêveuse Mariette. Elle s'était approchée de lui d'un pas furtif, et ne tirait de Charles que de vagues monosyl-labes.

Cependant le capitaine de ronde, après avoir échelonné ses hommes dans le cabaret, semblait attendre que le cava-lier possesseur de la bourse de la dame prît la parole. Son

3.

ton d'autorité rappela Mariette à elle-même ; la jeune fille
jeta quelques mots à l'oreille de l'Italien ; ils pouvaient se
résumer par cette prière :

— Ne me trahissez pas, je vous dirai tout.

L'inconnu attacha son regard clair sur Mariette ; il se rappela, tant l'homme est enclin malgré lui à soupçonner, le
mystérieux cavalier que Saint-Amand et lui avaient vu entrer par une issue secrète du cabaret avant qu'ils y eussent
posé le pied.

— Pauvre enfant ! se dit-il, c'est peut-être un soupirant
qu'elle protége ? Que ne se montre-t-il, après tout ? Il n'y
a pas si grand mal à recevoir une bourse d'une dame pour
avoir pris sa défense ! Si toutes celles que j'ai reçues, hélas !
dans ma vie...

Et l'Italien roula le tissu de la bourse entre ses doigts.
Un sourire amer se fit jour sur son visage.

— Allons, murmura-t-il, le sort en est jeté : d'un côté je
sauve Mariette, et de l'autre je saurai ce qu'est cette comtesse Alvinzi !...

Et posant la bourse sur la table devant le capitaine de
ronde, il s'écria d'un ton résolu :

— Eh bien , oui, monsieur, c'est à moi que la comtesse
Alvinzi a jeté cet or ! Disant ainsi, il vida la bourse sur la
table...

Saint-Amand le regarda faire avec stupeur. Au milieu des
nuages confus de l'ivresse, il crut assister à quelque scène
jouée par un comédien inconnu.

Au moment où le capitaine de ronde considérait le double
canton d'armes gravé sur la bourse, le masque qui s'était
approché de lui l'examina aussi avec attention par-dessus
son épaule. Il tira alors un petit bâton d'ébène et d'ivoire.
Le capitaine de ronde devint pâle et s'inclina. L'autre
masque avait rejoint son compagnon.

— Cette bourse est à nous, dirent les deux masques au
capitaine de ronde, et cet homme doit nous suivre !

— Moi. moi ! messeigneurs, balbutia l'étranger.

— Vous-même, répéta sourdement à son oreille le masque à qui l'autre semblait obéir.

— Mais vous qui me parlez, savez-vous donc qui je suis ?

— Je le sais, et vais vous le dire.

— Mon nom ?

— Monseigneur, reprit le masque en s'inclinant, vous êtes le cavalier Pompeo !

A ce nom, l'étranger réprima un léger trouble ; il se remit bientôt, et, posant fièrement son poing sur la hanche :

— Et qui êtes-vous donc, messieurs, vous qui savez tous les deux mon nom ?

— Monseigneur, répondit le premier masque, il est inutile que nous vous disions nos qualités. Ce qu'il y a de certain, c'est que vous devez nous obéir.

Pompeo interrogea du regard ceux qui se trouvaient autour de lui. Le capitaine de ronde tenait son épée basse en signe de respect. la Ripaille feignait de dormir, maître Philippe Gruyn avait ôté humblement son bonnet de serge, Saint-Amand demeurait terrifié.

Pour Mariette, il se passait dans son être un de ces combats qui brisent. Elle se reprochait amèrement d'avoir secouru ce gentilhomme ; mille voix s'élevaient en elle pour plaider sa cause. Le laisserait-elle à la merci de ces sbires occultes ? Ne pouvait-elle donc avouer la vérité ? Son cœur saignait à la seule pensée qu'elle venait peut-être, par un mouvement généreux, de causer la perte d'un innocent. Tout cédait alors à l'inquisition tortueuse de Richelieu, tout n'était qu'ombre et que piége. Si insouciante qu'elle fût, la jeune fille le savait. La noble abnégation de l'Italien devenait pour elle un remords. Un instant, elle voulut parler, elle voulut tout dire, au risque de trahir son propre secret ; mais en cet instant même, elle rencontra le regard ému de Charles Gruyn ; sa force l'abandonna...

Mariette aimait le fils de maître Philippe, et cet amour était depuis quelque temps combattu par trop d'oubli pour que la jeune fille n'eût pas mis en œuvre tous les moyens propres à désarmer son indifférence. Elle n'admettait pas que Charles pût la fuir, encore moins la tromper.

Or, telle était la nature du secret de Mariette, que tout un échafaudage de soins, de patience, de ruse féminine aurait croulé par son seul aveu. Mariette se tut donc, tout en se promettant de savoir ce que serait devenu cet homme auquel son honneur lui faisait à l'avenir un devoir de s'intéresser. L'Italien se tenait debout et prêt à suivre ses guides. Le silence était devenu profond dans la salle, la pluie avait cessé, les rangs des buveurs s'étaient éclaircis. Tout d'un coup, et comme Pompeo se préparait à franchir le seuil en jetant un regard voilé de tristesse sur la belle jeune fille, Saint-Amand courut se mettre en travers de la porte, et, rassemblant tout ce qui lui restait de poumons :

— A l'aide ! s'écria-t-il, mes illustres chevaliers de la pinte et de la coupe, à moi, les deux plus forts, Chassaingrimont, Pontmenard !

Mais les amis de Saint-Amand étaient partis, il en demeurait à peine deux, qui ronflaient comme des chantres dans un coin.

La Ripaille et Bellerose avaient eu déjà noise avec la justice, ils ne se souciaient guère de livrer bataille pour un étranger. D'ailleurs, les Italiens n'étaient pas, il faut le dire, en bonne odeur près du Parisien, qui se souvenait de Concini.

Saint-Amand s'était au hasard armé d'une lardoire; il ne vit à ses côtés qu'une épée nue... celle de Charles.

— Charles ! s'écria-t-il, c'est bien ! Allons, ferme, et daubons sur cette canaille !

Ne consultant alors que son courage, Charles Gruyn espérait arracher Pompeo aux mains des deux sbires. Le capitaine de ronde s'était éloigné; mais à un coup de sifflet donné par l'un des masques, le cabaret se vit bien vite cerné.

— Charles Gruyn, dit le masque, vous mériteriez qu'on vous fît honneur de la Bastille !

— On peut m'y conduire, reprit Charles résolûment.

— Si vous y tenez...

— Par pitié! messieurs, excusez-le, c'est un fou! s'écria le cabaretier. Ne voyez-vous pas bien qu'il a pris, avec leur habit, les façons de ces gentilshommes? Messieurs, disposez de moi : je suis de cœur à vous et à monsieur le cardinal! Je jure sur mon vin que mon fils ne connaît pas cet étranger! Messieurs, encore un coup, laissez-moi le soin de chapitrer vertement ce révolté! Malheureux! ajouta le cabaretier en se tournant vers son fils, mais tu as donc résolu de me faire mourir? Que tu as belle figure avec cette rapière de mardi gras et ces chausses que tu as louées aux piliers des Halles! Messieurs, je vous promets que dès demain il reprendra le tablier et vous servira!

Et vous, monsieur Saint-Amand, ajouta maître Philippe, vous qui n'êtes riche qu'en rimes... osez-vous bien l'exciter ici?...

— Maître Philippe, répliqua Saint-Amand l'oreille en feu ; maître Philippe, taisez-vous! Mordieu! votre fils est mon protégé, et je suis, moi, le protégé de monseigneur le duc de Retz! Saint Pierre a coupé l'oreille à Malchus dans un moment un peu vif, que diable! La jeunesse est la jeunesse!

— Messieurs les archers, ajouta le poëte, je réponds de ce jeune homme!

Puis, se retournant vers l'Italien qu'on emmenait, Saint-Amand lui dit à l'oreille :

— Ma foi, mon cher, ce n'est pas ma faute; vous aviez raison, vous eussiez mieux fait de vous noyer!

V

LE CABINET DE SON ÉMINENCE.

Pompeo n'avait opposé aucune résistance, il suivit ses deux guides en homme résigné.

Une heure du matin sonnait alors à l'église de Saint-

Gervais. Le froid était vif; l'un des deux masques marchait devant l'Italien, l'autre le suivait avec un falot projetant d'inégales lueurs sur le pavé.

Arrivés devant l'Hôtel de Ville, les deux masques s'arrêtèrent. Ils hésitaient à suivre la longue ligne des quais ou à couper en biais par les rues qui aboutissaient au quartier Saint-Honoré.

— Où me conduisez-vous? leur demanda Pompeo.

— Au Palais-Cardinal, où nous attend Son Éminence.

— Quoi! Son Éminence veut bien se mêler de pareilles bagatelles! objecta Pompeo avec un rire contraint.

— Son Éminence s'est réservé le droit de souveraine justice en ce beau royaume; c'est à elle seule que vous répondrez, dit à Pompeo le premier masque, en lui montrant, à la clarté du falot, la bourse qu'il examinait.

— Par ma foi! reprit Pompeo, je ne croyais pas qu'on pût faire tant de bruit pour une bourse!

— Connaissez-vous le blason? savez-vous quelles sont ces armes?

— Non, de par le diable! j'attache fort peu de prix aux distinctions. Peu m'importent les broderies d'un sac d'écus, c'est le fond qui m'intéresse. Permettez-moi seulement de vous dire, messieurs, que vous récompensez mal en ma personne le mérite et le courage. De quoi s'agit-il, en effet? D'une dame que j'ai sauvée, et qui m'a donné ce que tout à l'heure on m'a repris.

— L'argent d'un accusé, mon honorable seigneur, appartient toujours à la justice.

— Oui, comme la sacoche du passant revient au voleur, dit Pompeo avec ironie.

— Seigneur Pompeo, reprit le masque, connaissiez-vous cette dame?

— Pour la première fois, ce soir, je viens d'entendre prononcer son nom.

Les deux masques et Pompeo avaient pris le chemin par les rues, comme le plus court; ils passaient alors devant

l'église des Prêtres de l'Oratoire, dans la rue Saint-Honoré.
Tous deux se rapprochèrent instinctivement, laissant Pompeo marcher devant eux.

— Vous seriez-vous trompé? dit au plus grand celui qui portait le fallot.

— Nullement, nous sommes ici sur la piste d'une découverte importante. Seulement nous avons affaire à un homme fin, rusé; il niera jusqu'à la mort que cette bourse appartient à la duchesse de Fornaro.

— Vous croyez que ce sont là les armes de la duchesse?

— Assurément; ce sont celles du duc de Fornaro, son mari, unies aux siennes. Je les reconnais.

— En ce cas, vous seriez porté à croire que cet Italien est un des familiers de la duchesse?

— Peu importe; ce qu'il nous importe d'éclaircir, c'est que la duchesse se cache à Paris sous le nom de la comtesse Alvinzi...

Tout en parlant ainsi à voix basse, les deux guides de l'Italien surveillaient chacun de ses mouvements; ils reprirent leur place, l'un en avant, l'autre en arrière de lui, après avoir échangé encore entre eux quelques phrases.

En toute autre occasion, Pompeo, à qui le ciel avait départi une force peu commune, eût pu aisément se débarrasser de ces deux hommes; un coup d'estocade ou de stylet l'eût rendu libre. Mais il se sentait alors poussé par une curiosité irrésistible, à l'éclaircissement de cette mystérieuse aventure; il se voyait le héros d'un drame imprévu, où peut-être il allait jouer le rôle d'un autre. La pensée de Mariette le retint. La jeune fille courait-elle un péril, ou celui qui l'aimait se trouvait-il menacé? La comtesse Alvinzi allait-elle se voir confrontée à Pompeo! Quel serait le dénoûment d'une pareille scène? Interdit, confondu, Pompeo se perdait dans un dédale de conjectures. Cet homme masqué lui avait dit son nom. Où l'avait-il vu? était-ce un ennemi ou un simple sbire du cardinal? En se rappelant qu'il allait bientôt répondre à un ministre aussi

redouté que Richelieu, l'Italien sentit faiblir son courage.
Il se raffermit en songeant que Mariette avait le cœur trop
bon pour être ingrate; il se dit qu'elle viendrait à son
secours. Depuis quelques instants, ses deux guides dou-
blaient le pas : les abords de l'hôtel de Richelieu, nommé
depuis le Palais-Cardinal, qui se déroulaient dans l'ombre,
prenaient pour lui l'aspect d'une prison austère et sombre.

Achevé en 1636, ce grand et bel édifice renfermait alors
un prince de l'Église, chétif et malade, recourant à tout
pour se guérir, même aux secrets dangereux des charla-
tans. Trois ans plus tard, un testament de Richelieu cédait
le Palais-Royal à Louis XIII; le ministre avait renoncé à
toutes ces magnificences. Pompeo remarqua une seule
fenêtre éclairée d'un reflet vif et rougeâtre; c'était la pièce
où Son Éminence travaillait. Corrigeait-il alors les vers de
Mirame ou de quelque autre tragédie dont il s'obstinait à se
déclarer le père? Entouré de ses chats pour auditeurs,
seul au milieu des ténèbres et du silence, Richelieu songeait-
il au poëte Desmarets ou à la maison d'Autriche? Pompeo
l'aventurier, Pompeo l'Italien pouvait-il se flatter d'attirer
l'attention d'un pareil homme?

Cependant le masque venait de déposer son falot sous
le porche du vestibule des gardes.

Cette pièce n'avait pour tout ornement qu'un ratelier
assez imposant de lances et de piques; on y voyait des per-
tuisanes dorées, des hallebardes suisses et des arquebuses
allemandes. Pour les gardes du cardinal, les uns jouaient
aux dés, d'autres aux cartes, mais tous silencieusement,
comme si le moindre bruit eût dû les trahir et les exposer
au courroux de Son Éminence. Le cabinet du ministre
était cependant assez éloigné de cette salle, les deux masques en prirent le chemin en faisant signe à Pompeo de
les suivre.

Quand ils furent dans la galerie, le masque qui avait
porté le falot salua l'autre respectueusement, puis se
retira.

— Attendez-moi ici, dit à Pompeo celui qui demeurait seul avec lui.

Il poussa alors le bouton d'une porte au bout de la galerie, il la referma ensuite sur lui, et Pompeo l'entendit gratter à la tapisserie jusqu'à trois fois.

Un frottement léger, pareil à la fermeture d'une portière de damas, l'avertit que le masque venait d'entrer.

Pompeo ne se trompait pas, l'homme en question se trouvait alors devant le cardinal de Richelieu.

Le ministre était renversé plutôt qu'assis, dans un vaste fauteuil de damas violet, dont la couleur sombre faisait encore mieux ressortir son teint jaunâtre et plombé. En vérité, rien qu'à le voir ainsi, pâle et défait, les deux mains croisées sur le dos de l'un de ses chats favoris, le corps roulé dans une longue fourrure d'hermine, entouré de fioles et de papiers, on se sentait pris d'une indicible compassion. Quelques mèches rares de cheveux gris s'échappaient de sa calotte; sa bouche était crispée par un mouvement fébrile, ses yeux éteints et bordés d'un cercle noir. En un mot, le cardinal avait plutôt l'air d'un moribond engourdi par la souffrance, que d'un ministre dont la voix ferme commande, dont le bras et la tête peuvent agir.

La chambre de travail où il se trouvait n'était guère de nature à dissiper la teinte mélancolique de ses idées. La tenture en était violette, et n'avait pour ornement que le portrait de Louis XIII et un cabinet d'Allemagne, dont chaque tiroir se trouvait alors ouvert. Un Christ, d'Annibal Carache, occupait le panneau du milieu; pour tous siéges, il y avait des pliants.

La table était couverte de dépêches et de livres. Près de l'encrier en bronze doré, soutenu par quatre syrènes, dormait un des chats de Son Eminence; un autre reposait sur ses genoux, un troisième aux pieds des chenets à fleurs de lys.

Quand l'homme eut passé le seuil, il porta la main à son masque comme pour l'ôter. Le cardinal laissa échapper un geste de répugnance.

— Restez ainsi, lui dit-il ; ne nous connaissons-nous pas, docteur?

Le personnage en question remercia le cardinal d'une voix mal assurée. Il n'avait pas remarqué sans un secret déplaisir le ton aigre de Son Eminence ; il pressentait une tempête. Richelieu semblait absorbé ; on eût dit que la présence de cet homme le trouvait morne, insensible. Ce visiteur nocturne portait une rhingrave de velours noir, des hauts-de-chausses et des bas de même couleur. Un rabat fané remplaçait chez lui la colerette à guipures. Il était de taille moyenne et d'une telle maigreur, qu'il eût semblé vraiment qu'on eût pu voir le jour à travers ses mains osseuses.

Il obéit au désir du ministre et garda son masque.

Ensuite il s'inclina à deux fois devant le cardinal, et s'assit sur un pliant qu'il roula près du fauteuil de Richelieu.

Ainsi établi, il releva de sa main gauche jusqu'au poignet la manche de sa rhingrave, et de la droite il s'apprêta à tâter le pouls de Son Eminence.

Par un mouvement subit, le cardinal repoussa son fauteuil comme s'il eût craint le contact d'une couleuvre.

— Arrière! il s'agit bien de cela vraiment, docteur, s'écria-t-il comme un homme qui sort d'un rêve. Lisez, lisez cette lettre; elle prouve à quel point vous négligez mes commissions. Un avis pareil, un avis que je m'attendais à ne devoir qu'à votre zèle! D'où venez-vous? Parlez, que savez-vous? pourquoi m'avoir fait attendre?... Cela est bon pour le roi, monsieur; prenez-y garde, je finirai par croire que vous aussi vous êtes du côté de mes ennemis.

Un accès de toux violent interrompit le cardinal, dont les joues s'empourpraient du feu de la colère, dont la respiration devenait plus brève, dont le regard brillait d'une expression singulière de rage, de mépris et de vengeance. Il souleva un lion doré sous lequel plusieurs papiers reposaient, puis après avoir jeté un coup d'œil rapide sur l'un de ces écrits, il le présenta au docteur.

Le médecin, après l'avoir parcouru quelques secondes, réprima un léger trouble de satisfaction, et se composant un sourire hypocrite :

— Je puis maintenant, répondit-il, remercier Son Eminence.

— Pourquoi? demanda le ministre.

— Son Eminence ignore de qui lui vient cet avis?

— Entièrement.

— Dès lors, Son Eminence me force à rompre avec tout projet de modestie; cet avis lui vient de moi.

— De vous? reprit Richelieu.

Le cardinal demeurait surpris; il examina le docteur d'un air incrédule et en pinçant sa royale grise à son menton :

— Ce n'est pas là votre écriture, monsieur, objecta le ministre au docteur.

— C'est celle de mon secrétaire Didier.

— Et tous ces détails sont vrais?

— Parfaitement vrais, je le jure.

— Ainsi, la duchesse de Fornaro est à Paris?

— A Paris, depuis six semaines.

— Et sous le nom de la comtesse Alvinzi?

— Oui, monseigneur. Elle habite un hôtel obscur dans la rue des Lions-Saint-Paul. Quel intérêt a pu ramener à Paris une femme qui doit y alarmer votre politique et qui connaissait Léonora Galigaï? de quels conciliabules secrets sa maison est-elle le théâtre? C'est ce qu'il faudrait approfondir. Mais cette lettre vous instruit assez du danger réel qu'il y aurait à donner asile dans Paris à la femme du duc de Fornaro. Dans la guerre récente de la Valteline, et pendant que le duc tenait pour les impériaux, avez-vous oublié les menées coupables de la duchesse? Coeutz et Savelli sont ses amis, elle entre dans les intérêts de l'Espagne, elle a partout des émissaires, des agents. Le marquis de Leganez lui écrit, elle pleure encore la défaite de Jean de Vert. Un faible ennemi qu'une femme, direz-vous, une Italienne venant abriter ici ses intrigues sous la protection de la

reine mère ! Apprenez donc, monseigneur, que l'un de ses
émissaires, rencontré ce soir même par moi, ne me paraît
pas être venu pour rien à Paris.

— De quel homme voulez-vous parler, docteur? demanda
le cardinal d'un ton radouci, mais dans lequel ne perçait
que trop son trouble.

— D'un certain Pompeo dont Votre Éminence doit se
souvenir. C'est lui qui attaqua à main armée, il y a quinze
ans, les dépêches que vous faisiez passer alors au marquis
de Cœuvres. Vous veniez d'entrer au conseil, la reine mère
vous avait créé ministre. Le duc de Savoie et la république
de Venise voyant avec quelque inquiétude les Espagnols
maîtres de la Valteline, avaient fait une ligue avec la
France pour le recouvrement de ce pays. Le marquis de
Cœuvres avait le commandement de ces troupes. Vos conseils lui épargnaient les obstacles suscités par l'Espagne,
vos dépêches ou plutôt vos instructions lui traçaient la
marche à suivre. Un homme hardi, un homme appuyé,
payé même par la maison d'Autriche, s'en empara près de
Parme.

— Oui, cela est vrai, reprit Richelieu; mais cet homme
fut puni, j'obtins du tribunal de Florence qu'il serait enfermé à tout jamais, par forme d'exemple, dans l'un des
cachots du palais Strozzi. Tu vois que je fus humain, car à
ma place, d'autres l'eussent fait décapiter sur le pont du
Saint-Esprit. Tu dis donc qu'il s'est sauvé?

— Je dis, Éminence, qu'au seul tintement de cette sonnette, vous le verrez apparaître en ce cabinet.

Le cardinal fit un bond.

— Es-tu donc magicien?

— Peut-être... Cet homme a été rencontré par moi et
Jaquet, l'un de vos sbires, au cabaret de la *Pomme de pin*;
une bourse aux armes de la duchesse a été saisie entre ses
mains, nul doute qu'il ne puisse nous donner des rensei-
gnements sur la vie mystérieuse que mène à Paris la duchesse de Fornaro.

— Voyous cette bourse.

— La voici, Éminence, répondit le médecin en présentant la bourse au cardinal.

— C'est bien cela, murmura le ministre en examinant le carton d'armes gravé sur ce frêle tissu; d'un côté les armes de Térésina Pitti, de l'autre celles d'Andréa Fornaro, maison altière, ennemie, foyer de trames rebelles et de discordes sans fin! A celui qui me reprocherait de vouloir combattre l'hydre d'Autriche, le vainqueur de la Rochelle pourrait répondre par cet écusson audacieux du duc et cet exergue : *Potius mori!* Et cependant Andréa Fornaro mourait l'année même où nous forcions le Pas de Suze, il mourait le jour où je déjouais mes ennemis! Deux ans auparavant, Chalais avait eu la tête tranchée; le comte de Soissons, conspirateur plus heureux que Chalais, se sauvait à Rome. Oui, mais le duc de la Vallette, mais Montgaillard, et, bien avant eux, ce Concini, qui était aussi un Italien... Il faut que je voie cet homme à l'instant, dit Richelieu d'un ton bref.

— Permettez, Éminence, savez-vous d'abord ce que vous voulez faire de la duchesse?

— Ce que j'en veux faire? répondit le cardinal dont les doigts crispés s'allongèrent en ce moment comme ceux du tigre longtemps endormi, écoute et tremble!

Le docteur recula son fauteuil par un mouvement instinctif, le cardinal était si pâle, qu'il en eut peur.

— Docteur, reprit-il, tu m'as prévenu trop tard; quelqu'un t'avait devancé.

— Et qui donc, monseigneur?

— La duchesse elle-même, regarde.

Le docteur vit alors le cardinal entr'ouvrir sa simarre avec précaution; il en tira un papier, le déploya et le lut lui-même d'une voix tremblante. Il était ainsi conçu :

« Monseigneur, celle qui vous écrit n'est déjà plus en votre pouvoir. La duchesse de Fornaro s'est placée d'hier sous la protection de la reine, qui l'aime et vous hait. Elle continuera à déjouer tous les efforts de votre police. Quand vous recevrez ce billet, vous prodiguerez vainement les menaces et les recherches. Un devoir impérieux m'a seul fait quitter l'Italie ; je ne venais pas, croyez-le, vous voir ou vous chercher dans Paris ; je ne venais pas non plus y recommencer les intrigues de Léonora Galigaï, qui fut cependant le premier mobile de votre fortune. Mon pays et ma famille m'entretiennent assez de vous pour qu'il ne soit pas nécessaire en songeant à vous de les quitter.

» Vos persécutions et votre haine y ont suivi le feu duc mon époux, mais elles ont trouvé le moyen d'y faire saigner plus cruellement mon cœur. Vous avez tué, en Italie même, par une mort lente et sourde, un homme qui n'a eu d'autre tort envers vous que celui d'être opposé à votre cause ; il y a quinze ans. Cet homme, je l'ai aimé. Un tel amour eût été un crime tant que le duc a vécu, il avait précédé mon union avec lui, il ne la troubla jamais. L'année de mon mariage fut celle de la mort de cet homme ; il était mon fiancé : son nom de famille vaut le mien. Monseigneur, je suis Italienne, et je suis femme. Il me faut du sang pour venger la mort de votre victime, vous ignorez par quel lien je lui tenais. La compagnie de gardes que vous lui avez demandée pour la sûreté de votre personne ne vous sauvera pas. Mon plan est arrêté, il n'échouera pas comme celui de Montrésor et Saint-Ibal. A dater de ce jour, je ne suis plus la comtesse Alvinzi, je reprends mon nom et ma haine. Adieu !

» La duchesse de FORNARO. »

L'étonnement du docteur en écoutant cette lettre dont l'imprudence égalait au moins l'audace, arrêta d'abord toute parole sur ses lèvres, il se contenta de regarder le cardinal d'un air glacé. Richelieu avait replié la lettre, il essuyait avec son mouchoir la sueur qui baignait son front. Une pareille lettre lui paraissait le fruit de la démence, mais elle lui venait d'une Italienne, d'une femme qui

osait lui opposer la reine, d'une femme dont il avait fait
périr l'amant! Quel était cet homme, et de quelle victime
voulait lui parler la duchesse? La vengeance du ministre
avait atteint bien des têtes; plus d'un ennemi avait suc-
combé sous ses coups par delà le territoire de France,
étonné de se voir l'objet de cette pensée terrible, inces-
sante, qui faisait la force du ministre. Peu à peu cependant le ressentiment fougueux du cardinal contre l'auteur
d'une menace aussi osée se calmait, peut-être rougissait-il
d'avoir une femme à combattre. Depuis quelques secondes,
il paraissait indécis; l'animosité de la reine mère le préoc-
cupait-elle plus que celle de la duchesse, avait-il résolu
d'être clément ou sévère? Le docteur suivait chacun de ses
mouvements avec une profonde anxiété.

— Ainsi, murmura-t-il, cet homme a dit vrai, il n'a pas
revu la duchesse... Je pourrai donc l'employer!

En s'arrêtant alors à cette pensée, la physionomie du
médecin trahissait une joie secrète, infernale... Son acharnement à charger la duchesse, son attention scrupuleuse
aux moindres détails de cette lettre, tout, jusqu'à sa pantomime silencieuse, cachait le combat violent qui se li-
vrait en lui. Connaissait-il donc la duchesse de Fornaro?
où l'avait-il rencontrée? Il attendait les ordres du cardinal
avec une visible impatience.

— Docteur, demanda le cardinal, il y a cette nuit réu-
nion chez la reine?

— Certainement, Éminence.

— Il est à penser que la duchesse ira.

— Cela est probable; la reine est son amie, la duchesse
de Fornaro, quand vous n'étiez que M. de Luçon, était déjà
protégée par Marie de Médicis... Vous savez cela aussi bien
que moi, sa mère connaissait tous les secrets de la Galigaï,
qui savait les vôtres...

— Docteur, demanda le cardinal après une pause, on dit
que vous avez inventé certain narcotique?...

— Vous voulez dire un narcotique certain, monseigneur,

répondit le médecin en jouant sur le mot. Il l'est assez
pour enchaîner à l'instant même les sens du plus rebelle...
Voyez!

Et le docteur tira de sa rhingrave une petite fiole, il en
versa une goutte sur la langue du chat qui jouait alors
entre ses jambes.

— Que faites-vous? demanda le cardinal irrité; aviez-
vous besoin... Enfin, ce qui est fait est fait.

Un assoupissement invincible s'empara de l'animal, qui
roula sur le tapis.

— Voilà qui est merveilleux, dit le cardinal à son médecin; maintenant, faites-moi venir ce Pompeo.

— Cet homme agira, monseigneur, mais il ne nous don-
nera aucun renseignement sur la duchesse... je vous en
préviens.

— Mais il agira? reprit Richelieu, tu me l'assures.

Le cardinal dit alors au docteur quelques paroles à voix
basse.

— J'obéirai, monseigneur, répondit le médecin... Seulement, ce que vous me dites de ce coffre est singulier...

— Je sais ce que je sais, poursuivit le cardinal. La duchesse ne voyage jamais sans ce coffre...

— Il sera fait ainsi que vous le voulez, monseigneur.

Richelieu sourit de ce sourire qui plissa sans doute le
coin de sa lèvre lorsque, quatre ans plus tard, il signait
l'arrêt de mort du jeune Cinq-Mars.

Le docteur ouvrit la porte, il appela Pompeo.

Celui-ci dormait sur un banc de l'antichambre.

Sous ces lambris éclatants, ainsi enveloppé dans sa large
cape éraillée, il ressemblait à Lazare à la porte du mauvais
riche.

Il entra chez le cardinal avec fermeté. Soumis une fois
déjà à sa justice, il s'attendait peut-être à en éprouver la ri-
gueur une seconde fois.

— Seigneur Pompeo, dit le cardinal, vous avez bien fait
de vous échapper des prisons d'Italie.

— On fait ce qu'on peut, monseigneur ; je m'ennuyais, j'ai voulu revoir la France.

— A merveille, seigneur Pompeo, mais comme la France vous plaît, tâchez de ne pas retourner en Italie. Vous nous devez cela, à nous autres Parisiens. Nous sommes hospitaliers !

— Et que dois-je faire, demanda Pompeo, pour gagner ainsi mon pardon, ma liberté?

— Suivre cet homme, Pompeo, le suivre et lui obéir. Votre vie dépend de votre soumission entière à ses ordres! A bientôt, je vous verrai !

Pompeo sortit, précédé de l'homme masqué.

VI

UN AMBITIEUX.

A l'heure même où cette conversation avait lieu au palais Cardinal, l'immense fallot suspendu à la porte du cabaret de la *Pomme de pin* agitait encore sa lueur vacillante sur le pavé du quai des Ormes.

Mardochée avait pris bravement la fuite. Après l'alerte du guet, Saint-Amand et le capitaine la Ripaille étaient sortis de ce lieu bachique en se prêtant une mutuelle assistance ; Bellerose avait regagné son gîte, situé près du pont Neuf; les autres clients de maître Philippe Gruyn s'étaient dispersés.

Cependant la lampe fumeuse balançait encore sa noire étoile au plafond; les volets n'étaient point encore fermés.

Mariette se tenait debout devant Charles Gruyn, et de grosses larmes roulaient alors dans ses yeux.

De temps à autre, elle jetait un regard furtif sur le jeune homme.

Charles demeurait assis, les coudes appuyés sur l'une des tables; il semblait en proie à d'amères réflexions. Tout ce qui venait de se passer dans le cabaret de maître Philippe lui semblait encore un rêve. Cet inconnu, dont il avait pris la défense, avait reçu une bourse de la comtesse ; il venait de la sauver, et cette action généreuse l'avait perdu. Où l'avait-on conduit? chez la duchesse peut-être ! Etait-ce un de ces galants aventuriers d'Italie, la patrie des femmes et du soleil, qui ne marchent jamais sans la guitare et l'épée ; un soupirant de cette dame, que Charles jusque-là avait à peine entrevue? Le fils du cabaretier de la *Pomme de pin* .enviait presque sa disgrâce, car le malheur est souvent, auprès des femmes, la meilleure des recommandations, et Charles Gruyn eût donné tout au monde pour se voir conduit sous pareille escorte chez la duchesse.

Ainsi placé devant Mariette, Charles osait à peine interroger les battements de son cœur. A l'aspect de cette jeune et jolie fille, il se sentait ému et troublé, si troublé, qu'il osait à peine lever sur Mariette son regard déconcerté... Il se disait peut-être que si Mariette l'aimait, cet amour dont il ressentait déjà l'atteinte pour une autre était un crime. Il éprouvait alors un chagrin réel et profond. Depuis deux ans environ que Mariette avait été recueillie par maître Philippe, il ne s'était guère, en effet, passé de jour où Charles n'échangeât avec elle de douces et naïves confidences. Dans ce cabaret sombre, enfumé, ouvert à tous, la présence de cette belle et sereine enfant était, il faut bien le dire, un de ces contre-sens grossiers dont la délicatesse la plus émoussée s'étonne. Mariette semblait plus faite, à coup sûr, pour habiter les murailles dorées d'un palais que pour s'étioler, comme une noble fleur, dans ces ténèbres. Elle avait en elle un fond de grâce et de courage inexprimable ; elle ne se plaignait pas de sa condition, elle en souffrait. En la retrouvant, cette nuit-là, pensive et triste, Charles ne pouvait s'empêcher de songer au jour où maître Philippe l'avait introduite dans sa maison ; il la revoyait avec ses pendants d'oreille en verroterie et son petit tablier de bohémienne... Un jour que son père traversait le marché Neuf, le son d'une voix lui avait fait retourner la tête; c'était une jeune fille qui chantait un Noël au milieu d'une foule avide de l'entendre... Le cabaretier remarqua dans cette voix une altération qui l'émut. Il s'approcha de la pauvre enfant; ses mains et son cou portaient encore les traces de cruelles meurtrissures... Deux hommes au teint basané se tenaient derrière la chanteuse; l'un de ces Egyptiens nomades était armé d'un fouet. Philippe comprit tout : il avait ouï parler de ces tristes créatures devenues, par un coup du sort, une marchandise humaine qu'exploite la paresse ou l'industrie. Il revenait de toucher quelque argent chez le duc de Créquy, la plus riche de ses pratiques; il en proposa la moitié au maître de Mariette. Depuis ce jour, elle fut traitée chez lui comme sa fille, et Charles put dès lors la nommer aussi sa sœur.

Cette charitable action de maître Philippe assurait un sort à Mariette; toutefois, elle ne porta point ses fruits. Renfermée comme une fauvette dans sa cage, Mariette se prit bientôt à regretter sa vie d'autrefois, cette vie errante et libre; elle ne se souvint plus du fouet, de la neige et de la faim; elle se rappela seulement le tapis usé sur lequel on la faisait chanter en plein air, du coup d'œil agaçant que lui jetaient parfois les raffinés; des bouquets et de l'argent que les belles dames laissaient tomber en levant, pour la voir, les mantelets de leur litière. Les principes rigides de maître Philippe, l'amour que le digne cabaretier mettait à se dire le premier de sa corporation et de sa fabrique; tout, jusqu'à l'échange de son esclavage et à l'infériorité de sa nouvelle condition lui déplut. Aussi passait-elle bien souvent de longues heures assise à la fenêtre de sa petite chambre, d'où elle regardait tristement le fil de l'eau, comme une de ces filles mélancoliques de Venise. Cette fenêtre, ou plutôt cette lucarne de Mariette, donnait sur la Seine, et maître Philippe s'était vu bien des fois contraint de l'en arracher. « Avant tout, disait-il, une pratique de la *Pomme de pin* ne doit pas attendre. » Cet axiome du cabaretier désolait la belle

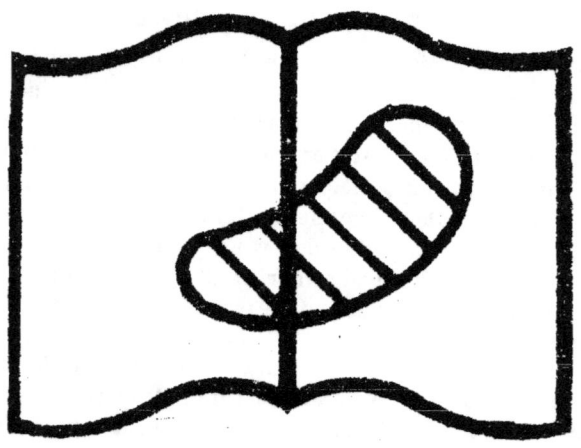

Illisibilité partielle

Mariette. Le son des musiques, les lumières des barques
errantes sur l'eau, tout la captivait et l'enchantait dans ce
coin sévère et bizarre du vieux Paris. En se comparant aux
autres filles qu'elle voyait, elle s'étonnait même de leur ressembler si peu; leurs plaisirs, leurs goûts n'étaient pas les
siens; la folle enfant se croyait parfois venue d'une autre
patrie; elle avait surtout, pour les rayons aimés du soleil,
une sorte de culte et d'idolâtrie superstitieuse. Plus d'un
cavalier, revenant de l'Arsenal, l'avait vue se pencher avec
ivresse, à l'heure de midi, à cette chétive fenêtre où les
capucines et les clématites l'encadraient l'été comme une
fine et charmante tête du peintre Miéris. Mais à côté d'elle,
on eût pu souvent aussi rencontrer une autre figure, celle
de Charles, de Charles l'écoutant dans un silence attendri.
Les notes angéliques échappées de cette voix exerçaient sur
le jeune homme un pouvoir entraînant et singulier. Par un
mutuel instinct, tous deux se défendaient et s'excusaient,
lorsque maître Philippe se laissait aller à la gronderie; on
eût dit alors du pacte de deux écoliers mutins. Le front du
bonhomme se déridait insensiblement; il prenait leurs
mains et il les unissait avec un soupir, sans que Mariette
ou Charles songeassent à les retirer.

Maître Philippe Gruyn, au rebours des gens de son état,
qui s'enorgueillissaient de traiter souvent les gens de cour,
était un modeste et simple vieillard, régulier en tout, et
surtout exact aux offices de sa paroisse, ayant la clientèle
de son curé en homme adroit, et n'épargnant rien de ce qui
devait augmenter son patrimoine. Sur trois fils qu'il avait,
deux se trouvaient alors enrôlés sous les drapeaux; mais le
plus jeune, son amour, son espoir le plus vif et le plus
cher, c'était Charles. Ne devait-il pas chaque nuit dormir à
côté de son père, sous le même toit? Devait-il courir les
brelans, la comédie, les ruelles? Etait-il fait enfin pour une
ie de seigneur ou pour une heureuse obscurité? Voilà sans
oute à quoi songeait alors maître Philippe. Il ne voyait
s, sans une amertume inquiète, ce panache blanc et rouge

planté sur le feutre de Charles, et ce j' etaucorps taillé pour le buste d'un jeune muguet. Résolu à rompre le silence, il s'avança vers son fils et lui demanda s'il comptait passer ainsi la nuit à réfléchir?

Une heure du matin venait de sonner.

Maître Philippe, armé d'un flambeau de cuivre, semblait inviter Charles à remonter dans sa chambre; Mariette fermait les volets avec lenteur; la lampe allait s'éteindre, et Marmousette, sa chatte, ronflait déjà du plus royal des sommeils...

Charles se leva; il fit un pas vers la porte.

— Laissez-moi sortir, dit-il à son père d'une voix brève.

En ce moment, Mariette le regarda. Il y avait sans doute une prière tacite dans ce regard. Mariette suppliait, car le jeune homme se rassit et posa son chapeau sur le comptoir.

— Charles, reprit son père en lui prenant la main avec tristesse, tu ne m'aimes pas!

— Vous ne nous aimez plus, ajouta la désolée Mariette.

Elle fondit en larmes après ces paroles, car il y avait longtemps qu'elle contenait son chagrin; ces pleurs plus que ses paroles émurent le jeune homme.

— Pardonnez-moi, mon père, répondit-il, et vous aussi, Mariette, pardonnez-moi, je vous aime! Mais depuis quelques jours je ne me reconnais plus; depuis quelques jours, tout en vous aimant, je me hais!

— Vous vous haïssez, et pourquoi? demanda Mariette.

— Aurais-tu donc à rougir devant ton père? ajouta maître Philippe.

— Mon père, répondit le jeune homme avec orgueil, je n'ai rien à me reprocher devant vous ou devant Dieu. Seulement la vie m'est insupportable, je dois vous fuir!

— Me fuir? as-tu dit, oh! je ne le vois que trop, ce sont les méchants exemples qui te perdent. Qui t'a donné ce conseil, dis-le. Parle ici, voyons, est-ce l'argent qui te manque?

— Grâce à vous, mon père, ce n'est pas l'argent qui

4.

m'occupe. Hier encore, vous m'en avez muni la poche assez largement, cet argent je l'ai encore... Non ce n'est pas cela, reprit Charles avec un soupir.

— Alors, tu es amoureux ! J'y suis... cette dame sous les fenêtres de laquelle on t'a trouvé près d'ici... Quelque comédienne, mon pauvre garçon ! Ce sera Bellerose qui t'en aura procuré la connaissance... Misérable pratique qui me paie en monnaie de singe ? Je vais lui dresser son état de compte, et dès demain...

— Mon père, objecta Charles, laissez-là Bellerose qui n'est pour rien dans ceci... Ne voyez-vous pas que vos suppositions augmentent le chagrin de Mariette ? ajouta le jeune homme en baissant la voix.

— Eh bien, oui ! reprit maître Philippe en s'exaltant, tu es un ingrat, tu fais le désespoir de Mariette !

— Mon père...

— Ne t'excuse point, tu mentirais. Va, tu n'es pas digne de l'amour de cette enfant ! Quand je me prenais à vous regarder tous deux, si frais, si gentils, je me suis dit bien des fois : voilà pourtant deux tourtereaux que j'élève là ! Mariette n'a pas de fortune, c'est vrai, elle est orpheline, c'est vrai encore, mais moi j'ai du bien, et si elle t'aime !... Enfin, ce n'est pas l'argent, comme on dit, qui fait le bonheur. Mais tu es ambitieux, tu lis des romans où des hallebardiers épousent des princesses ! Tu vas courir le guet, et tu te morfonds sous les balcons ! Charles, mon ami, tu n'es qu'un fou !

— Un fou ! cela est vrai, murmura le jeune homme avec tristesse. Vous avez raison, mon père, je ne dois aspirer à rien dans ce monde, j'y dois vivre obscur, humilié, méconnu. Est-ce donc ma faute pourtant si je me sens né pour de grandes choses ? Parce que je suis votre fils, suis-je condamné pour toujours aux rebuts et aux dédains ? Qui donc a mis le premier en moi ces germes d'ambition, de révolte contre le monde ? Qui m'a le premier donné des maîtres ? Je suis las, sachez-le, d'une vie stérile et désœuvrée ;

moi aussi je veux être noble, je saurai me faire un nom !

— Un nom ! mais il me semble que le tien est assez beau ! Cela sonne, pardieu ! aussi bien qu'autre chose : *Charles Gruyn!* Trouve donc ailleurs un cabaret comme celui-ci ! Quand je serai très-vieux, c'est à toi que je prétends le donner. Tu feras repeindre mon enseigne, c'est tout ce que je t'engage alors à faire. M. Saint-Amand m'a promis deux vers, tu les mettras sur ma porte. Ce sont là des choses qui valent bien les armes, mon pauvre enfant. Vois plutôt ! maître Leclerc qui n'était que batelier, a voulu acheter une charge à la cour, et on lui corne aux oreilles le proverbe du bon vieux roi, le père du nôtre : *la caque sent toujours le hareng!* Le capitaine la Ripaille dit qu'il descend des la Ripaille du temps des croisades; laisse donc ! il descend du coche, et n'a pas de quoi me payer une friture ! Que viens-tu me dire avec ta noblesse? Tu peux aller partout le front levé. Est-ce cette belle dame qui ne te trouve pas assez noble ? Voyons, regarde-toi, et demande à Mariette, que tu affliges, si tu n'es pas bien tourné? A douze ans, on te regardait passer sur le quai des Ormes, et les voisins se disaient : Ce sera un fier garçon ! Et tu désespères de toi, tu veux me quitter ! Va, tes grandes dames sont des dépouilleuses ?... elles te grugeront et te mettront après sur le pavé. Ne me donnes pas le chagrin de te rencontrer un jour avec une cape trouée et des chausses sur les talons. Mais c'est assez de morale, je te laisse avec Mariette... C'est ta confidente, et je ne veux pas marcher sur ses brisées. Elle aussi, quand elle se révolte, c'est un démon ! allons, Charles, allons, Mariette, embrassez tous deux celui qui vous aime et vous confond dans son cœur. Vous êtes mes enfants, mes seuls enfants... les autres sont au roi et au cardinal... mais vous!...

Les yeux de maître Philippe s'étaient mouillés insensiblement de douces larmes; il regardait Charles et Mariette dans un recueillement plein de tendresse. Craignant sans doute que sa présence ne contraignît leurs aveux, il se retira bientôt en fermant sur lui la porte de l'escalier. Mariette et Charles demeuraient muets, immobiles. Les bruits du dehors avaient cessé, on n'entendait plus dans cette salle si bruyante une heure avant, que le tintement monotone de la vieille horloge. Mariette se rapprocha du jeune homme avec une sorte d'inquiétude. Absorbé dans ses réflexions, Charles Gruyn ne la voyait pas, il comptait alors machinalement les pièces d'or que son père lui avait données la veille.

— Riche! murmurait-il, c'est vrai! je le suis! je le serai! Ces seigneurs ont raison de rechercher la richesse! N'est-ce donc pas elle qui nous ouvre les portes dorées de l'avenir de la vie! La vie est un enjeu, et rien de plus, jouons donc sans nous occuper de la galanterie, jouons et frayons avec tout ce qui joue et brille en France, qui sait? cette passion absorbera peut-être celle qui me brûle, jouons, oh! jouons!

Et Charles Gruyn avait tiré déjà un cornet de sa poche avec des dés, il invoquait le hasard, bien qu'il fût seul, il le provoquait, il le raillait.

Mariette vint résolument se placer en face de lui...

Jamais peut-être plus séduisant visage de jeune fille n'avait tenté le pinceau d'un peintre, elle était belle de ses larmes, de son amour et de sa douleur. Un étrange sourire éclairait alors son naïf et frais visage, on eût dit de l'une de ces apparitions mystiques dont l'auréole éblouit.

— Jouez, c'est cela, dit-elle au jeune homme. Votre cœur, votre existence, votre avenir, mais, Charles, je suis aussi de moitié dans votre jeu! Pensez-vous donc que je renonce à vous d'un seul coup? Non, je saurai lutter, je saurai souffrir, je suis jeune. Vous aimez, eh bien, libre à vous, moi j'aime aussi, seulement je n'aime pas comme vous. Ce que vous aimez, Charles, je vais vous le dire, vous aimez l'éclat, la fortune, l'ambition. Vous voulez régner, vous voulez donner un joug. Moi, je veux, au contraire, écarter de vous tout péril, je n'aspire point à de frivoles honneurs, je veux ne vous aimer que pour vous. Vous rappelez-vous nos heures et nos jours passés ensemble, vous ne demandiez pas alors les biens périssables et mensongers. Votre bourse était souvent un meuble inutile, vous la jettiez gaiement au premier pauvre qui passait, au bohême chantant un air, à la jeune fille marchant pieds nus. Heureuse vie! heureux temps! Vous n'étiez point alors épris de ce qui rayonne et qui aveugle, d'une plume de coquette, d'un carrosse, d'un éventail! Non, mais vous étiez bon, généreux et simple comme doit l'être un grand cœur. Assis à ma petite fenêtre, vous écoutiez les chants qui vous distrayaient et vous plaisaient, vous ne portiez pas envie aux dentelles et aux rubans des seigneurs. Nous sommes du peuple, ami, vivons et mourons chez le peuple. Moi aussi, croyez-le, j'ai rêvé comme vous, et peut-être même je rêve encore un horizon plus fier et plus large. Ces murs me font mal comme ceux d'une prison, leur voûte me pèse, je voudrais me faire des ailes! Mais si je fuyais, Charles, si j'oubliais, hélas! l'hospitalité généreuse de votre père, ah! que dirait-on de moi? Et cependant, voyez, tel est l'aveuglement insensé de mon amour, que partout où vous irez, je veux aller et je dois courir. Je vous aime comme une amie, comme une sœur, comme une amie qui vous plaint. Jeune et plus jeune que vous, je devine à quels orages vous allez vous voir exposé, je réclame à l'avance une part dans vos chagrins. Tout me dit que bientôt nous devons nous séparer, tout m'avertit que vous en aimez une autre. Mais, du moins, ô Charles, par tous les nœuds si doux de notre amitié, jurez-moi que vous songerez toujours à la pauvre Mariette! Orpheline, je ne puis prétendre à vous, tout me fait un devoir d'imposer silence aux voix de mon cœur, et cependant je vous aime! A votre tour, Charles, aimez-moi un peu, car, si vous savez ce qu'est l'amour, vous ignorez encore ce qu'est le désespoir, la plus vraie, la plus profonde des misères! Vous avez parlé de fuir, ah! rétractez ici ces douloureuses et amères paroles! Ayez pitié de moi et de votre père, votre départ nous tuerait.

En prononçant ces paroles, Mariette avait peine à contenir ses sanglots.

— Eh bien, je resterai, dit le jeune homme attendri, je resterai puisque tu le veux, Mariette! Ton amour me guérira de ma folie, folie cruelle en effet que ce mal pris au hasard, cette pensée qui consume et qui déchire! Comment ai-je connu cette grande dame? je ne sais, mais elle a jeté sur moi un regard si triste, que tout d'abord elle m'a ému... Tu connais le boulevard de l'Arsenal, c'est là, Mariette, que je la vis pour la première fois, il y a six jours. Elle était alors à cheval et fendait l'air avec une rapidité qui pouvait ressembler à de l'imprudence. Un vieil écuyer l'accompagnait, de temps à autre cherchait à la modérer dans cette course fougueuse... Excité bientôt par le bruit de la forge et des marteaux d'un atelier, son cheval l'emporta; ce fut alors...

— Que vous vous précipitâtes à la bride du cheval; je sais cela, je l'ai vu.

— Comment, Mariette; comment, toi! dit le jeune homme étonné.

— Le lendemain, vous entendiez la messe, par hasard, à Saint-Gervais, et cette dame s'y trouvait. En sortant, vous lui présentâtes de l'eau bénite. Le surlendemain, toujours par hasard, vous étiez au Cours-Royal, elle y passait en litière avec sa camériste, une vieille Moresse. Par malheur, aussi, ce n'est pas vous qui l'avez sauvée, quand des voleurs l'attaquaient ce soir; c'est un cavalier qui vous a ravi cet honneur-là...

— Je saurai le nom de cet inconnu, reprit Charles avec chaleur, je le provoquerai, je le tuerai! Mais, dis, Mariette, comment se fait-il que tu sois instruite si pleinement de ce que je fais, tu me racontes là toute ma vie d'une semaine, ajouta le jeune homme avec une visible inquiétude.

— C'est mon secret, répondit Mariette. Une sœur doit-elle ignorer ce que fait son frère? Tout votre tort, Charles, est de ne me l'avoir point dit. J'eusse pu de la sorte apaiser l'irritation de votre père; je vous eusse défendu à ses propres yeux.

— Toujours en tutelle! toujours espionné! murmura Charles.

— Toujours aimé et excusé, reprit Mariette.

— Mariette, s'écria le jeune homme, Mariette, tu es un ange! Oui, tu as compris mes folies et tu m'absous; oui, Mariette, tu m'aimes!

— Assez pour en mourir, balbutia Mariette, dont les joues avaient alors la pâleur du marbre, et dont le sein était oppressé.

— Mariette, demanda Charles, penses-tu que je puisse un jour devenir autre chose que le fils de maître Philippe?

— Le fils de maître Philippe, reprit Mariette, vaut bien tous les gentilshommes qui viennent ici!

— Assez, Mariette, assez, répondit le fier jeune homme. Dès demain, je veux que tu me croie l'égal de ces nobles seigneurs; dès demain, je veux justifier ton opinion. Et d'abord, Mariette, ajouta Charles Gruyn, j'ai vu un diamant l'autre jour au pont au Change; je l'achèterai, tu le porteras, je le veux. Demain, Mariette, tu auras des gants de senteur et des parfums; car, sache-le, je te trouve aussi belle que beaucoup de leurs grandes dames.

Mariette rougit et se troubla.

— Qu'est-ce qu'une grande dame? après tout! continua Charles en s'exaltant. Un automate plaqué de blanc et de ronge, qui salue, se dresse, et répond à peine aux questions. C'est un composé de points de Hollande, de beau langage d'ambre et de mensonge. Elles vous toisent du haut de leur coche, ou vous font renvoyer par leur laquais! Le capitaine la Ripaille se vante souvent d'avoir été distingué par elles, mais on regarde Turlupin et Gautier Garguille sur le pont Neuf. Tandis que toi, Mariette, toi, toujours simple, avenante et bonne!... Va, Mariette, au lieu d'oublier, moi je veux me souvenir; je veux, avant tout, ne plus te faire pleurer! Arrière l'ambition, la soif des honneurs et de l'or.

Une chanson de toi, et je suis heureux, un baiser de toi, et je t'aime.

En parlant ainsi, le jeune homme était convaincu; la vue de cette belle et chagrine enfant rallumait en son âme un feu assoupi. Mariette pencha vers lui les longues boucles de sa chevelure; le front de Charles en fut effleuré, sa main pressa cette main émue et tremblante. En ce moment-là, Charles ne pensait plus qu'à l'orpheline; il interrogeait son regard chaste et limpide. Pour elle, toute sa force menaçait de la quitter; elle s'appuya sur le rebord de la table. Charles lui parut beau de cette beauté qui fait la grâce et la vie, tant la passion vraie double l'éloquence des yeux, du sourire et de la voix. Mariette le crut; Charles se croyait lui-même. Quand elle se dégagea de sa douce et tendre étreinte, le serment qu'elle formulait au fond de son cœur errait déjà sur ses lèvres, elle sortit joyeuse et rassurée.

— Pourquoi veiller ici? avait-elle demandé à Charles.

— Parce que demain, je dois m'enquérir de bonne heure de ce pauvre diable que les sbires du cardinal ont ramassé. Je dormirai aussi bien dans le grand fauteuil de maître Philippe que dans mon lit.

Mais les amoureux ne dorment pas, et Charles Gruyn comptait vainement sur le sommeil... La tourmente d'idées à laquelle il était alors en proie devait contrarier son repos; il ouvrit la fenêtre du cabaret pour rafraîchir son front allourdi...

— Oui, se disait-il, en considérant l'enseigne de ce lieu avec un soupir, mon père et Mariette ont raison, je dois renoncer à ce rêve, à cette folie! Que suis-je, après tout? Le fils de maître Gruyn le cabaretier! Quelle femme m'aimera, si ce n'est la pauvre Mariette?

Comme il se promenait encore à pas agités dans la vaste salle, un homme enjamba tout d'un coup la fenêtre du cabaret et se dressa rapidement devant lui...

VII

LE TRIPOT.

A l'aspect de ce visiteur hardi, Charles Gruyn ouvrit d'abord de grands yeux, ensuite il posa la main sur son épée... Un éclat de rire le désarma.

— Bellerose ! murmura-t-il.

— Eh bien ! oui, moi, Bellerose ; as-tu donc peur de moi ? demanda le comédien. J'avoue que ma façon de m'introduire ici a dû t'étonner... Nous veillons donc, mon cher ? nous composions peut-être un sonnet à notre belle inconnue ? Moi, je venais te chercher ; j'allais tâcher de t'éveiller le plus discrètement possible, à l'aide d'un caillou lancé contre ta fenêtre... Il fait noir en diable ; mais on connaît son Paris.

— Que me voulais-tu ?

— Ventrebleu ! laisse-moi d'abord reprendre haleine. Arrose ici mon discours d'un coup de vin d'Arbois, ou je suis mort.

— Voici un flacon et un verre, dit Charles en les posant devant Bellerose ; mais parle.

— D'abord, observe mon habit.

— Ton habit est fort beau, et tu l'as sans doute emprunté à ton théâtre. Tes chausses sont merveilleuses, tes rubans superbes ; après ?

— Après ? Eh bien, il faut à l'instant que tu me suives. Je veux te mener ce soir en belle compagnie.

— Oui, la compagnie des comédiens ! objecta Charles avec ironie.

— La dédaignerais-tu ?

— Non ; mais tu conviendras que ce n'est pas là ma place. Quelques scènes bouffonnes que Turlupin va jouer, sans doute, pour nous faire rire après un joyeux souper ; une farce de Gautier Garguille, ou la pasquinade du *Soleil*

I.   5

levant, représentée par Gros-Guillaume !... Mon cher Bellerose, je suis las de ces choses-là.

— C'est cela, reprit Bellerose, nous t'ennuyons à présent.
Tu n'étais pas si fier, il y a un mois, quand je te conduisais
aux *Pois pilés* (1) en compagnie de quelques clercs de la
Bazoche ! Mais depuis qu'on te surprend à soupirer sous la
fenêtre de quelque dulcinée mystérieuse, je ne te reconnais
plus, je te renie ! Je fais fi des amours que le guet vient in-
terrompre !

— Bellerose, dit Charles d'un ton sérieux, crois-moi, je
n'ai, ce soir, cœur à rien. Ma conduite fait gémir mon père,
elle désole Mariette. Demain, oui, demain, je partirai, et tu
n'entendras plus parler de moi ! ajouta Charles avec un
soupir.

— Laisse donc ! avec ta figure, l'on est toujours sûr de
réussir : tu as la mine d'un prince ! Tiens, c'est ce que me
disait tout à l'heure encore le capitaine la Ripaille, qui s'y
connaît : « Voilà un gaillard qui ira loin ! » affirmait-il devant la belle Maguelonne, le premier sujet de notre troupe.
Tu ne connais pas Maguelonne ? je le parie.

— Et que me fait Maguelonne ?

— C'est possible ; mais elle m'a rudoyé à cause de toi.
Elle t'a vu l'autre soir, quand je représentais le prince
Orondate. Quel magnifique costume ! J'avais des bottines à
dentelle de Frise et un pourpoint sang de bœuf. Tout le
monde me trouva éblouissant ; oui, mais Maguelonne n'eut,
tout le temps de la comédie, des yeux que pour toi... Ma
parole d'honneur, tu me fais du tort, c'est moi qui devrais
partir ; demain, je déserterai la troupe !

— La bonne folie !

— Ecoute donc, nieras-tu que je sois un homme de grand
air, et me trouverais-tu, d'aventure, quelque défaut ? Je suis
un miroir d'élégance de la tête aux pieds, ajouta Bellerose

---

(1) Théâtre de l'époque de Henri IV, qui subsista longtemps encore
après lui.

avec emphase; l'astre de la comédie, c'est moi. Quand je
ne joue pas, tu le sais, il n'y a pas de quoi payer les chandelles !... Mais je suis modeste, je me retire devant tes in-
nombrables perfections. « Quel est donc ce jeune seigneur
si bien fait ? a demandé Maguelonne dès qu'elle t'a vu. Il
paraît bien riche, ajouta Circé, notre chanteuse. Comme
on devine en lui le gentilhomme, a continué la tendre
Olympe. » Et moi, pendant ce temps, je déclamais les vers
d'Orondate; les regrattiers et les laquais ont seuls déchaîné
le brouhaha ! Je devrais t'en vouloir, mais je ne m'en sens
pas le cœur. Seulement, rassure-toi, je ne te mène point
à quelque comédie du jour; nous jouerons, ce soir, mais
c'est au lansquenet que je veux te voir jouer. Tu es an-
noncé, partons !

Bellerose arrangea les tuyaux de sa collerette, caressa la
plume de son feutre, et jeta sur ses habits un coup d'œil de
complaisance.

C'était un fort bel homme et un grand fat. Il dansait la
sarabande admirablement, tirait l'épée et faisait des vers.
Au dire des auteurs du temps, Arlequin sous le masque,
et Marais dans un pas de Bergame ne le valaient pas, Bois-
Robert le régalait souvent de darioles sous la statue du bon
roi de bronze qui est au pont Neuf; dans tout son quartier,
on le nommait le prince Hector. Une bourse problémati-
quement enflée, un couteau et une montre étaient suspen-
dus à la chaîne de son ceinturon, ce qui était alors le *nec
plus ultra* de la mode. Il tira froidement de sa poche le
manuel de Robert Beinière à l'usage du lansquenet, et le
présenta triomphalement à Charles Gruyn.

Ce bouquin de Bellerose était plus usé que le bréviaire
d'un chantre; le comédien le savait par cœur, et il ne se fit
faute de s'extasier sur ses mérites. Par ce livre, on devait in-
failliblement gagner. Le chevalier Clidamant, grand joueur,
l'avait annoté, le baron de Saint-Brice avait fait fortune,
grâce à ses préceptes. Bellerose le plaçait bien au-dessus de
Pline et d'Aristote.

— Voilà, s'écria-t-il, le livre par excellence ! le seul que
les jeunes gens de famille doivent étudier ! Par la morgoy !
les hommes de cour y puisent mieux qu'ailleurs des leçons
de gentillesse. Il guérit de tout : de la fièvre, du mal de
dents, de l'hydropisie et même de l'amour ! Vive à jamais
le jeu, il vaut mieux que la bouteille ! Laisse-toi donc combler de ses faveurs, mon jeune ami ; viens, suis-moi bien
vite chez Eudes Roquentin, notre ami, qui demeure au
pont de la Tournelle. Roquentin nous prête son gîte, sa
table et son vin. Tu conviendras toi-même que nous serons
là plus en sûreté pour notre jeu que chez ton père. A propos, tu n'as pas de nouvelles de l'homme à la bourse ? Je
ne sais pourquoi ce drôle, avec sa rapière, ne me présage
rien de bon.

— Bellerose, mon ami, vous êtes fort mal dans les papiers de maître Philippe, dit Charles d'un ton sévère et
contraint. Il m'a dit que demain il vous demanderait de le
payer.

— Ah ! il a dit cela, le vieux renard ? reprit Bellerose
d'un ton léger. Il croit, n'est-il pas vrai, que je te dérange ?
Qui diable a mis cet homme-là dans ta famille ? Il ferait
beau voir que tu vécusses ici entre des pintes et des verres !
L'ingrat ! quand je songe qu'il me doit tout !

— Oui ; mais tu lui dois... Allons, rassure-toi ; je payerai.

— Tu payeras, as-tu dit ! Et l'on parle de Castor et Pol-
lux ! Charles, laisse-moi t'embrasser ! Mais ne va pas croire,
au moins, que j'accepte ; non, je veux jouer, je veux payer
dès demain ce père barbare. Te donne-t-il seulement de
quoi jouer à la fossette ? Réponds.

— Tu vois cette bourse ? elle est assez bien garnie, reprit Charles.

— Tu ramasseras le triple de cet or sur les tables de Roquentin.

— Mais Mariette, mais mon père ?

— Ils reposent tous deux, qu'as-tu à craindre ?

— Ainsi, tu veux que je joue ?

— Je le veux, parce que dès demain tu pourras offrir avec cet argent une collation ou un cadeau à ta belle... S'il faut te donner un bon coup d'épaule, je suis là.

— Quoi ! tu m'aiderais ?...

— A tout oser, c'est mon fort. Il faudra d'abord que la dame assiste à nos comédies.

— Là, je pourrai lui parler.

— Tu lui donneras un sonnet, un sonnet que je commande dès ce soir à Saint-Amand. Oh ! il le fera.

— Mais si elle connaissait mon nom, mon état...

— Allons donc ! tu choisiras un nom de théâtre.

— Tu as réponse à tout, et véritablement je t'admire.

— Dépêchons, nos joueurs sont rassemblés.

— Un instant... Si du moins j'écrivais à Mariette... Je ne sais... ajouta Charles, mais un pressentiment secret me dit que peut-être je ne vais plus la revoir.

— Tu es un enfant ; demain elle trouvera sur son escalier ce même Charles qu'elle aime. Tu auras soin de pousser cette fenêtre sans la fermer ; aux lueurs de l'aube, tu rentres, quand ton père et Mariette dorment encore...

— Va donc, je te suis ; mais tu es un tentateur !

— Je suis ton ami, et rien de plus, dit Bellerose qui enjamba la fenêtre.

La nuit doublait alors l'épaisseur froide de ses ombres, le vent soufflait, la lanterne de la *Pomme de pin* était prête à rendre son dernier souffle. Sur la façade noire du cabaret brillait un seul jet de clarté, c'était la lumière de la lucarne ouvrant sur la chambre de Mariette.

— Pauvre enfant, elle veille ! pensa le jeune homme. Ah ! pourquoi faut-il que mon cœur ne soit plus à moi !

Ils franchirent bientôt le pont Marie, dont quelques rares lumières éclairaient les toits amoncelés, puis tous deux gagnèrent la maison d'Eudes Roquentin sur le pont de la Tournelle.

Les fenêtres du logis étaient ardemment illuminées ; plusieurs chaises et brouettes stationnaient à la porte ; sous le vestibule des laquais jouaient aux dés.

— Chut ! murmura Bellerose ; voici le capitaine la Ripaille !

La Ripaille descendait alors, en effet, de sa chaise, aussi enrubanné que le marquis de Mascarille... A son feutre neuf, à ses gants parfumés, on eût pu le prendre pour un seigneur.

Bellerose l'avisa, courut à lui ; ils échangèrent tous deux quelques paroles à voix basse.

— Je vous présente, messieurs, la fine fleur de la cour et de la ville, dit le comédien en entrant dans le tripot. Voici un joueur comme on n'en a jamais vu ; en un mot, c'est mon élève !

Cette phrase de Bellerose fut étouffée sous le bruit flatteur des applaudissements ; chacun se prit à considérer Charles Gruyn.

— C'est un Amilcar, reprit le capitaine la Ripaille ; celui qui voudrait s'escrimer d'estoc avec lui aurait auparavant affaire à moi !

La pièce où Charles se trouvait alors introduit présentait, il faut bien le dire, quelque désordre... Les lumières n'y répandaient qu'une lueur terne et blafarde ; le regard du jeune homme y chercha vainement des visages de connaissance. Les joueurs rassemblés chez Eudes Roquentin, l'ami du comédien Bellerose, conservaient tous sur leur morne physionomie ce type indélébile que Caravage fixa avec tant de bonheur dans son tableau de *l'Enfant prodigue*. Des coupe-jarrets, des capitaines de raccroc, des seigneurs mantouans qui se disaient exilés de leurs terres, des pages, des Allemands et des comédiennes, ornaient le jeu. Six chandelles, fichées sur de longs bâtons en croix, formaient le lustre, et Charles Gruyn, en s'asseyant, ne remarqua pas sans surprise que tous ces gens de mine peu rassurante s'empressaient de lui donner la bienvenue.

Accoudée à la chaise de Charles, Olympe minaudait avec

son collier de perles; elle laissait tomber sur le jeune homme un regard subtil, pénétrant.

— Malheureux au jeu, heureux en amour! Vous ne jouerez pas, mon gentilhomme! dit-elle à Charles d'une voix maligne; c'est le proverbe, et vous n'allez pas lui donner un démenti!

Olympe était belle de cette beauté de convention dont toute femme asservie au théâtre se montre fière. Elle avait de longs cheveux noirs comme l'aile d'un corbeau, et la peau d'un lustre éblouissant. Sa robe étoilée laissait à découvert ses bras nus, Bois-Robert avait comparé dans un sonnet ses joues à la pêche et sa bouche au muscat. Dans ce temps-là, les poëtes étaient des peintres; un portrait d'eux suffisait. Olympe eut un jour grand mal à l'un de ses yeux, et Saint-Amant lui avait adressé les stances du *Bel OEil malade*. On citait ses *mourants*, au nombre desquels on rangeait le beau marquis de Prinçay. Quand Charles tira sa bourse, Olympe ressentit un frémissement égal à celui de la couleuvre au soleil; elle comprit tout sans l'aide de Bellerose.

Bellerose, appuyé alors au bras du capitaine, faisait le tour des tables de jeu; il s'arrêta à la principale, celle de son ami Eudes Roquentin.

Roquentin était un de ces braves garçons qui se croient élevés au troisième ciel dès qu'ils ont touché la main d'un comédien ou d'un poëte. Il ne jouait pas, mais il aimait à voir jouer, les coups et les exclamations des joueurs le récréaient. Les syrènes de l'hôtel de Bourgogne nageaient dans ses eaux sans que le beau jeune homme en soupçonnât le limon. Il tenait table ouverte et se laissait gruger par ses amis, sous le spécieux prétexte d'être grand et libéral. Bellerose s'en vint lui frapper familièrement sur l'épaule.

— Tu ne joues pas? lui demanda-t-il.

— Je n'oserai jamais tenir la banque contre monsieur, objecta timidement Roquentin.

— Ce sera donc moi qui la tiendrai, reprit le capitaine

la Ripaille. Un brave tel que moi ne recule jamais, et cependant voilà un rude ennemi !

Les cartes placées, le jeu se forma, Charles gagna une première fois, une seconde, une troisième.

— Je commence à croire que vous n'êtes plus si amoureux de la dame en question, lui dit Olympe.

— Quelle dame ? demanda Charles.

— Vous voulez ruser, je crois, celle dont vous avez arrêté le cheval l'autre jour si à propos.

Charles se mordit les lèvres. Il se sentait blessé qu'une comédienne pût soupçonner l'état de son cœur; l'insistance d'Olympe l'embarrassa.

— Je pourrais bien, seigneur cavalier, vous en dire long sur elle.

— Parlez, murmura Charles, le jeu m'ennuie, bien que j'y sois heureux ; mais comment donc cette dame...

— Assez, reprit Olympe, vous ne seriez plus au jeu... Laissez-moi tenir les cartes... vous êtes mon trésorier, voilà tout.

Olympe s'assit à la place de Charles, qui se résigna.

— Je saurai peut-être ce que j'ignore par cette femme, pensa-t-il.

Olympe tailla, et Charles perdit.

— La dame de vos pensées, dit Olympe avec un flegme de sorcière, est une belle et noble dame.

— Belle et noble, c'est vrai.

— Mais ce que vous ignorez, c'est qu'elle aime...

— Qui donc ? demanda Charles avec impétuosité ; le nom de mon rival, son nom !

Et le regard de Charles laissait échapper de vives et fougueuses étincelles, ses yeux respiraient à la fois l'amour, la haine, la vengeance.

— Votre bourse ? dit Olympe, le jeu continue et vous n'êtes point au jeu, mon gentilhomme.

Charles donna sa bourse, mais il ne vit point l'empressement affamé d'Olympe; il la conjurait, il la pressait; un bachelier consultant, une bohémienne eussent été moins vifs, moins haletants. Le jeu redoublait, Olympe et Bellerose tenaient les paris.

— La dame, reprit Olympe, aime donc, mon cher, un jeune et beau capitaine...

— Mensonge que cela, objecta Charles. Le nom de ce capitaine, encore une fois?

— Mon cher la Ripaille, poursuivit Olympe avec un calme désespérant, respectez les secrets de vos amis... Vous le voyez, on me presse... C'est à moi de jouer... je demande grâce...

— Nous avons perdu! balbutia Olympe tout d'un coup, pendant que Charles adjurait le capitaine de parler; mon gentilhomme, voici votre bourse.

Et riant aux éclats, Olympe jeta à Charles sa bourse vide, prit le bras du capitaine et passa dans la galerie voisine.

— Monsieur veut-il me faire l'honneur de m'emprunter, dit au jeune homme Eudes Roquentin : la nuit est longue et la chance peut tourner.

VIII

UNE HISTOIRE AU CLAIR DE LUNE.

Deux hommes cependant venaient de quitter alors le seuil du Palais-Cardinal ; tous deux côtoyaient les ailes noirâtres du Louvre.

Par cette nuit sombre, où l'on pouvait trébucher à chaque pas, tous deux marchaient d'un pas sûr et sans échanger une parole.

Pompeo suivait son guide masqué ; le masque surveillait chaque mouvement de Pompeo.

L'Italien rompit le premier le silence.

— A me voir aussi subitement honoré de la confiance du cardinal, dit-il avec ironie à son compagnon, je pourrais croire, monseigneur, qu'il s'agit de quelque affaire délicate.

— Délicate, c'est le mot.

— Cela veut dire difficile.

— Où serait l'honneur sans le péril, seigneur Pompeo ? Son Eminence sait choisir son monde, croyez-le bien.

Pompeo s'inclina ; le masque doublait le pas.

— Monseigneur ou Excellence, reprit Pompeo, marcherons-nous longtemps de la sorte ? J'aime à savoir où je vais.

— Son Eminence veut bien oublier d'où vous venez, vous, seigneur Pompeo ! Vous avez ouï ses paroles.

— Je sais que je vous dois une complète obéissance.

— J'aime à vous voir dans ces sentiments, seigneur Pompeo. Après tout, le cardinal est généreux.

— Je ne crains rien tant que sa clémence.

— Seigneur Pompeo, ajouta le masque en indiquant du doigt à l'Italien deux clochetons dont la flèche perçait la brume, ceci est le Châtelet.

— Une prison, je le sais.

— Rassurez-vous, nous ne cheminons que sur la rive opposée.

— C'est bien ; mais me permettrez-vous une simple réflexion ?

— Comment donc ! j'écoute. Vous me conteriez même une histoire que je n'aurais pas le droit de m'en fâcher ; car la route que nous devons poursuivre est assez longue.

— Excellence, dit Pompeo, permettez-moi de m'étonner ici de ma soudaine fortune. Depuis quelques jours à peine j'habite Paris ; j'y traîne un manteau de diverses couleurs, tant le drap en est recousu, une rapière démise, un corps de squelette, et un roquet de bouracan en guise d'habit ; pour mes chausses, elles montrent les dents aux passants ; en un mot, mon costume a l'air de la relique d'un ballet dansé. Cependant, c'est moi que Son Eminence veut bien charger d'une secrète commission. Excellence, quelle est cette commission importante ? Si c'est de servir d'épouvantail devant la Grève, me voici. Les corbeaux fuiront rien qu'à mon approche, les garnements et les tirelaines cla-

queront des dents. Est-ce pour cet objet que j'accompagne
Votre Seigneurie?

— Pompeo, reprit le guide de l'Italien après une pause,
rassemble ici tout ce que tu as de courage. Aurais-tu peur?
dis-le; tu me surprendrais, voilà tout.

— Excellence, répondit Pompeo, je ne connais pas la
peur. Mais s'il s'agissait de quelques-unes de ces actions ténébreuses dont la police d'un ministre ne se fait faute...

— Eh bien?

— Eh bien, monseigneur, vous auriez en vain compté
sur mon aide. Son Eminence peut faire de moi ce qu'elle
voudra.

— Préférerais-tu la colère du cardinal?

— Je sais qu'elle est terrible, répondit Pompeo; assez
d'exemples récents me l'ont prouvé; mais Son Eminence
ne saurait me contraindre...

— A lui obéir à elle ou à moi? Comment donc! reprit
avec ironie l'homme masqué, le cardinal t'a donné le
choix. Les prisons de Paris valent bien celles de Florence;
on t'y logera aux frais du roi, pour peu que tu nourrisses
des scrupules. La Grève est la seule place où se donnent les
spectacles publics de réjouissances; mais on y pend. La
Seine est limpide et belle; mais elle est discrète. Es-tu décidé? oui ou non.

Le guide de Pompeo prononça ces paroles d'une voix si
sombre, que l'Italien tressaillit. A la sortie du Palais-Cardinal, on l'avait désarmé par ordre de Richelieu. En toute
autre occasion, il se fût décidé à frapper ce compagnon si
peu sûr; mais sa puissance occulte, ténébreuse, l'épouvantait. Le contact de ce personnage lui semblait aussi visqueux que celui d'un reptile. Pompeo ignorait son nom;
tout ce qu'il savait, c'est que cet homme l'avait choisi pour
instrument, et qu'il le tenait à sa merci. L'œil du cardinal
était ouvert désormais sur ses moindres actions.

Le quai de Gesvres déroulait alors devant eux sa façade
sombre, et à l'autre extrémité du pont au Change, au coin

du quai des Morfondus, l'horloge du palais poursuivait son carillon mélancolique. Mille formes capricieuses se dessinaient aux angles des rues, aux pignons obscurs des maisons, au flanc des logettes et des tourelles flanquant chaque toit du quai. Pompeo marchait, en proie à l'agitation la plus vive, tantôt doublant le pas, tantôt le ralentissant. Ce qu'il allait faire était le secret de cet homme, et ce secret, son guide inconnu et mystérieux se gardait bien de le lui confier. Peut-être comptait-il l'entraîner dans quelque piège, peut-être était-ce un crime odieux qu'on allait exiger de lui. Pompeo n'avait plus d'arme cependant.

— Eh bien! reprit l'homme, j'attends ta réponse!

— Monseigneur, dit Pompeo, s'arrachant alors à sa rêverie silencieuse, je suis prêt. Seulement je mets une condition à cette passive obéissance.

— Laquelle? voyons, parle.

— Monseigneur, poursuivit l'Italien, il s'agit, je le vois, de quelqu'un que vous haïssez; je me trompe... de quelqu'un qui hait Son Éminence.

— Peut-être...

— Eh bien, monseigneur, service pour service... Moi aussi, je hais quelqu'un.

— Qui peux-tu haïr, Pompeo? demanda le masque.

— Monseigneur, je vais vous le dire. L'homme que je hais je le hais depuis quinze ans.

— Quinze ans! as-tu dit. Voilà en effet de la haine. Quelle vengeance ou quel amour survit, Pompeo, à quinze années?

— Monseigneur, reprit Pompeo, on voit que vous n'avez jamais haï ou aimé.

Le masque garda le silence.

—Lorsque vous saurez ce que m'a fait cet homme, poursuivit Pompeo, vous comprendrez peut-être que je désire me venger. Il y a quinze ans, cet homme habitait l'Italie comme moi. Cependant, ce n'était pas un Italien : il était né sur le territoire français. Je n'étais pas alors le triste Pompeo que vous paraissez connaître. Au lieu de ces vêtements misérables, je prenais plaisir à ne porter que des étoffes de luxe, je me signalais partout par ma dépense : Florence entière s'enorgueillissait de moi. Ma vie était celle d'un fils de famille somptueux et désœuvré ; les jeux, les folles amours la composaient. A vingt ans, j'étais l'unique rejeton d'une famille noble, opulente ; mes chevaux, mes armes, mes laquais étaient cités. Un vent de malheur souffla tout d'un coup sur moi : l'infidélité d'un intendant causa ma ruine. A la première nouvelle de ce désastre, je me hâtai d'accourir à la maison de cet intendant, éloignée de quelques lieues de la ville. Les abords de cette maison étaient sinistres : les hurlements des chiens répondirent seuls au coup de marteau que je frappai. Cet homme... je l'avais à peine entrevu ; il me suffisait qu'il fût mon fermier et que je reçusse de lui des sacs d'or. La source de ce Pactole une fois tarie, je me présentai donc chez ce mandataire inconnu. En approchant du lieu où il s'était renfermé, je fus saisi d'une terreur subite, instinctive : il me sembla que j'allais assister à quelque spectacle étrange... Une odeur âcre de fumée s'échappait de la pièce où était alors l'intendant. Comme il ne répondait pas à mes cris, je poussai la porte et j'entrai. Au milieu de la chambre, je vis plusieurs récipients et alambics ; à côté d'un fourneau, un homme était étendu.

Quel spectacle, juste ciel ! L'un de ces vases d'alchimie dont il se servait venait d'éclater, des brûlures récentes, hideuses à voir, défiguraient son visage... L'instant d'avant il demandait la fortune à des creusets menteurs, une seconde après c'était un monstre ! Son seul aspect me fit reculer d'angoisse, de pitié, d'épouvante ! Comme il vivait dans ce lieu sans aucun valet, je courus de nouveau à la ville ; une heure après, je rentrai dans mon palais qu'on parlait déjà de vendre... Ce fut seulement alors que je jugeai à propos de m'enquérir de la conduite de ce misérable. A peine arrivé en Italie, on l'y avait vu étudier d'abord la médecine avec zèle ; il s'était introduit, grâce à son esprit et à ses manières, chez mon oncle, le marquis de Pizani. Mon oncle, en mourant, le chargea de mes affaires; ma fortune, je vous l'ai dit, était considérable, je ne manquais pas d'amis ni d'envieux. Ces derniers se liguèrent bientôt avec mon nouveau tuteur, et mirent tout en œuvre pour achever ma ruine. A trente ans, cet homme était déjà un composé effrayant de tous les vices. Mille accusations ténébreuses l'enveloppaient; on allait jusqu'à lui imputer d'avoir trafiqué de la vie de ses clients : le poison, étude dans laquelle il était versé, était devenu dans ses mains une arme sûre. Comme il était reçu dans les meilleures maisons de la ville, il en connut insensiblement les secrets ; ce fut ainsi qu'il parvint à découvrir celui que j'enfouissais alors au plus avant de mon cœur. Au milieu de mes désordres et de ma vie insensée, j'avais remarqué une noble et belle enfant, digne en tout, par sa grâce, du pinceau de Raphaël, si pure et si modeste qu'elle eût fait envie aux anges. Je ne vous dirai pas son nom, j'ai fait une croix sur ce nom inscrit peut-être, à l'heure où je vous parle, sur la pierre d'un cénotaphe, en Italie. Elle avait alors seize ans, les adulations et les séductions de toute sorte l'entouraient. Rien qu'en l'approchant, on se sentait meilleur et purifié; en l'écoutant pour la première fois je rougis d'en être indigne. C'était à Fiesole, près de Florence; elle était alors absorbée dans l'une de ces cérémonies saintes, si touchantes en notre pays : elle lavait les pieds des pauvres le jeudi saint... En vérité, rien qu'à la voir ainsi oublieuse de sa souveraine beauté devant le spectacle de cette laideur, accomplir ce devoir religieux avec une grâce exempte de répugnance, je me sentis attendri... Tout ce qu'il y avait de mendiants et d'infirmes se trouvait là sous mes yeux, elle parcourait leurs rangs avec des paroles d'encouragement et de bonté. En la contemplant, il me fut impossible de ne pas songer à cette jeune et belle reine de Hongrie, sainte Élisabeth, qui, elle aussi, soignait les pauvres malades! La cérémonie achevée, je m'approchai d'elle et de sa mère, elle baissa les yeux et se déroba à mes compliments. A dater de ce jour, je ne rêvai plus que de cette image angélique. L'idée

d'unir mon sort à une si noble personne était peut-être folle,
il est vrai, elle pourrait même passer pour de l'ambition :
celle que je nommais déjà ma fiancée au fond de mon cœur
était l'héritière d'un nom et d'une fortune dont l'éclat dé-
passait le mien. Au moment où j'allais former la demande
de sa main, j'appris mon malheur et ma ruine... Le soir
de ce coup terrible il ne me restait plus qu'à fuir; d'avides
créanciers se partageaient mes dépouilles, lorsque je reçus
un mot ainsi conçu :

« Ne désespérez pas, seigneur Pompeo, si vous êtes pauvre;
moi, grâce à Dieu, je suis riche. Je crois aller au-devant de
vos désirs en vous engageant à demander ma main à mon
oncle. Vous êtes de bonne maison, je vous sais loyal, mais
je vous sais aussi malheureux! Je n'ai que ce moyen de vous
sauver; peut-être assurera-t-il mon bonheur en même temps
que le vôtre. Mon oncle demeure à la villa Gritti, avec ma
mère, moi je suis en retraite pour tout le mois au couvent de San-Ambrosio... C'est là que j'attendrai votre
réponse.

» TERESINA. »

En recevant cette lettre, la joie pensa m'étouffer. Moi
qui me croyais indigne d'un tel trésor, j'allais m'en voir
possesseur; moi, que la ruine et le désespoir écrasaient,
j'échappais au désespoir et à la ruine! A la nuit tombante,
je me trouvais devant la villa Gritti. Ma demande y fut reçue avec hauteur, le dédain et la froideur m'accablèrent. On
savait le renversement de ma fortune, qu'importait après
cela ma noblesse? J'avais assez de ma honte, je ne voulus
point qu'un autre la partageât; je ne montrai donc pas la
lettre que j'avais reçue, lettre qui autorisait ma démarche.
Je revins désolé au couvent de San-Ambrosio; là, j'appris
à ma jeune et douce bienfaitrice le résultat de ma mission.
— Votre oncle, ajoutai-je, a donné déjà sa parole au
chef d'une famille aussi élevée que la vôtre, il ne me reste
plus qu'à vous remercier et à fuir. Demain, m'a-t-il dit, on

doit vous emmener de ce couvent ; demain, vous devez être
la femme d'un autre ! Ah ! quoi qu'il arrive, le cœur de Pompeo ne battra jamais que pour vous ; ah ! oui, vous serez
ma sœur, et permettez-moi que je vous donne ce nom !

Elle avait tressailli à celui de l'homme que sa famille lui
imposait. C'était un vieillard altier et dur, qui, tout en se
mêlant d'intrigues politiques, se faisait gloire d'une vie de
mollesse et de désordres. Contempteur hardi des choses
saintes, il ne comprenait pas qu'on pût s'agenouiller dans
un cloître, avec des soupirs ou des remords, les flambeaux
de l'orgie éclairaient encore son front chauve, sa moquerie
n'épargnait guère que lui-même. Il aimait à s'entourer de
gens corrompus et avilis.

S'unir à un pareil homme effrayait celle que j'aimais ; cédant à mes prières, à mes larmes, elle prit le parti que lui
offrait la nécessité, celui de la fuite. Nous errâmes six mois,
changeant de ville comme des proscrits, nous cachant de
tous, pleurant ensemble, sans songer que les pleurs, ce
nœud électrique des âmes, fondent les sympathies indestructibles. Le peu de ressources échappées à ma ruine se
vit bientôt consumé, il fallait que je m'en procurasse de nouvelles... Une bande de condottieri venait alors de se former
à quelques lieues de la frontière de France ; ces hommes me
proposèrent secrètement d'être leur chef. La liberté de l'Italie se trouvait menacée : la guerre s'allumait dans la Valteline. On connaissait ma résolution, les promesses ne tardèrent pas à m'éblouir. Celle qui m'accompagnait et dont
je ne pouvais consentir à me séparer, reçut la confidence
de mes projets ; elle s'y opposa avec toute l'énergie de la
passion, de la crainte. Elle me représenta les dangers, les
trahisons qui allaient m'atteindre. Je lui répondis par le tableau affligeant de sa misère. Devait-elle ainsi souffrir sans
se plaindre ? ne pouvais-je donc la secourir ? Elle ne consentit qu'avec peine à me voir entamer des négociations occultes ; je sortais souvent, quelquefois j'étais absent plusieurs
jours. En rentrant au logis, je la trouvai une fois tout en

larmes. Une terreur soudaine glaçait son esprit; elle était pâle, elle tremblait.

— Qu'avez-vous? lui demandai-je en serrant ses mains froides entre les miennes.

Elle me raconta qu'à diverses reprises un homme, dont elle ignorait le nom, avait tenté de s'introduire chez moi, tantôt par la menace, d'autres fois par la douceur; qu'il avait, en mon absence, interrogé mes gens, et que ce pouvait être un espion. Elle ajouta qu'il portait un masque, qu'il était de taille moyenne, et qu'il ne sortait guère qu'à la nuit. Il ne me vint pas à l'idée un seul instant que cet homme pût être amoureux; je me savais en butte à la délation, je résolus de prendre mes mesures. J'armai mes domestiques, je fis le guet, je ne vis rien. Un billet trouvé par moi dans le jardin m'alarma; il y était question de menaces contre l'unique amour de ma vie; ma compagne était vouée aux plus grands périls, si elle ne se confiait immédiatement à la conduite de l'homme qui viendrait la chercher vers l'heure de minuit. Une chaise de poste devait la recevoir et la ramener à Florence dans sa famille. Ce billet ainsi placé sur l'un des bancs du jardin, attendait la malheureuse à sa place accoutumée... Tout, ce jour-là, devait éloigner la supposition de mon retour; j'arrivais heureux, le cœur palpant d'une récente victoire; j'avais intercepté des dépêches qui allaient peut-être décider de la fortune d'un empire; ces dépêches étaient signées de Richelieu!... La nuit venue, je me cachai et j'attendis... A l'heure indiquée, j'entendis d'abord le roulement d'une voiture sous les fenêtres, puis j'entrevis dans l'ombre un homme en manteau qui se dirigeait vers l'escalier. Je retins mon souffle et j'armai ma carabine.

Bien des fois elle a fait feu sur des traîtres, me dis-je en posant le doigt sur sa détente. Oh! malheur à celui-ci!

En ce moment un voile épais couvrit mes yeux, ma langue se colla à mon palais, mes genoux tremblèrent sous moi...

Une femme passait appuyée au bras d'un homme dont le masque couvrait le visage, elle descendait précipitamment les dernières marches de l'escalier. Je la reconnus, j'attendis que son guide eut fait deux pas devant elle pour le viser, mais le mouvement fébrile et convulsif qui m'agitait trompa mon attente, le coup partit, l'homme ne fut point blessé ! Au milieu de l'épaisseur des ténèbres j'entendis des pas, je me précipitai sur les traces du ravisseur. Au moment où j'allais franchir le vestibule, la clarté de plusieurs torches m'éblouit, en même temps je me trouvai garrotté par vingt bras robustes. Un bâillon intercepta mes cris, je me vis entraîné et j'entendis une voix qui m'était connue donner l'ordre de me jeter dans les cachots de la ville. A peine cet ordre fut-il donné, que le roulement de la voiture ébranla le pavé, un cri s'échappa de la poitrine de celle que l'homme masqué enlevait...

Pompeo s'arrêta en ce moment, comme si le souvenir de cette scène eût brisé ses forces. Son compagnon le regardait à travers les trous de son masque, d'un air singulier, sans lui demander de poursuivre son récit.

Pompeo continua :

— Je me laissai conduire dans les cachots de la ville. Nul espoir ne me restait; mon accablement fut tel, que je suivis mes guides sans résistance. A l'aspect de ma prison, tout mon courage faiblit.

Mourir ainsi ! m'écriai-je, mourir sans avoir pu seulement lui dire adieu ! On me l'arrache, on l'entraîne; une heure a suffi pour briser ces liens que je croyais éternels ! Sa famille l'attend, elle la réclame; mais à quelles tortures va-t-elle se voir réservée ! Ses parents sont nobles, ils sont hautains et puissants. Un cloître va fermer à tout jamais ses grilles sur elle; un cloître aussi triste que la voûte de cette tombe ! Car c'est une tombe que le lieu où ces hommes m'ont renfermé. Un air glacé souffle à travers ces barreaux; ces murs étouffent la voix. Mais cet homme qui présidait à son départ, quel est-il ? Cette voix qui vibre

encore à mon oreille, où l'ai-je donc entendue ? Un instinct
secret m'avertit que je dois le haïr, cet homme ; en quel
lieu nous sommes-nous donc rencontrés ? Ah ! Dieu m'est
témoin que je donnerais ma vie en ce moment pour la
sauver, ma vie pour connaître son ravisseur ! Quelque
espion vendu à la France ! Ils vont me reprocher d'avoir
voulu défendre ma liberté, mon pays ! Hélas ! à cette heure
fatale, je ne défendais que celle qui m'avait remis le soin
de son sort ! Je protégeais en elle une femme qui m'avait
donné sa vie ! Ils ignorent, ces juges, qu'il ne s'agit pas ici
seulement de son existence, mais encore de celle d'un être
qu'elle porte dans son sein. Gage sacré, gage cher ! Elle
était ma femme devant Dieu, ne pouvant l'être encore devant les hommes. Je l'aimais d'un amour sincère ; le ciel
eût béni notre union ! Grâce à moi, déjà la misère fuyait
son toit. Devant son amour, que m'importait le courroux de
sa famille ? Et maintenant je ne suis plus pour elle que le
condottiere Pompeo !

Telle était l'amertume de mes pensées depuis qu'on
m'avait séparé d'elle. L'endroit que nous habitions était
Parme, et le podestat de cette ville me haïssait. Il me
fit tout d'abord jeter au fond d'un cachot isolé de ceux des
autres prisonniers, le jour en était banni et remplacé par
la lueur mourante d'une lampe. Ce caveau était célèbre ;
plusieurs nobles captifs l'avaient illustré ; leurs noms, in-
scrits sur ces murs avec des versets pieux, me redonnèrent
du courage. — Vivons, me dis-je, au lieu de mourir lâchement ; ne nous laissons pas abattre par l'infortune ; n'au-
rai-je donc pas un jour deux êtres chers à défendre ? N'ai-je
pas le droit de compter sur mes amis ? Qui sait ? mes chaînes
tomberont peut-être, grâce à eux !

Cet espoir, si insensé qu'il fût, me rendit mon énergie.
Je fis demander des livres, du papier, tout ce qu'on accorde
aux prisonniers ordinaires ; je comptais instruire de mon
sort des cœurs fidèles ; on me refusa tout, jusqu'à la chétive
ration donnée aux voleurs. La mienne était si restreinte,

qu'un dépérissement sensible alanguit bientôt mes forces.
Aucun bruit, aucune nouvelle ne me parvenait du dehors,
je n'entendais plus que les pas de mon gardien, le grince-
ment de ses clefs dans la serrure, et le bourdonnement des
moustiques autour de la lampe de mon cachot. Je devins
peu à peu une sorte d'automate qu'on faisait lever ou se
rasseoir, mes pieds et mes mains étaient gonflés par mes
fers, mes yeux distinguaient à peine les objets, et l'humidité de ma prison glaçait mes membres.

Trois mois se passèrent ainsi, trois mois pendant lesquels
je subis divers interrogatoires. Arrêté pour un crime
d'État, promis d'avance à la vengeance du cardinal de
Richelieu, qui avait en ce pays de nombreuses intelli-
gences, et ne pouvait me pardonner d'avoir attaqué à main
armée les dépêches du marquis de Cœuvres, j'ignorais le
nom de mon dénonciateur, celui de mes juges devait être
également un secret. Les inquisiteurs n'entraient dans mon
cachot que masqués; sur les sièges du tribunal, ils gardaient encore le masque. Malgré l'abandon ou l'indifférence de mes amis, je m'étais juré de ne jamais les dé-
noncer; on ne put obtenir de moi des détails sur mes
complices. Dès lors, on résolut de vaincre mon silence par
la torture, on m'avait déjà menacé d'un supplice affreux,
on tint parole. La douleur ne put toutefois dompter ma
constance. Sur le chevalet où l'on m'avait étendu, je pen-
sais encore à l'ange qui m'était ravi, son image illuminait
mon cachot. Quand mes vêtements tombaient en lambeaux
sur moi, quand le frisson de la fièvre entre-choquait les
fers de ma chaîne, je voyais encor flotter devant mes
yeux cette céleste vision! Cependant, mon corps n'était
plus qu'un vrai cadavre; le désespoir avait suivi la torture,
il allait achever son œuvre. Ce fut sur ces entrefaites que
mes compagnons de captivité formèrent un plan d'évasion.

Leur projet, pour être peu sûr, ne me parut pas impossible; ils parvinrent à m'en instruire à l'aide d'un billet
qu'ils glissèrent dans mon cachot. Pour mon compte, je ne

voyais guère en quoi un misérable aussi abattu que je
l'étais pouvait leur servir, mais ils me prévenaient de leur
venir seulement en aide, en pratiquant moi-même une
assez large ouverture à la salle voisine de celle où j'étais
enfermé ; ils m'assuraient de leur discrétion et de leur
constance, et se réservaient la meilleure partie de ce travail dangereux. Cette révélation m'inspira une joie soudaine, je me jetai à genoux en remerciant le ciel et en le
priant de seconder leurs efforts. Je me redressai, et pour
aspirer les tièdes brises qui devaient me ranimer, je me
suspendis aux barreaux de mon soupirail. C'était par une
magnifique soirée d'octobre, on eût dit que le printemps
régnait encore. Les fontaines chantaient au loin leur amou-
reuse cantilène, le ciel était bleu, les herbes frissonnaient,
les oiseaux se posaient sur les dernières fleurs des buissons.
On venait d'abattre dans la cour des prisonniers ce pan de
mur qui donnait à ma prison un froid si triste, je voyais
enfin traîner sur les dalles un lambeau d'azur céleste.
Avec quels efforts je parvins ainsi à me hisser chaque jour
jusqu'à cette place où je buvais l'air, la vie ! Jaloux de tra-
vailler comme les autres, je poussai si fort l'entreprise, que
le trou en question fut bientôt fait. J'y passai d'abord la
main, puis le bras, ensuite le corps. J'avais soin de recou-
vrir chaque jour cette œuvre souterraine de ma nuit, je
replaçais la pierre et me tenais devant elle lorsque le gardien entrait. On m'avait débarrassé de mes fers depuis la
torture, seulement les sentinelles du dehors étaient dou-
blées.

Il y avait un mois que je poursuivais ma tâche, quand
je crus apercevoir, la nuit, un jet de lumière dans la salle
contiguë à ma prison. Ce mince rayon passait à travers les
interstices de la pierre ; il m'étonna d'autant plus que jusqu'alors je savais cette pièce inhabitée. La lampe qui brûlait dans mon cachot ne pouvait éveiller l'attention de mes
voisins ; elle était trop haute et sa clarté se mourait. J'eus
l'idée toutefois de l'éteindre pour qu'elle ne me trahît pas ;

et retenant mon souffle, je collai mon regard aux fissures
de la muraille.

Je ne tardai pas à distinguer une vaste salle dont une
table de marbre occupait l'espace en entier. Sur cette immense table, éclairée alors par le reflet d'une lanterne,
plusieurs cadavres étaient déposés; les uns mutilés, d'autres intacts, mais tous portant encore le stigmate violet
que laisse aux prisonniers la pression constante des
chaînes. Des aiguières, des fioles et des linges ensanglantés
jonchaient le parquet. Au milieu de la table était un
paquet oblong recouvert d'un voile... Devant ce paquet se
tenait un homme dont je ne pus voir le visage, car il me
tournait le dos; à côté de lui était un masque qu'il venait
sans doute d'ôter.

Cet homme prit sa lanterne, il y alluma un flambeau
de cire, puis deux, puis trois, puis quatre, de façon qu'en
peu de minutes, l'illumination du lieu devint complète.

Je vis alors un spectacle sinistre, effrayant, et dont
l'image seule épouvante encore ma pensée. Cet homme, qui
était vêtu entièrement de noir, ouvrit une boîte légère à
côté de lui, il en tira plusieurs instruments; puis, écartant
le voile qui recouvrait le paquet, il en examina le contenu
avec un grand soin...

C'était le corps d'un homme fraîchement exécuté. La
tête du condamné se trouvant détachée du tronc, il la replaça, saisit son scalpel et commença à fouiller les chairs...

Je retins un cri, la sueur mouillait mes tempes. Ce cadavre ainsi livré au fer de l'anatomiste, je ne le reconnaissais
que trop bien; c'était celui de Matteo, l'un de mes fidèles
condottieri, le plus fier, le plus beau, le plus jeune! La
hache du bourreau avait brutalement coupé cette tête; ces
yeux où brillait la flamme, la main d'un exécuteur les
avait fermés! Les cheveux de Matteo, sa barbe et ses lèvres
gardaient de longues perles de sang; sur sa poitrine brune
dormait le saint scapulaire. La main impie de cet homme
l'écarta, mais elle tremblait...

Il se rassura, et il poursuivit son étude opiniâtre sur le cadavre; il enfonça plus avant le scalpel dans ces membres taillés sur le modèle d'une statue grecque. Il allait, il dépeçait, comme il eût fait d'un sujet de boucherie, jetant de temps à autre les yeux sur un livre ouvert, s'arrêtant pour le consulter, puis continuant après avoir repris haleine...

Je le regardai d'abord, en proie à un étonnement stupide; puis, tout d'un coup, je ne le vis plus, le sang bourdonnait à mes oreilles, le froid de la mort gagnait mes pieds. Vous dire les tourments que j'éprouvais alors m'est impossible, un instant je crus que Matteo allait crier...

Enfin, je m'évanouis...

Oui, je m'évanouis, moi, ce même homme qui avait plus d'une fois marché dans le sang sous le feu des escopettes; je m'évanouis comme une femme, moi, Pompeo, un condottiere, presque un bandit!

Mais, c'est que je ne vous ai pas dit assez l'acharnement de cet homme... Cela tenait à la fois du sacrilége et de la démence!... Matteo était un révolté, j'en conviens; mais, n'était-ce pas assez pour lui du glaive de la loi? Enfin, que ce fût alors illusion ou réalité, il me sembla que cet homme avait prononcé mon nom à deux fois au milieu d'interjections confuses.

Devais-je donc avoir le même sort que Matteo?

Cette idée m'épouvanta, je me demandai aussi quel était ce mystérieux anatomiste...

Je n'avais pu voir ses traits, mais le son de sa voix, bien qu'assourdi, m'avait fait pâlir... Quand je repris mes sens, je voulus de nouveau regarder; mais il avait disparu. La nuit était complète dans cette salle dont toutes les fenêtres étaient fermées. Je pensai qu'on en avait retiré le cadavre de Matteo...

La mort de ce généreux compagnon avait produit sur moi une impression telle de découragement, que je me jurai à moi-même de le rejoindre. Résolu à périr, je bou-

chai le trou de mon cachot, et, me jetant la face contre
terre, je pleurai amèrement. Un jour avant, j'espérais encore embrasser celle que j'eusse tant aimé à rejoindre,
mais depuis que j'avais considéré le cadavre de Matteo, il
me semblait que mon tour allait venir. Je m'attendais toujours à voir entrer chez moi le bourreau, je sentais sa main
se poser sur mon épaule. En proie au vertige que donne la
fièvre, anéanti, foudroyé, j'apercevais comme dans un
songe accablant deux êtres fantastiques dont l'air glacé me
raillait : l'un était cet odieux ravisseur sur qui j'avais tiré
dans l'obscurité de la nuit ; l'autre, ce médecin que j'avais
surpris dans ce ténébreux laboratoire... Ce qu'il y avait
d'étrange pour moi, c'est que ces deux hommes portaient
le masque tous les deux, et qu'ils déjouaient ainsi mes recherches. Ne faisaient-ils donc qu'une seule et même personne ? Vainement avais-je interrogé le gardien de ma prison ; il avait paru ne pas connaître le docteur.

J'étais en cet état de marasme et de désespoir, lorsque
tout d'un coup j'entendis tirer un soir les verrous de mon
cachot. Le geôlier m'annonça une visite, c'était celle du
podestat. Il m'apprit que la décision souveraine de mon sort
était remise aux tribunaux de Florence, qu'on allait m'y
transférer au plus vite avec d'autres accusés, mais que cependant, si j'avais quelque réclamation à faire, je devais
m'adresser au médecin de la prison. Redoutant pour mon
état les suites d'un tel voyage, je fis appeler le docteur, qui
arrivait de France, disait-on. Ma stupeur fut grande en
voyant entrer dans mon cachot un homme masqué... Il
me paraissait de la taille du personnage qui avait mis à nu
chaque muscle de Matteo ; j'avoue que je tremblai devant
ce familier de la mort. Lui, cependant, il m'examinait
avec un calme apparent. Il compta d'abord les faibles pul-
sations de mon pouls, il posa sa main sur mon front brûlant ; cette main me fit horreur. Je m'attendais à le voir au
moins touché de ma misère et de ma faiblesse, mais il dé-
clara que cette translation me rendrait des forces. Il fit

plus, il surveilla les préparatifs de mon départ avec une minutieuse attention. Comme tous mes juges me parlaient alors sous le masque, je vous l'ai dit, il ne me parut pas surprenant que celui-ci le portât, seulement le son de sa voix me replongeait dans le doute. Enfin, je le quittai et je revis cette Florence où chaque pierre me gardait un souvenir. Je revis les lieux où j'avais aimé si ardemment une femme dont je n'avais plus alors de nouvelles, je revis la place où jadis était mon palais : on l'avait vendu, le sol n'avait plus que des décombres! Avant d'être traduit devant mes juges, il me fallait passer par une petite place où s'élevait la maison de celle que j'aimais; cette maison avait un balcon. Que devins-je, grand Dieu! en reconnaissant sur ce balcon même le plus cruel et le plus imprévu des spectacles !

Au sein de cette place où je faisais jadis caracoler mon cheval d'Espagne pour attirer ses regards, je vis un assez grand concours de peuple. Le balcon était vide; mais à ses barreaux pendaient encore des chiffres entrelacés. Le myrte et les rubans entouraient ces écussons; je reconnus le nom de ma bien-aimée uni au nom du chef des gonfaloniers de la ville, à ce même homme qu'on avait voulu forcer la jeune fille à prendre pour époux. En même temps, et comme la charrette qui me portait avec tous mes compagnons tournait le pont du Saint-Esprit, je distinguai une femme sur le bras de laquelle un pâle vieillard s'appuyait : c'était elle, elle mariée depuis trois semaines ! En me reconnaissant, elle se cacha le visage de ses deux mains et poussa un cri; son écuyer la soutint, elle s'était évanouie... A sa vue, je cherchai à me dégager de mes liens, à me précipiter vers elle, à la relever; mais le chariot m'emporta d'un bond rapide, mes menottes n'étaient que trop sûres. Arrivé devant mes juges, je ne pus trouver une seule parole, j'entendis à peine leur sentence : on m'avait condamné à mort ! Quand je me retrouvai dans la prison, un nuage épais étendait son cercle autour de moi... Le geôlier, autant

6

que je pus comprendre, tant la perception des objets m'é-
tait devenue difficile, venait de nous ranger comme un bétail immonde dans la cour. Le soleil tombait d'aplomb sur
mon crâne nu, la douleur éteignait en moi tout sentiment... je tombai. Ce fut seulement alors que je crus entendre ces paroles jetées par un homme au geôlier Jeronimo,
à voix basse :

— Jerónimo, celui-ci est mort, son cadavre m'appartient.

— Une vague terreur s'empara de moi à cette phrase
morne et brève. La vie me quitta, je me sentis lié par un
sommeil léthargique... Combien de temps dura ce sommeil? je ne sais ; mais quand je rouvris les yeux, un homme,
ou plutôt un spectre, était devant moi, tenant son scalpel en
main. Déjà même la pointe aiguë de son instrument avait
pénétré ma chair... Je me relevai comme un taureau piqué
par la lance du *picador*.

C'était bien le même masque, le masque, homme ou démon, qui avait porté la main sur le corps de Matteo !...

Retrouvant ma force dans ma blessure, j'arrachai le velours qui cachait ses traits, et alors je vis... un monstre !...

IX

LE PACTE.

Son visage n'appartenait en rien aux traits ordinaires de
la création ; c'était, si je puis m'exprimer ainsi, un second
masque qu'il portait sous le premier, et que ma main sou-
levait.

Des cheveux roussâtres, semés par places, couvraient un
crâne affreusement mutilé, brûlé, calciné par une sorte de
liqueur vitriolique... A son nez recourbé en serre d'oiseau,
on reconnaissait le juif ; mais les yeux étaient d'un brun de
sang et se mouvaient sous des arcs dépouillés entièrement
de leurs sourcils. Un menton hideux et fuyant accusait chez
lui les passions basses et lâches ; l'aspect de la bouche con-

firmait ces tristes instincts, auxquels se joignaient tous les indices de la rapacité et de la ruse. En voyant cet homme, il était difficile de ne pas songer aux épouvantables châtiments de Dieu sur les fils maudits de Gomorrhe; le feu l'avait rendu un objet d'horreur.

En me voyant me dresser sur mon séant, il avait prudemment rentré son scalpel; il me contemplait avec un regard insistant et froid, le regard du basilic.

Nous nous trouvions tous deux dans une salle pareille à celle que j'avais vue; c'était aussi sur une table de marbre qu'il m'avait fait déposer... c'est là qu'il s'apprêtait à ouvrir mon cœur palpitant... Je me souvins alors qu'il avait donné l'ordre au geôlier de le laisser seul, et qu'il avait été obéi.

— Infâme! m'écriai-je, tu comptes trop vite sur tes morts! A genoux, misérable, ou je te tue!

En parlant ainsi, je m'étais saisi de ses deux mains, elles étaient agitées d'un tremblement convulsif... Il eut cependant la force de balbutier un mensonge.

— Seigneur Pompeo, dit-il, je rends grâce à Dieu, qui vous rappelle à la vie!

Le sang coulait de mon bras avec abondance, il chercha à l'étancher.

— Arrière, meurtrier, repris-je en le clouant de l'autre bras à la muraille.

Je pris un des linges épars sur la table et bandai moi-même ma plaie. Un instant il eut l'idée de fuir, et comme le geôlier lui avait laissé la clef de la porte, il s'apprêta à la tourner dans la serrure. Par un mouvement aussi rapide que l'éclair, je me saisis de la clef, et je l'enfermai avec moi à double tour.

— Maintenant, lui dis-je, causons, docteur.

Il me regarda avec effroi, et s'appuya au rebord de la table de marbre... En ce moment, une réminiscence soudaine traversa ma pensée comme une flèche; la vue de cet homme ainsi couturé d'horribles cicatrices me rappela l'auteur de ma ruine, ce Joshua qui avait été mon intendant.

— Joshua! m'écriai-je comme si je fusse sorti d'un songe.

— Eh bien, oui, c'est moi, Joshua, votre serviteur! Ce n'est pas ma faute, seigneur Pompeo, si des misérables vous ont ruiné. J'adjure ici le ciel...

— Que ce n'est pas toi qui es l'auteur de ma misère, que ce n'est pas toi qui m'as enlevé mon plus cher espoir, cette femme devenue à cette heure l'épouse d'un autre! Sache donc, misérable, que je l'ai reconnue sur le pont du Saint-Esprit. Où la conduisais-tu, il y a plus de trois mois, quand tu l'enlevas de ma maison de Parme? A ce grand seigneur qu'elle vient de suivre, n'est-ce pas? On l'aura forcée de réparer une faute par le malheur de sa vie. Et son enfant, dis, qu'en as-tu fait? Est-ce donc à toi qu'il a dû d'ouvrir les yeux au jour? Comment n'a-t-elle pas reculé en voyant en toi le modèle de la laideur? Comment a-t-elle permis à un monstre de l'approcher? Oh! sans doute tu gardais alors ce masque, éternel linceul de ton visage. Si elle t'eût vu comme je te vois, eût-elle accepté tes secours? Encore une fois, réponds; c'est le désespoir qui t'interroge! Si tu me rends mon enfant, moi à qui l'on ne peut plus rendre sa mère, je te rendrai la clef de cette prison, sinon, docteur de l'enfer, c'est en ce lieu que tu vas trouver la tombe! Espion ou assassin, il faut que tu parles!

Il s'était jeté haletant à mes genoux, il pouvait à peine parler...J'étais sanglant, demi-nu, mon aspect dut le frapper d'une terreur sauvage. Il ne songea pas même à s'armer de son scalpel, mais, d'une voix étranglée par la frayeur, il me fit le récit de son voyage. A l'entendre, il ne m'avait pas dénoncé; il s'était vu forcé d'obéir seulement aux ordres de parents qui réclamaient contre un rapt. On lui avait fait jurer qu'il ne me parlerait pas, lui-même était surveillé dans cette mission pleine d'embûches. Il ignorait l'état de celle qu'il devait ramener à sa famille. Elle s'en ouvrit à lui en lui avouant son amour pour moi, en plaignant mon sort, en se confiant à sa tutelle. Il ajoutait que, touché de ses larmes, il avait pris sur lui de gagner alors la frontière

de France, Paris lui ayant semblé la ville la plus propice
où celle que j'aimais pût se dérober au courroux des siens
et cacher sa faute. Sa science l'avait sauvée; son enfant, il
l'avait déposé sous un toit qu'il m'indiqua. Tout d'un coup
et au moment où il devait compter sur la reconnaissance
de celle qu'il avait sauvée, son évasion subite avait eu lieu.
Le reste, je le savais, puisqu'elle était à un autre.

Si je me surpris alors à croire à la vérité de ces aveux,
c'est que la joie m'étouffait. Mon enfant existe, je pourrai
le voir, m'écriai-je. Qu'importe après cela la trahison de sa
mère, son abandon, son oubli? Ma fille est sauvée, elle vit,
elle est en France, et c'est vous!...

Je m'arrêtai malgré moi, vaincu par la défiance qu'il
m'inspirait. Il me paraissait cruel de devoir à cet homme
le moindre sentiment de gratitude. Cependant son récit
venait de me tirer pour ainsi dire de la tombe, j'entre-
voyais un rayon d'espoir, mon âme renaissait avec mes
forces. Depuis qu'il avait parlé, la voûte du cachot me semblait légère, j'aspirais à en sortir, j'en étais le maître, je
tenais la clef de Joshua.

— Docteur, lui dis-je alors, il ne vous sera rien fait; je
vous crois, je veux vous croire. Oui, vous avez sauvé mon
enfant, j'aurai un jour une fille qui sera la divine sœur
des anges! Sa mère est morte pour moi, mais ma fille m'aimera! Je serai pour elle un esclave soumis et empressé,
comme je l'étais pour celle qui m'a trompé, qui m'a fui.
Elle coulera des jours filés d'une soie plus fine que la robe
des madones, plus doux que le vent du soir sur l'Arno. Si
vous ne m'avez pas trompé sur le lieu de sa retraite, Pompeo vous appartient, disposez de lui, il vous doit tout. Si je
reviens un jour à Florence avec cette enfant, c'est à votre
porte que j'irai frapper, elle vous connaîtra, je lui appren-
drai à vous chérir. Je suis d'une race où l'on se souvient,
j'oublie cependant que je vous dois mes malheurs en fait
de fortune. Oui, je l'oublie, ajoutai-je, je l'oublie pour ne
me souvenir que d'une chose, c'est que je vous dois ma fille!

6.

En parlant ainsi, je ne voyais même plus sa laideur; j'étais ému. La cloche de la prison vint à sonner; la ronde des gardes commençait.

— Joshua, repris-je, il faut que vous acheviez votre œuvre. J'ai la clef de Jeronimo, le geôlier; dépouillez votre manteau et couvrez-m'en; de cette façon, je pourrai sortir.

Et comme il hésitait :

— Vous direz, ajoutai-je, que je vous ai menacé, que vous avez eu peur de ma violence; on vous croira. En un mot, vous direz ce que vous voudrez; mais je vous préviens que je tire sur vous les verrous de ce cachot.

Avant qu'il eût pu me répondre, j'avais endossé sa cape et rabattu son feutre sur mes yeux; je pris même son masque et je me le collai sur le visage sans répugnance. J'en eusse fait autant d'un pestiféré, tant j'étais ivre de joie.

Je rendis moi-même sa clef au geôlier. Les portes franchies sans obstacle, je courus à une *osteria*, dans laquelle couchaient des voiturins. J'arrêtai mon passage avec l'un d'eux; je partis. Le son du campanile fut bientôt le seul bruit que j'entendis; je me retournai, j'étais déjà loin de Florence.

Mille idées confuses assiégeaient mon esprit pendant ce voyage; à chaque étape je tremblais; j'avais mon masque, on me prit bien vite pour un sbire. Arrivé en France, je n'eus rien de plus pressé que de me rendre à l'adresse que m'avait donnée Joshua. On me renvoya comme un fou de cette maison.

Ma figure ne me servait guère, je dois l'avouer; mon aspect était pauvre, mon air inspirait la méfiance. La révolte des huguenots commençait. En voyant le roi de France engagé dans une guerre étrangère, ils avaient cru le temps favorable pour se montrer. Le duc de Rohan et M. de Soubise, son frère, étaient regardés comme les principaux chefs. J'entrai à leur solde et je fis la guerre en Languedoc. Au siége de la Rochelle, je m'étais traîné à demi mort sous une batterie espérant mourir; un Italien me vit et me releva. Il me reprocha de servir des protestants, moi qui étais catholique. Dans les extrémités où je me trouvais, pouvais-je, hélas! choisir? Je rougis, cependant, de me voir ainsi le valet de maîtres qui n'étaient pas nés pour être les miens, je pensai à mon pays. Lorsque j'y revenais, la fièvre me prit en route. Les deux reines, qui étaient restées à Lyon, profitaient de la maladie du roi pour perdre le cardinal; déjà même Anne d'Autriche s'était assurée de plusieurs personnes pour l'arrêter en cas que le roi mourût. Alarmé de la part qu'on me proposait dans ces intrigues, je pris le parti de m'enfuir, je gagnai la Suisse et me mis au service des Grisons. La paix d'Italie était faite, je rentrai dans ma ville; mais tout s'y trouvait changé. Un désir ardent, celui de la vengeance, dominait alors mes pensées, je cherchai partout le Joshua qui m'avait si lâchement abusé. Celle qui m'avait jadis aimé avait fui avec son époux; je demeurai seul, errant comme une ombre autour de sa demeure déserte. C'était pour moi une sorte de plaisir morne et douloureux que cette promenade habituelle; par instants, il me semblait la revoir, mais toujours à côté d'elle passait le masque noir de Joshua. Malgré mes recherches, je ne pus retrouver cet homme qui m'avait abreuvé de tant de douleurs; on le croyait mort ainsi que moi. Qu'avait-il fait du seul bien qui me restât? Dans quel piége terrible avait-il entraîné ma pauvre enfant? Je ne pouvais croire encore à l'affreuse méchanceté de Joshua, quand la lettre d'un ami laissé en France me força de l'y rejoindre. Cet ami se mourait, et il ne voulait pas mourir sans me parler.

Je courus chez lui; j'appris de sa bouche le nouveau nom qu'avait pris Joshua, mais il ne put me donner d'autres détails. Joshua s'était, suivant lui, fixé en France, il y vivait d'une vie sourde et mystérieuse. Il était puissant, une protection haute l'appuyait. Je demandai partout la demeure de mon ennemi, mais je ne pus rien savoir. Le

bonheur a fait que je vous ai rencontré; je suis à vous,
monseigneur, mais, comme je vous l'ai dit, il faut que ce
misérable soit à moi! Ce n'est pas assez de sa vie et de son
sang pour me payer de quinze années d'opprobre, de misère, de désespoir; il faut qu'il avoue son crime à vos pieds,
il faut qu'il meure de la mort qu'il a donnée à ma fille!...
Monseigneur, je ne sais pas ce que vous allez me dire
de faire, mais voilà ce que cet infâme m'a fait! Vous me
le livrerez, vous devez savoir où il se cache. Là-bas, monseigneur, il se nommait Joshua, ici il se nomme Samuel!

Le masque tressaillit; la voix de Pompeo ressemblait à
un glas funèbre. Tous deux venaient alors de s'arrêter
machinalement, Pompeo, comme un homme qui s'est al-
légé du poids oppressant des souvenirs; son guide, prêt à
fléchir sous le saisissement de sa terreur... L'Italien se
retourna un instant comme pour juger de l'espace qu'ils
venaient de parcourir, ils se trouvaient au coin de la rue
des Lions-Saint-Paul.

— Monseigneur, reprit Pompeo, signez-vous ici le pacte
que je vous propose? Me promettez-vous de me livrer
Samuel ?

— Je te signerai là-haut tout ce que tu voudras, murmura le masque d'une voix troublée.

En même temps, il montrait à Pompeo une fenêtre
éclairée au premier étage d'une maison formant l'angle de
la rue des Lions-Saint-Paul.

— Vous me le jurez? demanda une seconde fois Pompeo.

— Sur Dieu et sa croix, je te le jure.

— C'est bien, je suis à vos ordres.

— Frappe donc à cette autre porte que voici : c'est un
marchand de blé, tu l'éveilleras. Voici de quoi le payer,
prends ma bourse.

— Que demanderai-je ?

— Deux sacs de toile.

XI

UNE MAISON DE LA RUE DES LIONS-SAINT-PAUL.

Pompeo frappa à la porte du marchand de blé, pendant que le docteur examinait avec une scrupuleuse attention la maison où brillait un faible jet de lumière...

C'était une maison obscure et noirâtre, formant, nous l'avons dit, l'angle de la rue des Lions-Saint-Paul qui avoisine le quai de l'Arsenal, et dont elle ne se trouvait séparée que par l'hôtel à porte cintrée qu'occupa plus tard Marie d'Aubray, connue depuis sous le nom de la marquise de Brinvilliers...

Jamais peut-être un édifice plus sombre et plus triste n'avait frappé la vue du promeneur, le porche en était sinistre, les charpentes affaissées... La seule partie qui fût alors éclairée était une tourelle placée à l'extrémité de la rue ; cette tourelle avait un balcon élevé de dix pieds au-dessus du sol...

La nuit drapait la rue d'ombres profondes, gigantesques...

Dans ce quartier désert, tout se taisait : la pluie avait cessé, on n'entendait plus que les raffales du vent sur les eaux mornes de la Seine...

Le masque laissa Pompeo faire son marché ; puis, quand il fut venu avec ses deux sacs, il lui dit :

— Voilà qui est bien ; tu vas m'attendre sous ce balcon. Quand il en sera temps, je t'appellerai, tu monteras.

Le masque souleva alors le marteau de la porte ; l'instant d'après, une vieille Moresse, son flambeau en main, montra sa tête cuivrée à une lucarne...

— Ta maîtresse m'attend, lui dit le masque, je la précède ; ouvre-moi !

La Moresse hésita d'abord ; puis, vaincue par le ton impé-

rieux de celui qui frappait, elle descendit. Après lui avoir
ouvert, elle referma la porte.

Le masque se trouva bientôt introduit par elle dans une
pièce octogone. Un lit à pente de damas en fermait le fond;
sur la gauche était un prie-Dieu, à droite, une toilette...

La toilette était bordée d'une frange de guipures; sur ses
tablettes s'épanouissaient les aromes et les pâtes inventées
par le Preux, parfumeur de la reine mère. C'étaient des
onguents et des sachets dont le nom n'est pas venu jusqu'à
nous; mais que l'on se reporte au siècle où l'on accusait
Marie Stuart de prendre au Louvre même des bains de lait
et de vin, et l'on comprendra la valeur de ces trésors de
beauté! Une mante, un loup, un manchon à glands de
perle, une mandoline, oubliés sur une table, complétaient
le décor de cette pièce. Les rideaux du lit étaient relevés,
et laissaient voir au fond une niche couverte d'un voile noir.

La Moresse établit le visiteur dans un fauteuil près du feu
qui pétillait; elle eut soin seulement de lui montrer l'heure
à la pendule.

— Ma maîtresse, demanda-t-elle à l'étranger, reviendra
donc bien avant dans la nuit de chez la reine mère ?

— Tranquillise-toi, elle ne peut tarder.

— J'ai terminé cette nuit les préparatifs de notre départ,
continua la Moresse. Demain nous devons rejoindre madame
la reine, qui veut loger ma maîtresse au Louvre... Elle vous
l'a dit sans doute ?... Un gentilhomme de la reine doit
l'escorter.

— Et c'est moi qui suis ce gentilhomme... Repose-toi de
tout sur mon zèle, et laisse-moi seul.

La Moresse s'inclina; elle avait vu briller au doigt du
masque une bague d'un grand prix. Le départ de sa maîtresse était mystérieux; il n'était donc pas étonnant qu'un
gentilhomme masqué vînt la chercher.

Ce masque, le médecin du cardinal l'ôta dès que la Moresse se fut éloignée; il se leva et courut se regarder à une
glace de Venise placée à côté du lit.

— Est-ce bien moi, se dit-il, moi que l'enfer ne désavoue-
rait pas pour un de ses fils; qui mire ma laideur dans ce
cristal où l'une des plus fières beautés de l'Italie se contem-
ple? Est-ce bien moi qui me trouve ici, à cette heure, dans
la chambre de la duchesse de Fornaro?

Oui, c'est moi, c'est bien moi, poursuivit-il en continuant
l'examen de chaque objet. A quel autre homme qu'à moi
le cardinal eût-il confié cette sombre et terrible mission?
Si je connais sa haine, ne sait-il donc pas la mienne? Ne
sait-il pas qu'éconduit, repoussé par la duchesse, j'ai dévore l'affront le plus sanglant, un affront que n'ont pu la-
ver encore quinze années? Voilà donc le lieu où se cache
Teresina Pitti, la veuve de Fornaro? Encore quelques instants, et je vais la revoir, cette altière duchesse qui a su
blesser à la fois mon orgueil et mon amour! Je suis son
maître, son juge! Puissances de l'enfer, m'abandonnerez-
vous quand elle viendra? Irais-je m'attendrir? Vais-je pleurer comme un lâche! Les paroles de cet homme résonnent
encore à mon oreille comme une audacieuse dérision. N'est-
ce donc pas lui qu'elle m'a préféré? N'est-ce donc pas lui
que peut-être elle aime encore? Et que suis-je à jamais pour
lui? Un monstre, un reptile qu'il écrasera. Il est loin de se
douter à quel homme il a demandé tout à l'heure le droit
de tuer Samuel! Il m'obéira, oh! oui, il m'obéira!

En achevant ces mots, le docteur laissa errer sur sa lèvre
un sourire que lui eût envié Satan lui-même. Il se trouvait
alors devant le lit de la duchesse; dans le fond de ce lit
était la niche recouverte du voile noir.

Après avoir considéré lentement chaque détail de cette
pièce, il entra dans la ruelle, et d'une main hardie il souleva le voile tiré sur la niche...

Le docteur distingua alors un coffre de forme oblongue,
en bois de cèdre, soigneusement fermé par quatre serrures
de fer, et dont l'examen le jeta dans le plus profond étonnement.

Plusieurs têtes de mort et des os placés en croix étaient

les seuls ornements de ce coffre; au-dessus de la serrure principale, on lisait cette inscription espagnole en grosses lettres : *Cuidad* (1).

Cédant à un mouvement de curiosité, le docteur avançait déjà la main vers ce coffre, quand il se ressouvint de l'avis de Richelieu... Une sueur glacée mouilla son front; il replaça le voile noir sur la niche...

En ce moment, un bruit de roues se fit entendre près de la rue des Lions-Saint-Paul; ce bruit venait du quai...

Le docteur remit son masque, cacha la lampe et entr'ouvrit doucement la fenêtre...

Il vit alors une litière qui allait tourner le coin de la rue; dans cette litière était une femme, le visage couvert d'un loup de velours; aux côtés de la voiture, deux valets à la livrée de la reine, dont le vent venait d'éteindre les torches...

Il referma la fenêtre, après s'être assuré que Pompeo, placé sous la troisième porte de la rue, dans un rencoignement obscur, attendait ses ordres...

Replaçant alors la lampe, et s'approchant d'un guéridon à pieds tors auprès du lit, le docteur prit le gobelet qui s'y trouvait et y répandit une poudre blanche qu'il mêla avec l'eau contenue sur cette table dans un flacon.

Cela fait, il tira sur lui l'une des portières en brocatelle de la chambre; puis, retenant son souffle, il attendit...

Une femme entrait dans l'appartement, son loup à la main, le visage pâle, les traits bouleversés...

— Suzanna, dit-elle à la Moresse en s'asseyant, laisse-moi, je veux être seule...

Et comme la Moresse semblait vouloir lui parler :

— Laisse-moi, reprit-elle d'un ton qui, cette fois, devenait l'équivalent d'un ordre.

Suzanna sortit si émue du désordre de sa maîtresse, qu'elle ne put trouver aucune parole. La duchesse se regarda au miroir dont le docteur s'était approché un quart

_____

(1) Prends garde.

d'heure avant, et elle eut peur d'elle-même... Ses lèvres tremblaient, son sein était oppressé...

— C'est lui !... c'est bien lui !... murmura-t-elle accablée. Mais... Oh ! non... c'est impossible !... Pourtant, je l'ai vu, je l'ai reconnu ; oui, là... tout à l'heure...

Elle ouvrit la fenêtre et chercha des yeux dans la rue sombre.

— Rien, rien, maintenant ! poursuivit-elle. Je me suis trompée, c'était une vision.

Dans son trouble, elle se jeta à genoux devant son prie-Dieu. Sa respiration était brève, ses yeux égarés, sa prière entrecoupée de soupirs. Quand elle se releva, ses forces la trahirent ; elle se traîna éperdue jusqu'à son lit.

Dans sa soif brûlante, elle saisit le gobelet et elle but...

— Bien, murmura-t-elle, comme si elle eût encore parlé à sa Moresse ; bien, Suzanna, ce breuvage va me calmer.

Elle s'était jetée tout habillée sur le lit ; ses yeux s'y fermèrent bientôt, un pesant sommeil lia ses membres.

Le docteur écarta alors le rideau, puis sortant avec précaution de sa cachette, il poussa le verrou de l'appartement...

— Maintenant, à l'œuvre, murmura-t-il en regardant la duchesse.

Elle ressemblait à une de ces femmes de marbre couchées mollement sur la pierre d'un cénotaphe... Le docteur s'arrêta quelques instants pour contempler cette magnifique figure, beauté royale, souveraine, que le ciseau du Berruguete ou de l'Ano semblait avoir devinée. De longs cheveux noirs, nattés de perles, s'épanouissaient en touffes bouclées autour de ce front et de ces joues, splendides encore de l'éclat du bal ; les épaules de la duchesse le disputaient à la blancheur de l'oreiller. Ses bras et ses mains étaient chargés de bijoux du plus grand prix ; sa robe brochée d'or, ses dentelles et son reliquaire de pierreries éblouissaient... Un parfum d'ambre et de violette s'échappait encore de ses gants négligemment jetés sur les courtines, près de son éventail de laque...

Rien qu'à voir cette femme, tout autre que le docteur eût alors été ému.

Les lignes de son visage revenaient de droit à cette aristocratie italienne, orgueilleuse du sang des Médicis, type hautain, sévère et presque perdu en France depuis la fin de la reine Catherine. La blancheur de cette peau égalait celle du camée ; ses cils abaissés, aussi noirs que l'aile d'un corbeau, cachaient alors le feu de son œil humide et nacré. Elle avait à peine trente et un ans, l'âge de la puissance et de l'empire chez la femme. Pendant que le vent d'hiver hurlait au dehors d'horribles cris, son silence au milieu de cette chambre silencieuse et verrouillée glaçait l'âme... Assoupie, vaincue par cet infernal breuvage, elle ne représentait plus qu'un cadavre...

Le docteur la regardait avec une ivresse froide et recueillie, comme l'aligator après avoir fasciné l'oiseau, comme le tigre éveillé auprès du pâtre endormi...

— Enfin, murmura-t-il en marchant d'un pas ferme vers la fenêtre du balcon.

Au bruit de l'espagnolette, Pompeo parut dans l'ombre.

— Bien, dit le masque à voix basse, fidèle au signal... je te reconnais... attends-moi !

Il rentra dans la chambre, saisit le voile noir qui couvrait la niche, et le noua sur la figure de la duchesse. Il tira ensuite sur elle les rideaux du lit.

— Maintenant cet homme peut entrer, dit-il en revenant au balcon.

Pompeo avait trouvé la porte de la maison fermée, il n'osait frapper ; le docteur arracha les damas de la fenêtre, et il les jeta à Pompeo.

L'Italien fut bien vite sur le balcon à l'aide de cette échelle improvisée...

— Pompeo, lui dit le docteur, nous n'avons pas un instant à perdre, le cardinal est pressé.

— Excellence, je suis à vos ordres, répondit Pompeo en déposant les deux sacs au milieu de l'appartement.

— Pompéo, reprit le masque, tu n'as pas, je pense, oublié nos conventions ?

— Non, monseigneur ; les vôtres pas plus que les miennes.

Le docteur réprima un sourire d'amer dépit.

— Tu sais que la vengeance de Richelieu est souvent de la justice... continua-t-il cauteleusement.

— Je sais que le cardinal a sans doute le droit de faire ce que vous allez me dire de faire ici, répondit Pompeo, devenu pâle.

— Regarde donc, dit le masque, et tiens-toi prêt !

Le docteur ouvrit alors les rideaux du lit, et montra à l'Italien la femme endormie.

En voyant ce visage recouvert d'un voile noir, Pompeo réprima un tressaillement léger.

— Quelque crime d'Etat, murmura-t-il... une femme qui n'est plus déjà qu'un cadavre.

— Un cadavre, reprit le docteur, tu l'as dit. Lui entends-tu prononcer une plainte sous cette gaze ? Réponds, parle-t-elle ?

L'Italien se signa.

— Donc, continua le docteur, tu vas prendre ce corps et l'enfermer dans ce sac. Derrière elle, tu vois également ce coffre ?

— Oui, monseigneur, je le vois.

— Ce coffre et cette femme doivent disparaître à tout jamais... Dépêchons.

Pompeo demeurait anéanti, un combat intérieur brisait ses forces.

— Ils disparaîtront comme Samuel, reprit-il ; vous me l'avez juré !...

Et l'Italien montrait du doigt un crucifix à son guide. Devant cette image sacrée, le docteur recula d'abord ; puis il reprit :

— Oui, je jure encore que tu verras Samuel !

Oui, continua-t-il à part lui, tu le verras !

— Et je pourrai me venger sur lui ?

— Tu te vengeras.

— Comme le cardinal se venge ici sur cette femme?

— Soit, tu pourras un jour me rappeler ces paroles, dit le masque d'une voix sourde. Que veux-tu de plus ?

— Il suffit, dit Pompeo. Ce n'est pas cette femme, c'est Samuel qu'il me semble ensevelir à tout jamais !

Et, guidé par la lumière que portait alors le docteur, Pompeo saisit la femme placée sur le lit en laissant échapper un rugissement de joie.

Son corps admirable, ses bras et son cou, il les plia comme fait le chasseur d'un chamois étendu par la balle sur un glacier, un frémissement horrible et féroce agitait ses membres; il y avait du sang et de la rage dans ses yeux.

— Qu'il en soit fait ainsi de Samuel, dit-il en nouant les cordes du sac.

Le docteur le regardait faire comme s'il se fût agi d'un corps privé déjà de la vie. Nul soupir, nulle plainte ne s'étaient échappés de cette bouche fermée du sceau d'un implacable sommeil, enchaînée par une torpeur léthargique...

— Maintenant, dit-il, prends ce coffre.

Pompeo souleva son front alourdi ; il ne comprenait guère ce qu'il voyait, car il ne voyait, lui, que Samuel...

Arrivé près du coffre, il le souleva d'une main sûre. Que renfermait cet étui de cèdre? il l'ignorait; mais sur l'ordre du docteur, il le fit glisser également dans l'autre sac.

Le docteur regarda de nouveau à la fenêtre.

— Nous sommes maîtres du terrain, poursuivit-il, la lumière a disparu. La Moresse dort, partons !

Il souffla la lampe et tira les rideaux du lit.

Après avoir descendu tous deux l'escalier, ils se trouvèrent dans la rue. Le docteur s'était chargé du coffre, et Pompeo de la femme. Tous deux gagnèrent alors le pont Marie...

— Pompeo, dit le docteur après avoir appuyé les deux sacs contre le parapet, Pompeo, souviens-toi de ta promesse!

En ce moment même, un pas léger qui venait du pont de la Tournelle fit tressaillir les deux hommes...

La nuit était profonde, et l'on ne distinguait aucune lumière dans l'île Saint-Louis.

— Alerte ! Pompeo, dit le docteur, pousse ces deux sacs en Seine !...

Pompeo allait obéir, mais, vaincu par la pesanteur de l'un des sacs, il le laissa appuyé contre l'autre sur le parapet du pont...

Peut-être aussi l'idée d'un pareil attentat glaçait les forces de l'Italien....

— Attention, reprit le docteur, je t'observe.

En disant ces mots, le docteur tira de sa robe un poignard.

Il s'abrita ensuite sous le porche le plus voisin de la rue des Nonaindières...

Pompeo hésitait encore, quand il se rappela l'ordre absolu du cardinal... Il souleva le sac où était enfermé le coffret, et s'apprêta à le jeter dans la Seine.

Mais en ce moment, il entrevit à côté de lui une forme humaine... C'était un jeune homme qui se penchait lui-même sur le parapet.

XII

LES FILETS.

— Qui êtes-vous ? que me voulez-vous ? demanda Pompeo.

L'inconnu ne répondit pas. Il s'était penché, nous l'avons dit, et considérait d'un regard morne les eaux noirâtres du fleuve...

Ses vêtements en désordre, son air désespéré, effrayèrent Pompeo. C'était un jeune homme très-élégamment vêtu.

— Maudit soit le jeu ! s'écria-t-il en frappant du poing sur le parapet.

— Monsieur a joué ? demanda Pompeo, cherchant à l'envisager sous l'ombre de son feutre.

— J'ai perdu, répondit-il. Et comme je dois, je confie ma
dette à la Seine !

En même temps, il avait enjambé le parapet... Dans ce
mouvement, son feutre tomba sur le quai.

— Charles Gruyn ! s'écria Pompeo en reconnaissant le
fils du cabaretier...

— L'Italien de cette nuit, reprit Charles. Vous étiez à ce
jeu ? demanda le jeune homme d'une voix sourde... En ce
cas, vous devez savoir mon déshonneur. J'ai perdu, monsieur, et j'ai perdu sur parole... Ces gens m'ont volé, sans
doute ! Le vin qu'ils m'ont fait boire alourdit encore mon
cerveau.

— Mon cher ami, reprit l'Italien, vous avez voulu tout à
l'heure me rendre un service en croisant l'épée contre les
gens du cardinal qui m'emmenaient, acceptez, de grâce,
l'offre de mon argent ; je voudrais être mille fois plus
riche...

Et Pompeo partagea en même temps avec le jeune homme
l'argent qu'il avait reçu du docteur.

— Maintenant, dit-il, vous m'aiderez bien à jeter ceci en
Seine ?

— Volontiers, dit Charles, sans trop comprendre ce dont
il allait s'agir.

Pompeo s'empara du sac où était le coffre, et d'un bras
nerveux il le lança dans la rivière... Un tourbillon d'écume
suivit cette chute qui troubla seule le silence des ondes...
Charles Gruyn semblait absorbé ; il avait reçu machinalement les pièces d'or de l'Italien, il murmurait quelques
paroles à voix basse...

— A vous celui-ci, dit Pompeo à Charles, en lui indiquant
le second sac.

— Qu'avez-vous donc là ? se prit à demander le jeune
homme.

— Une marchandise suspecte. C'était un misérable qui
vendait à faux poids, et je dois jeter en Seine ce qu'il vendait, c'est l'ordre de la justice.

Charles Gruyn posa la main sur le sac, mais au même instant il la retira comme si le contact de cette toile l'eût brûlé...

— Mais il y a un corps dans ce sac ! s'écria-t-il.

Avant qu'il eût pu se retourner, Pompeo avait lui-même poussé le bras du jeune homme ; il s'enfuit et rejoignit le docteur...

— Au revoir et à bientôt ! cria-t-il à Charles.

Le jeune homme passa la main sur son front comme s'il eût été le jouet d'un rêve, il avait cru entendre un gémissement étouffé quand le sac tomba dans l'eau.

— Que saint Charles Borromée, mon patron, me soit en aide ! murmura-t-il en regardant le cercle blanchâtre produit par la chute du sac dans le fleuve... Je crois que les fumées du vin sont tout à fait dissipées ; serait-ce donc un crime que cet étranger m'a fait commettre, et ne puis-je...

Il regarda alors avec terreur autour de lui, mais tout se taisait... L'endroit était isolé, les constructions du pont Marie n'étaient pas encore achevées, ses maisons ne devaient se voir habitées que dans un mois. Le porche sous lequel l'Italien l'avait rencontré formait le milieu du pont, et décrivait un arc sur ses assises ; il était embarrassé de moellons, de chaux et de briques laissés par les ouvriers. Chancelant, épouvanté, Charles s'assit sur une pierre et se prit machinalement à tourner les yeux vers la demeure de son père.

Une seule lumière brillait alors au cabaret de la *Pomme de pin*, cette lumière venait de la chambre de Mariette...

Charles la contempla quelques secondes avec une avide attention, puis tout d'un coup il vit s'éteindre son faible rayon.

— Si j'étais superstitieux, se dit-il, je croirais ce feu un avertissement du ciel. Toute flamme est-elle donc éteinte en moi, ô mon Dieu ! même celle du courage ! Oh ! oui, je dois savoir si je suis ici le complice d'un assassin ! Illusion ou réalité, ce gémissement vibre encore à mon oreille...

Oui, je le jure ici par Mariette et par ce toit que j'ai fui, je veux sonder à fond ce mystère qui me pèse... Mais rien, rien, mon Dieu, pas même une barque sur l'eau !... Le vent et la pluie fouettent mes cheveux, la terre tremble sous moi.

Mais, reprit-il bientôt... je ne me trompe pas; oui, voici un point lumineux, là... tout devant moi... C'est à la cabane de maître Gérard, le passeux, que brille cette lumière... Ah ! courons, courons, peut-être pourrai-je encore le prévenir... O mon Dieu, faites que j'arrive à temps !

Le jeune homme avait déjà tourné l'angle du pont Marie, puis, laissant à sa gauche l'Arsenal et les Célestins, il se trouva bientôt avoir franchi dans sa course l'espace étroit qui forme à cette heure le quai d'Anjou.

La cabane du passeux se trouvant placée, nous l'avons dit, à la pointe de l'île, elle était souvent, l'été, le point de mire des baigneurs ou des jeunes nautoniers qui, à l'exemple de Charles, s'exerçaient aux joutes.

Plus Charles approchait, plus le cœur menaçait de lui manquer... C'était une course folle, une course d'athlète, mais Charles en avait souvent entrepris de pareilles; une main invisible le poussait, d'ailleurs, il fendait le vent comme une arbalète lancée...

Tout d'un coup il s'arrêta devant la cabane de maître Gérard.

La porte donnant sur la rivière en était alors entr'ouverte et laissait échapper une lueur abondante... Devant cette porte était une barque, maître Gérard ayant obtenu de messieurs les échevins le droit de pêche, et l'édilité lui concédant en ce lieu droit d'observation et de police.

Le jeune homme le vit agiter alors sa lumière sur l'eau, c'était une grosse torche de résine...

— A l'aide, mon cher Gérard ! cria-t-il au passeux, retirez vos filets, mais ayez garde qu'ils ne rompent !

Maître Gérard se retourna en entendant cette voix; il vit Charles Gruyn qu'il connaissait, il le vit pâle, haletant.

— Bonté divine ! lui demanda-t-il, qu'y a-t-il donc ?

— Il y a, maître Gérard, que sans mon bras, vous courez grand risque. Ceci n'est pas une pêche ordinaire. Mais dites, vous avez donc senti vous-même une commotion ?...

— Une commotion telle, reprit le passeur, qu'il m'a semblé qu'un bois de flottage heurtait ma cabane... Monsieur Charles, qu'est-ce donc ?

— Rien, mon brave Gérard, si ce n'est que j'ai vu tout à l'heure un homme jeter du pont Marie deux sacs pesants dans la Seine...

— Attention, alors, détachez ma barque, et voyons !

Charles obéit, et il sentit bientôt, au poids du filet, qu'ils étaient sûrs tous deux d'une découverte. Maître Gérard faisait de vains efforts pour amener le double fardeau jusqu'à lui...

— Mes forces me trahissent ! cria-t-il à Charles.

Charles aida le passeur et retira les filets demi-rompus. Les deux sacs apparurent à l'œil hébété de maître Gérard. Le jeune homme et lui les transportèrent à la cabane.

— Un instant, dit Gérard, voilà une aubaine à laquelle j'ai droit, partageons.

Charles haussa les épaules. Il était si faible, qu'il étancha d'abord la sueur qui ruisselait de son front, puis saisissant un couteau sur la table du passeur :

— Regarde donc et choisis, lui cria-t-il.

Les deux sacs ouverts, Charles réprima un tressaillement singulier en voyant que l'un contenait un coffre, l'autre une femme dont la tête était couverte d'un voile...

Le choix du jeune homme fut bientôt fait.

— A toi ce coffre et ce qu'il contient, cria-t-il au passeur, à moi cette femme !

Il venait de soulever la gaze qui cachait les traits de l'Italienne... Une vision céleste l'eût alors moins ébloui... Une alarme soudaine lui succéda, le sang du jeune homme se retira dans sa poitrine ; il eut peur un instant de ne trouver qu'une morte. Aucun mouvement ne trahissait le sommeil

7.

de la duchesse, l'étonnement, l'épouvante, se peignaient sur le front de Charles Gruyn. Il hésita quelque temps a saisir cette main froide et à la réchauffer au feu de sa jeune et chaude haleine; en proie lui-même à un trouble qu'il n'avait jamais ressenti, il contemplait cette merveilleuse créature dans un silencieux accablement. L'eau ruisselait alors de ses cheveux et de sa robe, une teinte violette marbrait ses bras et ses joues. Charles l'approcha du feu, il y jeta de nouveaux sarments, puis, saisissant un flacon que lui prêta le passeux, il se décida à l'approcher des lèvres de la victime.

Maître Gérard l'aidait dans tous ces soins d'un air distrait, jetant de temps à autre un regard cupide sur le coffre... Il parvint cependant avec Charles à placer la dame sur son lit; peu à peu les joues de la duchesse se coloraient, son sein commençait à battre... En rouvrant les yeux, elle trouva près d'elle le jeune homme agenouillé...

Presque au même instant, et de l'autre côté de la cabane, une détonation soudaine, inexplicable pour Charles Gruyn, frappa son oreille et fit voler des éclats de bois noircis et fumants jusque sur lui. Il vit le passeux étendu auprès du coffre qu'il avait voulu ouvrir, il le vit sanglant, immobile... Il était mort.

XIII

LE MASQUE BLEU.

A ce bruit terrible, aussi prompt que l'éclair, aussi mortel que la foudre, la duchesse s'était levée droite sur son séant. Charles lui montra le coffre et le passeux...

Un sang noir sortait du front de maître Gérard; les parois du coffre jonchaient le sol...

En voyant ces débris, la duchesse eut l'air de se souvenir; elle passa la main rapidement sur son front...

— Un homme mort, ici ! s'écria Charles Gruyn ; ah ! madame, je suis perdu !

Et comme elle le regardait avec ses grands yeux ouverts, il se recula, et poussa un cri étouffé...

Il avait reconnu celle qu'il nommait comme tant d'autres la comtesse Alvinzi, celle qu'il aimait...

Pour elle, en ce moment, la présence d'un être surnaturel l'eût moins surprise que la vue de Charles... Elle ne pouvait comprendre où elle était, encore moins comment il se faisait que ce jeune homme fût là à ses pieds... Elle examinait les meubles misérables de cette chambre, le cadavre de maître Gérard, les planches éparses de ce coffre, avec une stupide attention... son regard vitré, alourdi, se voilait d'ombre par instants, comme celui des passagers d'un navire pendant la tempête ; le sens des objets l'abandonnait. Elle ne se rappelait pas avoir jamais rencontré la figure de Charles ; pour le cordial du passeux, il la brûlait ; toutefois, cette souffrance convulsive ramenait chez elle le mécanisme des forces... Insensiblement, la vie et la chaleur lui revinrent ; mais cette fumée et ce sang répandu sur les nattes de la cahute lui firent peur. Elle écarta sa chevelure humide, et voulut secouer sa somnolence... Un feu vif et clair petillait dans l'âtre, ses membres engourdis se ranimèrent peu à peu...

Epuisé, anéanti, Charles se demandait en vain par quelle vengeance affreuse cette femme noble et belle, cette femme qu'il n'avait fait qu'entrevoir, se trouvait ainsi en sa puissance. Le souffle de sa bouche, il l'écoutait à genoux ; tour à tour il remerciait le ciel et il tremblait, donnant à peine un coup d'œil à ce cadavre du passeux. Qu'allait-il devenir entre ce mort et cette grande dame qu'on voulait aussi faire mourir ? Dans quel réseau fatal d'événements se verrait-il enlacé ? sortirait-il vainqueur ou vaincu de cette lutte ? Des frissons de crainte, d'amour et d'espoir couraient dans les veines de Charles. Son plan était tracé ; à tout prix il sauverait cette femme, il la sauverait, dût-il se perdre ! Mais comment la sauver? où la transporter, où lui assurer un gîte? Celui du passeux devenait accusateur.

Cependant l'heure s'écoulait; un jour d'ardoise filtrait à travers l'unique fenêtre de la cabane...

Le feu se mourait, l'aube couvrait la Seine de lueurs pâles; la duchesse eut peur de cette clarté; elle interrogea le visage du jeune homme...

Charles soutenait alors sa tête brûlante entre ses mains, mille pensées nouvelles et absorbantes l'assiégeaient; il songeait à son père, à Mariette, et enfin à cette étrangère, dont il ne connaissait en rien la vie. Quel était son crime? qu'avait-elle donc fait, encore une fois, pour attirer sur elle un tel châtiment? Les moments étaient précieux, il fallait agir : Charles se leva.

Il se leva, et sous le costume élégant qu'il portait, il montra aux regards de la duchesse une taille que plus d'un raffiné eût enviée, un air mâle et résolu. Il était beau de cette beauté singulière que donnent les grandes occasions; la sincérité de son âme se faisait jour dans ses yeux; la duchesse l'examina sans frayeur, et elle lui dit :

— Vous êtes gentilhomme, monsieur?

Cette demande fit rougir Charles. Il reprit cependant assurance, et songeant à l'habit qui pouvait causer cette méprise :

— Madame, répondit-il, j'aurai pour vous servir le cœur et l'habit d'un gentilhomme...

— Bien, dit-elle, j'ai besoin d'un homme comme vous pour me reconduire où je vais... Le désordre de mes idées ne me permet pas de comprendre comment je suis ici, vous me le direz... Mais hâtons-nous. Il faut, continua-t-elle, que vous me meniez chez la reine mère.

— Y pensez-vous, madame! répondit Charles, sérieusement effrayé du péril de cette démarche; ne voyez-vous donc pas qu'il ne nous reste d'autre parti que la fuite?

— La fuite? et pourquoi? lui demanda la duchesse.

— Madame, reprit Charles, vous êtes menacée, poursuivie.

— Moi! murmura-t-elle, en cherchant à rassembler ses souvenirs. Que m'a-t-on donc fait? où suis-je ?

— Fuyons, madame, fuyons; ne voyez-vous pas ce cadavre et ces débris ? Vous êtes ici, madame, dans la cabane de maître Gérard, le passeur de l'île; ce malheureux a voulu ouvrir ce coffre, et le ciel l'en a puni... Voyez, ce coffre n'est-il point à vous? Je n'y vois, moi, continua Charles en se penchant sur son étui fracassé, que des monceaux de papiers qui brûlent encore...

— Un coffre! des papiers! murmura-t-elle, comme si elle se fût dégagée de la torpeur d'un rêve ; voyons !

Et, s'élançant du lit de maître Gérard, elle prit un flambeau et se traîna elle-même jusqu'au coffre.

— Oui... c'est bien cela... dit-elle à part, en regardant les éclats du bois de cèdre à demi brûlés qui jonchaient le sol. Ce sont là les actes que je devais remettre à la reine mère, les actes qui devaient perdre Richelieu; il avait été convenu, entre elle et moi, qu'un condamné à mort ouvrirait seul cette cassette qui vomit le fer et le feu. La correspondance du cardinal avec Concini est la proie des flammes ! Que vais-je devenir, ô malheureuse que je suis !

En parlant ainsi, la duchesse, de ses mains tremblantes, convulsives, cherchait encore à disputer au feu les papiers qu'il consumait.

— Rien, plus rien! continua-t-elle accablée. Mais vous ne saviez donc pas, monsieur, ce que contenait ce coffre? vous n'êtes donc point le guide que j'attendais, vous n'êtes donc point envoyé par la reine mère ? Seriez-vous un espion ? répondez ! dit-elle en se redressant avec énergie devant Charles.

— Madame, répondit le jeune homme avec une fierté triste, je ne suis point un espion, rassurez-vous. Je passais, il n'y a qu'un instant, sur le pont, un homme a jeté de là deux sacs dans la Seine... Le premier de ces sacs contenait ce coffre; le second... oh ! mais cela est affreux ! poursuivit-il, non, vous ne le croirez pas.

— Achevez,

— Eh bien... madame, le second renfermait une femme d'une admirable beauté, noble et divine créature dont la cupidité ou la haine voulait trancher l'existence... cette femme... c'était vous !

— Moi ! balbutia la duchesse en se reculant d'un bond rapide, comme si elle eût vu sur elle un poignard levé. Elle regarda ses habits mouillés, ses cheveux ruisselants, et elle pâlit.

— Vous-même... Comprenez-vous maintenant qu'il faille vous dérober à la vengeance de vos ennemis? Comprenez-vous que ce cadavre nous accuse ? Par pitié, madame, puisque le ciel m'a fait déjouer un crime, aidez-moi à compléter son œuvre en acceptant un asile, en vous confiant à moi. Ce n'est pas d'aujourd'hui qu'il m'a été donné, sachez-le, de voir les traits célestes de celle que j'ai sauvée... Excusez, madame, l'aveu d'un secret qui serait mort dans mon sein ; mais en ce moment même, où je ne devrais songer qu'à fuir, une voix impérieuse me dit de rester. Madame, je suis à vous, disposez de moi et de ma vie... je vous aime !

La parole de Charles s'éteignit en ce moment sous ses sanglots; son cœur était brisé, mais son œil rayonnait d'amour, il conjurait la duchesse, et la suppliait de croire en lui. L'indicible beauté de cette femme plongeait son âme dans une telle ivresse qu'il eût bravé pour elle mille morts. Pour la duchesse, elle ne le regardait seulement pas.

— Oui, se disait-elle en reconnaissant l'humble cabane du passeux... oui, je me souviens d'être venue dans ce gîte misérable... J'avais même remis à cet homme certain dépôt... Qu'en aura-t-il fait? Il m'a dénoncée peut-être... enfermée dans ce sac, moi la duchesse de Fornaro ! Mais par l'ordre de qui ? Dois-je croire au démon ?...

Et ce sac humide dont l'eau filtrait, ce cadavre de maître Gérard, menaçaient de la rendre folle...

—Fuyons! reprit Charles, j'entends des pas. Si ce n'est qu'un simple curieux, j'en aurai bientôt fini avec lui. Madame, votre bras, veuillez prendre mon manteau.

Les pas se rapprochaient en ce moment de la cahute... Le jeune homme ouvrit la lucarne... mais il ne vit rien, tant la brume du matin était épaisse... Il mit la duchesse derrière lui, et il tira son épée...

Pendant qu'il se préparait ainsi à faire bonne contenance, la duchesse cherchait de ses mains désespérées à faire céder la porte de la seule armoire que le passeux possédât...

—C'est là, ce me semble, qu'il a placé ce que je lui confiai, se disait-elle.

Au bruit que la porte légère de l'armoire fit en cédant, Charles se retourna :

—Que faites-vous? lui demanda-t-il.

—Vide!... murmura-t-elle avec un sourire insensé... vide!... Oh! mon Dieu, plus d'espoir! Ce misérable était dépositaire de mon secret, il l'aura vendu! Le ciel me venge!

Elle poussa du pied le corps du passeux, dans une rage frénétique... En cet instant même, la porte de la cahute s'ouvrit; un personnage, vêtu d'un long domino de satin noir, et portant un masque bleu sous un feutre gris à plume blanche, apparut aux regards de Charles et de la duchesse...

—Qui es-tu? reponds, demanda Charles en lui barrant le chemin avec son épée.

—Perdue! s'écria la duchesse avec angoisse.

—Sauvée, reprit le masque, d'une voix qu'il cherchait à rendre sourde... Mais ce n'est pas à vous, ajouta-t-il, c'est à ce cavalier que j'ai affaire.

—A moi? demanda Charles. Vous n'avez pas même d'épée; est-ce un duel qu'il vous faut?

—Non pas un duel, mais un pacte. Le jour venu, la justice sera ici; je me charge de te soustraire à sa vengeance.

—Vous, mon gentilhomme, balbutia Charles; vous me connaissez donc? Vous avez su...

— Ceci me regarde. Je ne veux de toi qu'une chose.

— Parlez, oh ! parlez. Vous devez comprendre comme moi que je ne puis abandonner cette femme !... La Providence m'a permis de la sauver. Donnez-moi les moyens de fuir, et je vous jure que ma reconnaissance...

Le masque haussa les épaules.

— Vous me croyez ingrat ? Par quel serment affreux puis-je donc ici vous convaincre ? Devant quel témoin choisi par vous...

Le masque bleu avait laissé tomber son regard sur le cadavre de Gérard ; il réprima un léger tressaillement...

— Je me contente de ce corps, dit-il à Charles. Prends cette plume, et signe-moi ce que je vais te dicter... A cette condition seule...

Charles saisit une plume laissée sur la table de comptes du passeux, il allait l'enfoncer dans l'écritoire de maître Gérard, mais le masque bleu reprit :

— Non pas avec de l'encre, avec ceci...

Charles réprima un mouvement d'horreur, le masque venait de tremper lui-même la plume dans le sang du passeux. Il la lui donna en disant :

— Je veux que tu t'engages à être désormais à moi... Tu m'appartiendras corps et âme... Dans un an, jour pour jour... ici... tu entends, heure pour heure, tu me reverras si tu en as le courage !

Charles signa ; il rendit le pacte à l'inconnu. Le regard de la duchesse l'avait soutenu, il tremblait.

— Maintenant, reprit le mystérieux protecteur, dans quelques instants tout sera prêt ! Quel que soit le chemin que vous preniez, je suis sûr que vous ne m'oublierez pas.

XIV

LE BOUQUET.

Neuf mois après ceci, par une de ces ravissantes journées de septembre, que la douce Italie peut comparer encore à celles de son printemps, trois personnes étaient assises sur l'une des pelouses vertes du Pratolino, près de Florence...

L'aspect de ces magnifiques jardins embaumés alors de l'âpre senteur de mille plantes aromatiques, la pente facile de ses ruisseaux, l'air tiède et suave passant sur les géraniums et les genêts d'or, la façade grandiose de la villa, son dessin hardi, pittoresque, tout cela eût pu émouvoir un étranger récemment venu en Toscane; mais nos personnages étaient tous trois d'Italie, et ce n'était pas la première fois qu'ils se trouvaient réunis en ce lieu de plaisance où la noblesse florentine promène encore aujourd'hui son faste, son oisiveté ou son ennui.

Ainsi jeté sur les gazons des jardins, ce groupe rappelait ceux de Boccace ou de l'Arioste; la grâce de ses attitudes, son élégance et surtout le choix de ses costumes, semblaient appeler le pinceau d'un peintre.

Devant une nappe étendue sur l'herbe, au milieu de deux jeunes gens merveilleusement faits et galamment équipés, une femme de vingt à vingt-trois ans écoutait, le verre en main, pendant que son nègre balançait au-dessus d'elle une ombrelle à franges d'or. Ce qu'elle écoutait, c'était la lecture d'une lettre que l'un d'eux venait de tirer nonchalamment de son justaucorps de satin blanc. Or, s'il fallait en juger à ses distractions fréquentes, à son impatience mutine, et surtout aux gimbelettes qu'elle passait à son nègre, cette épître devait intéresser médiocrement la signora Giuditta, cantatrice attachée à la maison de l'archiduc.

L'Olympe des théâtres n'avait peut-être encore rien

fourni de plus parfait que la signora; elle arrivait de
Rome, précédée d'une réputation immense, elle y avait
détrôné bien vite la Bagata et la Petrucci, les deux reines
du chant. Sa beauté passée en proverbe l'avait rendue
tellement fière, qu'il lui paraissait injuste qu'on pût s'occuper devant elle d'autre chose que de ses cheveux ou de
sa peau ; elle n'était pas femme à admettre les distractions.
Aussi ne put-elle longtemps tenir à la lecture de l'épître
que faisait alors à son ami Rodolfo le jeune comte Pepe
de Sirvuela. Du bout de son éventail elle toucha le papier,
de façon à déconcerter le lecteur.

— Votre cousin Leo Salviati est ennuyeux, dit-elle au
comte Pepe. Ne voilà-t-il pas un gracieux thème que celui
de la cour de France? Il vante ses bals, ses fêtes; il s'ex-
tasie comme un paysan de Fiesole devant ses femmes ! Les
Françaises sont fausses et ne conviennent pas de leurs
emprunts. A qui doivent-elles leur beauté, si tant est
qu'elles soient belles? à leurs parfumeurs, qui sont tous
Italiens. Les deux reines s'y connaissent ! Demandez-leur
de quels ménagements coquets elles usent dans leur pays.
Tandis que nous autres, seigneur Pepe, nous bravons la
chaleur et la poussière, elles passent trois heures par jour
chez leur étuviste, qu'elles font noble pour peu que ses
opiats soient parfaits. Les femmes de France, fi donc! Votre
cousin Leo Salviati, mon cher Pepe, a toujours aimé la
peinture, et voilà pourquoi il les trouve si belles, les femmes
de France qui se peignent tant !

En parlant ainsi, la signora caressa son lévrier, un superbe chien qu'elle tenait de l'archiduc.

Le comte Pepe de Sirvuela, piqué au jeu, voulut excuser
son cousin.

— Ma chère Giuditta, vous êtes injuste, reprit-il; je n'en
veux pour preuve que ce passage qui vous concerne. Mon
cousin Leo n'est-il point parti, il y a un an, de Rome, pour
vous fuir? ne craignait-il pas de succomber sous vos coups
trop sûrs? Eh bien, ce même Leo m'écrit ce qui suit; j'i-

gnorais ce détail... car je viens seulement de décacheter sa lettre :

« Tu dois te souvenir de la belle Giuditta. C'est pour elle que j'eus au théâtre cette explication si vive avec un neveu du cardinal de Savoie... Une belle, une admirable personne, n'est-ce pas, mon cher Pepe? Je te la recommande, si elle vient à Florence... »

— Votre cousin Leo a du bon, reprit Giuditta.

— Je bois à sa santé, reprit Rodolfo.

— Continuez donc, demanda la cantatrice.

Mais le comte Pepe se troubla tout à coup, il balbutia, il s'excusa. Le reste de la lettre était, disait-il, trop intime pour être lu. Son cousin Leo l'y entretenait d'affaires graves. Il allait replier l'épître en question, quand Giuditta lui saisit le bras :

— Si vous ne continuez, dit-elle, je ne vous regarderai pas ce soir au concert, prenez-y garde !

— La punition est certes cruelle, reprit Pepe, mais je ne saurais consentir à vous déplaire pour satisfaire un caprice.

— Caprice, soit, dit Giuditta en jouant avec les glands dorés de son mouchoir, mais quand j'entends dire à l'archiduc : *Je veux*, je vois qu'on lui obéit.

— N'accusez donc que vous, madame l'archiduchesse, répondit Pepe ironiquement. Voici le passage, je n'en omets pas une parole. Vous pouvez lire par-dessus mon épaule.

Giuditta s'approcha, et Pepe lut :

« Donc, Giuditta est adorable, bien qu'elle soit au fond impérieuse et vindicative. On faisait cercle autour d'elle quand elle passait au Corso, à Rome, et le gouverneur ramassa un jour l'un de ses gants. »

— C'est vrai, dit Giuditta, mais poursuivez.

« Eh bien, mon cher Pepe, cette Giuditta si belle n'est rien en comparaison de la merveilleuse beauté que je vis à Paris, il y a neuf mois, au bal de la reine... L'élan de la foudre est moins prompt que la flamme de son regard; la pureté de ses traits en ferait une déesse. L'éclat de la jeu-

nesse s'éternise en elle, bien qu'elle ait trente ans; elle
devait, tu le penses, exercer sur moi une fascination irrésistible. Chaque femme, à ce bal, était jalouse de sa gloire;
on ne l'y connaissait pas, la reine seule lui parla. En voilà
assez pour que les dames françaises ne lui pardonnent de
sa vie, car elle est Italienne. En un mot, Pepe, je la crois
Florentine. J'ai appris d'un gentilhomme du palais que
c'était la duchesse de Fornaro. »

— La duchesse! répétèrent à la fois Pepe, Rodolfo et la
cantatrice.

— La duchesse de Fornaro! murmura Giuditta; oui,
certes, elle est belle... elle arrive de France... elle est ici...
Je ne l'ai vue qu'une fois, mais je veux la voir; oui, Pepe,
je la verrai..

L'aigreur de fa jalousie perçait dans le ton dont ces pá-
roles furent prononcées; Giuditta, sûre jusqu'alors de son
empire et de sa beauté, rencontrait une rivale... Cette
femme était Italienne comme elle; comme elle, elle avait
troublé le cœur de Leo; c'en était assez pour souffler la
haine et la vengeance dans l'âme de Giuditta.

— Rodolfo, dit-elle en s'adressant à l'ami de Pepe, et en
tournant vers lui ses grands yeux bleus languissants, laissons le comte de Sirvuela rêver ici en toute liberté aux perfections sublimes que lui détaille son cousin. Vous m'allez
donner le bras et me conduirez à la ménagerie de la villa.
Je n'ai point encore visité ce côté du parc, et il y a là pourtant un valèt de l'archiduc que je veux voir... J'ai à lui parler, marchons!

— Il est impossible que nous nous quittions de la sorte,
ma toute belle, objecta le comte Pepe, n'êtes-vous donc pas
attendue vous-même au *refresco* du marquis de San-Lucar?
Votre bouquet d'hier était misérable; excusez-moi, celui de
ce soir sera magnifique. Ma voiture viendra nous prendre
au Pratolino dans un quart d'heure. Qu'avez-vous besoin
de ce valet de l'archiduc? Les miens sont à vos ordres, disposez d'eux. Il y a parmi ces drôles un certain Beppo qui

sait sa Florence sur le bout du doigt. Il vous dira tout, il a le génie inventif. Pour quelques *scudi*, il suit à la piste les gens qu'on lui ordonne d'espionner. Si c'est de moi que vous êtes inquiète, chère Giuditta, il vous rendra bon compte de mes allées et venues... Mais vous ne m'aimez pas assez, je pense, pour être jalouse. Vos préférences sont connues, et depuis que certain cavalier venu de France passe chaque matin sur son cheval devant les fenêtres de votre palais... Enfin, c'est votre rêve, votre idéal... vous l'aimez sans savoir seulement s'il vous aime...

La cantatrice rougit, le comte venait en effet de toucher juste. Rodolfo, moins instruit que le comte des fantaisies de Giuditta, se hasarda à demander à Pepe quel était cet étranger.

— J'ignore son nom, mon cher, mais il y a quelqu'un à Florence qui pourrait peut-être nous l'apprendre...

— Et qui donc? reprit Giuditta.

— Qui, ma toute belle? par ma foi, vous jouez de malheur, c'est...

— Parlez...

— Eh bien, c'est cette duchesse de Fornaro.

La surprise et le dépit se firent jour dans les traits de Giuditta; mais comme elle était comédienne avant tout, elle se remit, et affectant un air calme, elle se borna à demander au comte Pepe quel était le mari de la duchesse.

— Elle est veuve et libre, reprit le comte; le gouvernement de Florence l'a remise en possession de tous ses biens; elle est alliée aux plus nobles de cette ville. Sa maison, décorée des plus belles fresques et des plus beaux marbres, est située sur la place du Palazzo-Vecchio, mais elle en a trois autres sur celle de Sainte-Croix. Le jeune cavalier qui l'accompagne partout est sans doute son écuyer; dans tous les cas, il est impossible de manier un genet d'Espagne avec plus d'adresse. Je conçois qu'il ait pu vous plaire, ma chère Giuditta; mais est-il noble? est-il gentilhomme? c'est là le point capital.

— Le fait est, insinua Rodolfo, qu'il nous arrive ici chaque jour de ces prétendus seigneurs dont à Paris on n'eût
pas voulu pour des pages ; la cour de Madrid et celle de
France n'en sont pas chiches. Il me prend envie d'en laisser un sur le pré l'un de ces jours, afin d'apprendre aux
autres à ne point se mêler impunément à des gens de notre espèce.

— Vous êtes belliqueux, seigneur Rodolfo, dit Giuditta
avec un ton d'ironie. Mais on ne vous dit pas heureux au
noble jeu de l'escrime, et malgré votre courage...

Rodolfo se mordit les lèvres, il souffrait encore d'une
blessure reçue du cavalier de la Maisonfleur, un marquis
français avec lequel il s'était pris de dispute au sujet de la
dernière campagne d'Italie.

— Vous me porterez peut-être bonheur, dit-il à Giuditta ;
il vaut mieux se battre pour deux beaux yeux que pour un
plan de stratégie.

La conversation se vit alors interrompue, assez heureusement pour Rodolfo, par l'arrivée de l'un des valets du
comte Pepe, accourant en toute hâte... Le visage de cet
homme était aussi blanc qu'un linge ; tout son corps tremblait. Il n'eut que le temps de prononcer les paroles suivantes :

— Sauvez-vous, ou sinon vous êtes morts !

— Es-tu fou, Beppo ! demanda le comte Pepe, en prenant
des mains de son laquais effaré un délicieux bouquet que, dans
son trouble, Beppo oubliait de présenter à la cantatrice...

Giuditta le reçut avec insolence, il était pourtant composé des fleurs les plus rares ; mais soit que de pareils pré-
sents la touchassent peu, soit plutôt que la pâleur du laquais
de Pepe l'alarmât, elle remercia à peine le comte...

— Eh bien, qu'est-ce ? qu'y a-t-il ? demanda celui-ci à
Beppo.

— Excellence, fuyez ; l'un des tigres envoyés récemment
à l'archiduc vient de rompre sa chaîne, il s'est perdu dans
cette partie du parc...

En même temps, Beppo indiquait du doigt à son maître un canton immense d'arbres déroulant son turban vert sur les jardins.

Nos trois personnages regagnèrent en hâte la villa, sur le balcon de laquelle se tenaient déjà plusieurs visiteurs non moins effrayés que Giuditta, à demi morte.

— Si j'étais sur mes domaines, dit Rodolfo, mon espingole allemande ferait bientôt justice du fugitif. Mais je ne me trompe pas... une litière vient d'entrer par l'autre grille, celle qu'on allait fermer... Les personnes qu'elle renferme ne soupçonnent pas le danger... cours à leur rencontre, Beppo, dépêche, et fais-leur comprendre...

Cette commission n'était pas sans doute du goût de Beppo, car il se replia précipitamment au milieu de la foule encombrant le balcon de la villa.

L'avenue par laquelle la litière débouchait était si longue, que l'équipage y paraissait un point noir. On distinguait à peine un cavalier se tenant à la portière de gauche.

Cependant des pages, armés de couteaux de chasse et d'épieux, parcouraient l'autre extrémité du parc; on entendait des cris, on voyait briller des piques.

La litière avançait, le trot des chevaux devenait plus vif. Giuditta, la première, aperçut le jeune homme qui caracolait près de la voiture. A voir les passes savantes qu'il faisait décrire à son coursier barbe, dont le poitrail était alors blanc d'écume, il devenait évident que la nouvelle d'un péril prochain, imminent, ne pouvait préoccuper le cavalier. Sa plume blanche fendait l'air, son écharpe flottait au vent, sa housse brodée d'or étincelait sur la bande sombre des arbres.

Il était heureux et fier de montrer sans doute son adresse aux personnes qui se trouvaient dans la litière; peut-être était-ce un sourire ou des applaudissements qui l'excitaient...

Tout d'un coup, Giuditta crut entendre un cri aigu, un cri de terreur, assourdi sans doute par le bruit des roues et le piaffement du cheval.

Dans le même instant, un hurlement furieux retentit jusqu'aux profondeurs de la forêt : un tigre haletant, brisé de fatigue et traînant à son cou un reste de chaîne, venait de se dresser devant le cheval barbe, sur les flancs duquel il imprimait déjà la trace de ses ongles d'acier... Mais avant qu'il eût pu même lâcher prise, le son d'une arquebuse avait suivi son rugissement, et l'animal, frappé à l'oreille par une balle sûre, roulait en se débattant dans un ravin qui bordait la route.

Giuditta, morne, égarée, avait suivi des yeux cet épouvantable spectacle ; elle avait tremblé, elle avait frémi, elle venait de reconnaître Charles Gruyn !...

Ce jeune homme, dont elle ignorait le nom, grandissait pour elle de toute la hauteur du sang-froid et du courage ; quand elle le vit descendre de cheval et remettre lui-même son coursier meurtri et fumant aux mains des pages de l'archiduc, elle fut près de s'évanouir...

C'est qu'aussi dans la litière que précédait l'intrépide cavalier, Giuditta venait de reconnaître sa rivale, sa rivale la duchesse de Fornaro !

Mille voix flatteuses s'élevaient déjà autour de Charles ; Rodolfo et Pepe ne purent s'empêcher eux-mêmes de mêler leurs applaudissements à ceux de la foule...

Le comte Pepe descendit, et tendit la main au jeune homme. Rodolfo le salua, les piqueurs, les pages firent cercle autour de lui... Les échos du parc retentirent bientôt des sons d'une fanfare éblouissante...

Pendant ce temps, des femmes s'empressaient près de la duchesse évanouie au fond de sa litière, on lui faisait respirer des sels, on bassinait ses tempes, elle ouvrit enfin les yeux...

La duchesse était seule, Charles lui tenait les mains, un air de fierté douce et modeste l'embellissait. Le comte Pepe enviait la grâce de ce cavalier, Rodolfo était jaloux de son courage...

Pour Giuditta, appuyée à ce balcon, elle y mordait de ses dents serrées par la rage le bouquet du comte...

Les mantelets de la voiture étaient relevés, Giuditta pouvait voir...

Elle vit cette femme et ce jeune homme, et le plomb fondu coulant dans ses veines l'eût moins fait souffrir. Si Charles était beau de tous les agréments de la force et de la jeunesse, la duchesse lui parut belle de cette beauté noble, impérieuse, qu'une courtisane, à force d'art, n'obtient pas. Giuditta se sentit blessée au cœur.

Cependant le ciel venait de se couvrir peu à peu de nuages lourds, le vent changeait, l'horizon semblait s'attendre à un orage... Quelques visiteurs regagnaient leur équipage, l'horloge de la villa florentine sonnait cinq heures... Le comte Pepe parlait de partir, il n'étudiait pas, d'ailleurs, sans une vive inquiétude, chaque mouvement de la cantatrice...

Toute l'attention de Giuditta était concentrée sur la duchesse; elle éprouvait à sa vue d'horribles tortures, l'aiguillon de la jalousie était entré aussi avant dans son cœur que les ongles du tigre dans les chairs du coursier que montait Charles...

Bientôt il ne resta qu'elle avec Rodolfo et Pepe à ce balcon...

Un roulement de la foudre semblait l'avertir de se retirer; l'éclair éblouissait, elle descendit.

Elle se trouva vis-à-vis de la litière; en ce moment, Charles portait à ses lèvres les mains glacées de la duchesse; il les réchauffait sous ses larmes, sous ses baisers...

La voiture qui devait les ramener tous deux à Florence allait s'ébranler; le cocher tenait les rênes...

Par un mouvement machinal, Charles tourna la tête en ce moment et il vit Giuditta.

La flamme qui sortait des yeux de la cantatrice, son front devenu mat et aussi blanc que la cire, la fermeté étrange de sa pose, le frémissement de sa lèvre émue, tout, jusqu'à l'immense nappe de ses cheveux épars au vent, concourait à arrêter sur elle le regard distrait du jeune homme.

I.   8

Un instant, il crut voir l'une de ces sibylles magiques dessinées si largement par le Dominiquin ou Carrache ; ses mains tremblantes retenaient alors à peine le bouquet du comte ; elle allait peut-être le laisser tomber, quand le cocher de la duchesse toucha l'attelage du bout de son fouet.

Eperdue, brisée, ne songeant plus même à la pluie qui mouillait déjà ses épaules, Giuditta se dressa alors sur ses pieds avec un effort désespéré ; puis d'un mouvement nerveux, elle jeta au jeune homme que la voiture emportait le bouquet du comte.

Pepe fit un mouvement, mais la litière était déjà partie à tours de roue...

XV

UN TITRE.

La demeure de la duchesse s'élevait en face du vieux palais de la seigneurie, palais austère, gigantesque, hérissé de créneaux, et surmonté du beffroi hardi qui sonna tant de fois pour Florence l'heure des factions ou des victoires.

Décoré au dehors des vieilles armoiries de sa famille, semé de fresques sur son ample façade, solide, verrouillé à l'égal d'une forteresse, ce palais de la duchesse de Fornaro semblait caractériser la guerre civile ; il rappelait la fin du treizième siècle et les Gibelins.

L'abandon auquel il s'était vu en proie durant de longues années ajoutait à son aspect sévère et triste.

Depuis quelques mois cependant la duchesse l'habitait ; c'était de temps à autre un bruit inaccoutumé de chevaux et de laquais, mais les fenêtres en étaient éclairées rarement, et l'on ne se souvenait pas que la duchesse y eût jamais tenu cercle.

Ce matin-là, — c'était le lendemain de la scène au Pratolino, — les rideaux du salon de la duchesse venaient d'être tirés plus tard que de coutume, les femmes arrosaient les orangers de la cour, ou bien se tenaient, l'aiguille en main, auprès des fontaines, quand une vieille Moresse déposa un billet dans la bouche de marbre figurant un lion sculpté en dehors, près de la grande porte.

Cela fait, l'Éthiopienne gagna du pied et se réfugia sous le portique de la loggia de Lanzi, auprès de la statue de Judith, l'œuvre de Donatello.

Évidemment cette messagère noire attendait, et se résignait à prendre l'heure en patience, car elle s'accroupit sur ses talons à cette place même, ne perdant pas des yeux le palais de la duchesse, et mâchant avec les trois dents qui lui restaient une grenade achetée au Marché-Neuf.

Onze heures venaient de sonner, la duchesse s'assit près d'un petit cabinet d'Allemagne, aux portes incrustées de nacre et d'écaille. Il y avait dans ce bureau tout ce qu'il fallait pour écrire. Teresina entr'ouvrit l'un de ses tiroirs.

— Bonne reine! murmura-t-elle; elle seule peut savoir ce que je souffre; elle est ma seule confidente! Mais n'a-t-elle donc pas elle-même assez de chagrins? Richelieu ne vit-il pas, ne continue-t-il pas à l'abreuver d'amertume? Usé, languissant, ne règne-t-il pas encore, roi cruel, absolu, sous un fantôme de roi? Ah! malheur sur lui! car je lui dois ma misère; malheur sur lui! car il m'a privée du seul espoir que contînt mon cœur! Il n'y a pas huit jours, je visitais le Bargello, cette vieille et morne prison où furent enfermés Boscoli et Machiavel. C'est là sans doute aussi que ce que j'aimais est mort, mort sans un pardon, sans une tombe!... mort en me maudissant... qui sait?

La duchesse se cacha le visage de ses deux mains. Des larmes abondantes s'échappaient de ses beaux cils et roulaient sur ses joues comme autant de perles défilées... Elle voulut écrire, mais elle ne le put, vingt fois sa main tremblante prit la plume, sa douleur l'interrompait. De temps à autre elle jetait les yeux sur un large crucifix, magnifique ouvrage de sculpture florentine, placé au-dessus de son prie-Dieu, puis elle les reportait sur un petit cadre repré-

sentant une villa modeste, enfouie sous des masses de chè-
vrefeuilles et de lauriers-roses.

— Mon pauvre jardin de Parme ! murmurait-elle avec
une voix entremêlée de soupirs, à qui es-tu maintenant ?
A cette heure, peut-être, l'herbe et les ronces croissent
seules à la place de tes mûriers ; ton humble maison n'est
plus que décombres, tout est effacé de ton sol, tout, jusqu'à la place où ils m'ont arrêtée, enlevée inhumainement.
Quand je te quittais, verdoyant enclos, ce n'était que pour
aller à la Steccata, la seule église où je pusse, sans être
vue, causer de ma douleur et de mes craintes avec les anges ! Asile du remords et de la prière, que de fois tes marbres ont reçu mes larmes, que de fois ai-je invoqué Dieu
dans ton sein pour celui que j'ai perdu ! Mais il devait mourir à la seule vue de ma lâcheté, cet ardent et noble courage. A défaut de la prison et de la torture, mon abandon
devait le tuer. Et pourtant, Seigneur, vous savez si je fus
alors coupable. Tout concourait à me faire croire à sa perte,
on plaça ma main dans celle du duc de Fornaro ; ma main,
—non mon cœur ! Et vous-même, alors, ô mon Dieu, vous
vîntes à mon aide, vous me délivrâtes bientôt d'un joug
cruel et pesant. Par vous, je suis libre, je n'appartiens plus
qu'à moi...

Mais ce jeune homme, ce Charles ? dois-je donc être ingrate envers ce libérateur imprévu ?... Ah! trop de malheurs ont plané sur moi, mon étoile n'est pas la sienne.
Qu'il soit heureux, il est jeune, il est courageux... moi, je
dois veiller à son bonheur, je dois écarter de lui les alar-
mes et les angoisses... Mais il tarde bien à venir ce matin.
Et cependant, ajouta la duchesse en soulevant une portière
de l'appartement, j'entends des pas dans sa chambre, il ouvre la fenêtre qui donne sur la place du Vieux-Palais... il
est là... Je ne dois point oublier que je lui dois ce bouquet... aussi, l'ai-je placé dans mon plus beau vase de
jaspe... Quelle intrépidité n'a-t-il pas montrée hier !... Le
voici, il entre... D'où vient donc qu'à son approche mon

cœur est calme ?... Autrefois je tremblais lorsque Pompeo devait venir... Ah! je le disais bien, c'est que tout est mort en moi.

En proie à ces réflexions poignantes, la duchesse s'était assise. La fenêtre du salon demeurait ouverte. Charles l'y trouva penchée. Quand il entra, elle regardait alors sur la place du Palais-Vieux, où se tenait toujours la Moresse. Au bruit des pas de Charles, la duchesse se retourna.

Il était pâle, il tenait en main un papier. Un cercle bleuâtre, étendu sous ses yeux, accusait chez lui le manque de sommeil et la fatigue.

Après avoir salué la duchesse, il prit un siége et lui présenta le billet qu'il avait froissé entre ses doigts. Elle le lut, sourit, et le rendit tranquillement au jeune homme.

La sérénité de la duchesse produisit sur Charles un effet contraire à celui qu'elle attendait; il se leva brusquement.

— Ainsi, madame, lui dit-il, vous ne voyez rien qui m'empêche d'accepter ce rendez-vous?

— Rien, répondit la duchesse.

— Et vous trouvez convenable à moi d'y répondre sur-le-champ?

— Convenable; vous êtes libre.

— Cette Giuditta vous paraît digne de mon hommage?

— On la dit belle; pour moi, je ne l'ai point vue.

— Savez-vous bien, madame, poursuivit Charles sur le même ton de dépit, que je vous croyais moins indifférente à ce qui me touche, et que vous me feriez haïr à la mort cette femme qui m'écrit?

— Pourquoi la haïr? demanda tranquillement la duchesse. Ne vous a-t-elle pas déjà rencontré à Florence? n'a-t-elle pas entendu vanter votre grâce, votre mérite? Vous êtes noble, généreux. Hier encore, continua la duchesse d'un ton de voix véritablement pénétré, vous avez fait, Charles, une action que vous envieront les plus braves. Pourquoi ne pas vouloir que cette femme, instruite de votre brillant exploit, cherche à vous voir, à vous apprécier de plus près?

8.

Après tout, ce n'est pas chez elle que vous allez; c'est à la
fête prochaine de l'archiduc, une fête splendide, à ce qu'on
s'accorde à dire déjà; des musiciens d'Italie, des comédiens
venus de France, un éclat, un luxe... Je vous en conjure,
mon ami, ce sera moi qui disposerai tous vos rubans ce
soir-là. Parlez, que voulez-vous? mes diamants sont les vôtres. Quand Giuditta vous verra si beau et si paré, elle n'aura
d'yeux que pour vous. Mais vous semblez ne pas m'écouter;
vous regardez le bouquet placé dans ce vase; c'est votre
bouquet, mon ami. Mais, continua-t-elle, c'est le vôtre; ne
me vient-il pas de vous?

— Ce bouquet, reprit Charles avec une exaltation d'impatience, ce bouquet, madame, c'est un mensonge! Quand
votre voiture vous emportait, cette femme, cette Giuditta
me l'a jeté... Elle était là, je l'ai vue...

— Elle a eu raison, répondit la duchesse. D'abord, ces
fleurs sont très-belles... Et puis ce n'est pas moi qui eus
alors arrêté son bras...

— Pas plus que vous n'arrêtez le mien, madame, s'écria
Charles avec impétuosité en jetant par la fenêtre le bouquet
de la cantatrice... Voilà ma réponse à ta maîtresse, ajouta-
t-il en se penchant vers la Moresse qui ramassait sur le
pavé les fleurs éparses et déliées de leur fil...

La lèvre de Charles frémissait encore, son cœur se brisait,
il referma la fenêtre avec violence.

— Enfant! dit la duchesse en cherchant cette fois à le
calmer, mais en lui dissimulant l'émotion profonde qu'elle
ressentait, enfant! qu'avez-vous fait pour vous attirer ainsi
à tout jamais peut-être la colère de cette Giuditta! Moi qui
vous aime, je désirerais tant vous voir heureux!

— Vous m'aimez! répondit Charles avec un amer sourire,
vous m'aimez, et vous souffrez qu'une autre... Oh! non,
non, mille fois, poursuivit-il avec des sanglots, vous ne
m'aimez pas, vous ne m'aimerez jamais!

La duchesse pâlit; elle était touchée de la douleur du
jeune homme. Quelque temps il s'était tu, il avait renfermé

sous la triple clef de son cœur le secret de sa blessure. Arrivé dans Florence, il y avait d'abord recherché l'ombre des cloîtres, le silence de la solitude; puis tout d'un coup, et comme pour s'étourdir, il s'était jeté dans une vie active et bruyante. La chasse, les chevaux, les courses lointaines fatiguaient son corps sans parvenir à éteindre en lui les voix ardentes de son âme. Comme ce moine espagnol, il se fût condamné à tirer de l'eau vingt fois par jour du puits d'un cloître, sous un soleil âpre et dur, qu'il eût trouvé encore, en rentrant, sur la porte de sa cellule, un nom gravé, le nom de celle qu'il aimait; Charles avait en lui un amour profond et triste. Attaché à la duchesse par un lien sombre et providentiel, il l'envisageait par moments comme une victime; d'autres fois, il se révoltait contre l'indifférence de cette femme.

— Je croyais, reprit-il, qu'en vous sacrifiant une invitation aussi légère, je ne vous eusse point déplu; la colère de cette Giuditta m'importe peu. Ce qu'il m'importe de connaître, madame, c'est si ma présence n'entrave point vos desseins, et si je gêne en rien votre liberté. « Aimez cette femme, » m'avez-vous dit. Ah! duchesse, un pareil mot devait-il sortir de votre bouche? Vous m'avez fait une vie facile, brillante, somptueuse; mais, hélas! la vôtre est triste; vous souffrez, vous pleurez... ces larmes retombent sur moi. Parlez, suis-je ici un obstacle à votre bonheur? auriez-vous reçu l'aveu de quelqu'un et n'oseriez-vous m'avouer que l'on vous aime? Oh! quel que soit cet homme, son cœur ne peut battre d'un amour plus vif et plus dévoué que le mien; quels que soient ses titres, continua Charles avec orgueil, peut-il dire qu'il vous a sauvée, non-seulement comme moi, mais qu'il a quitté pour vous son pays et sa famille? Mais ne pouvez-vous donc aimer, Teresina, vous qui me proposez ici l'amour d'une autre; vous est-il interdit d'avoir un peu de pitié, vous qui me voyez à vos genoux!

L'expression des traits de Charles avait cette fois frappé

la duchesse... Sans vouloir sonder le jeune homme sur ses sentiments secrets, elle était convaincue que nulle autre femme ne tenait de place dans sa pensée; elle le regarda dans un douloureux enchantement.

— Sans doute, vous m'aimez, reprit-elle d'une voix douce, vous m'aimez, moi qui ne puis, qui ne dois aimer personne! Mais c'est parce que je connais le péril, que je dois vous en avertir, enfant, c'est parce que votre repos et votre bonheur me sont chers, que je dois vous dire : Fuyez-moi!

Avez-vous donc oublié dans quel abîme une vengeance secrète m'avait plongée, à quelles délations, à quels piéges je serai toujours en butte? Croyez-moi, Charles, vous qui êtes trop jeune pour avoir des ennemis, de grâce, laissez-moi les miens! Que deviendriez-vous, si leur perfidie nous découvrait? Vous m'avez sauvée, c'en est assez pour vous perdre. Plus d'une fois, je le sais, vous m'avez demandé le secret de ma vie, vous vouliez savoir pourquoi tant de haine et de malheur s'attachait à moi, pauvre femme; quel démon fatal s'attachait incessamment à mes pas; contentez-vous de savoir que rien, pas même l'exil, ne désarme, hélas! la haine. Vous réclamez une moitié dans mes chagrins, mon ami; laissez-moi devenir la confidente heureuse de votre avenir et de vos joies. Notre existence doit avoir deux parts égales; à vous l'espoir et les rêves dorés, à moi la tristesse et le deuil des souvenirs : Vous associer à ma destinée! mais autant vaudrait pour vous partager le pain dur et la misère du proscrit; je suis votre sœur, mais je dois sauver mon frère.

— Vous avez raison, madame, vous avez raison, je dois vous fuir, répondit Charles avec amertume. A quoi bon mourir devant vous d'une mort affreuse et lente? à quoi bon nourrir des illusions sans but? Que suis-je en effet pour vous? Un malheureux jeune homme jeté par le hasard sur le chemin de votre fortune, je suis écrasé sous le poids de vos bienfaits. Vous m'avez pris par la main et m'avez traité dans ce palais en reine généreuse, vous m'avez reçu comme un frère, cela est vrai. Maintenant, votre œuvre est accomplie ; je pars, madame, car vous n'avez plus besoin de moi. Je n'aurai pu même obtenir votre confiance, le chagrin aigrit les âmes, et je n'ai plus, je le vois, accès dans la vôtre. Oui, je dois partir ; aussi bien, je me sens ici mal à l'aise avec cette noblesse hautaine et moqueuse qui nous entoure. Tôt ou tard, je le devine, elle me demandera compte de ce qu'elle nomme mon bonheur, bonheur étrange, digne en tout d'être envié, poursuivit Charles avec un sourire d'ironie, puisque celle que j'aime a juré de me punir d'avoir osé lever les yeux jusqu'à elle.

Le regard ému de la duchesse accusa Charles ; il ne la vit pas sans une singulière anxiété ouvrir vivement son secrétaire et en tirer un paquet scellé...

— Partir ! avez-vous dit, Charles. Oh ! vous ne partirez pas. Et pourquoi vous exiler ? pourquoi fuir ? Vous redoutez, dites-vous, le dédain de ces gentilshommes ; n'êtes-vous donc pas noble par le sang, aussi bien que par le cœur ? Il est temps, d'ailleurs, qu'à cet égard vos craintes disparaissent. Je devais songer à celui qui m'a sauvée... je l'ai fait.

— Que voulez-vous dire, madame ?

— Que, malgré votre naissance et vos manières, vous n'auriez pas peut-être été jugé assez noble par ces mêmes hommes pour donner le bras à la duchesse de Fornaro ; rassurez-vous, Charles ; vous pouvez lui donner le bras.

— Quoi ! madame...

— Ces papiers me viennent de Rome. J'y avais écrit au cardinal Chiggi, mon parent ; il vous fait comte. De ce jour, vous avez le titre et la terre de San-Pietro.

— Est-ce un rêve ? murmura Charles en s'agenouillant devant la duchesse.

— Lisez vous-même cet acte, et accusez-moi encore d'être oublieuse, voyons !

Charles parcourut le papier ; l'ivresse de l'orgueil combattait déjà celle de l'amour... Lui qui n'avait pas de nom la veille, il avait un titre, un nom.

— Madame, reprit-il, vous m'avez sauvé, je vous dois une vie nouvelle.

— Dites donc au moins que vous ne partirez plus, monsieur ? demanda la duchesse, heureuse du bonheur de Charles...

— Ah ! madame...

— On a bien du mal à vous faire faire ce qu'on veut.

— Qui donc m'aurait regretté ?

— Moi, d'abord, puis cette Giuditta. A propos, monsieur le comte, voilà des plumes, de l'encre, tout ce qu'il faut pour écrire... Mettez-vous ici, écrivez...

— Quoi ! vous voudriez...

— Il vous faut prévenir Giuditta que vous irez à la fête de l'archiduc... Elle y sera, elle vous y verra ; je veux qu'elle vous y voie. Giuditta, dit-on, tient cercle dans cette ville ; pour votre début, il ne faut pas vous brouiller avec les puissances, reprit la duchesse avec enjouement. Songez d'ailleurs que le seul renvoi de son bouquet...

— J'obéis, duchesse, non pour Giuditta, mais pour vous.

— Et moi, Charles, je vous promets d'obéir aussi à l'invitation de l'archiduc. J'irai à cette fête, on m'y verra avec vous. Dans six jours, je présenterai à l'archiduc lui-même le comte de San-Pietro.

XVI

CHEZ L'ARCHIDUC.

La fête de l'archiduc avait lieu dans le Palazzo-Vecchio lui-même, ce palais de fer et de créneaux, métamorphosé alors en salle de bal, comme un vieux ligueur du temps de Henri III transformé en brillant muguet.

Sur la porte même, deux bras de bois, armés de torches colossales, éclairaient l'écusson d'or aux tourteaux de gueules, armes des Médicis entaillées dans la muraille.

Le jeune homme traversa d'abord la salle de l'audience

sans s'arrêter aux brillants ouvrages en marqueterie de Benoît de Maiano; il passa rapidement devant les peintures de François Salviati; puis il prit haleine devant une série de portraits dont presque tous représentaient les Médicis dans la grande galerie.

— Des marchands de blé devenus ducs et rois de leur ville, pensa-t-il; des maîtres abhorrés ou bénis tour à tour, trop heureux d'avoir rencontré un Michel-Ange! En voyant ce palais et ces toiles dédaigneuses, je songe au banc de pierre que l'on m'a montré l'autre jour dans une rue de Florence, et sur lequel Dante venait s'asseoir; c'est là que, vis-à-vis des factions, il rêvait *l'Enfer!* Et moi, comment me trouvé-je tout à coup en cette fête brillante? Suis-je seulement un ami de Pétrarque ou un admirateur de Machiavel? Quelle pensée généreuse fait battre mon sein dans ce volcan nommé l'Italie? Quelle idée me pousse au sein de ces gentilshommes désœuvrés et corrompus? Cette noblesse hait la nôtre; elle est taillée d'un seul bloc; elle se complaît dans les sonnets et l'encens! Noblesse solide, austère et grande comme ses palais; patriciens mornes et superbes. Mais que diraient-ils, ces fiers Toscans, de me voir entrer ici, moi, murmura le jeune homme, le comte de San-Pietro! moi, le fils du cabaretier Gruyn!

Un coup d'œil de satisfaction jeté sur ses habits rendit à Charles l'assurance que l'aspect imposant du Vieux-Palais allait peut-être lui faire perdre. Sous la profusion de ses rubans et de ses dentelles, on n'eût guère alors soupçonné le fils du maître de la *Pomme de pin.*

Le Tintoret lui-même, ce peintre sévère et hautain de la vieille Florence, eût été frappé de l'air d'aisance du jeune homme; il ressemblait alors à l'un de ces charmants cavaliers à l'air de tête noble et doux qu'il a représentés tant de fois accoudés contre le marbre d'une colonne.

Ce fut dans cette attitude rêveuse qu'un groupe de gentilshommes le surprit. Au milieu de ce groupe, comme une reine au sein de sa cour, Giuditta agitait son éventail...

La cantatrice écoutait à peine le bourdonnement de ses flatteurs, bourdonnement pareil à celui d'une ruche d'abeilles ; elle entrait dans ce bal où, peu d'instants avant elle, la duchesse venait d'entrer appuyée au bras de Charles Gruyn.

Engagée alors dans une conversation sérieuse avec l'archiduc, Teresina écoutait ses paroles ; elle aussi elle avait recueilli sa part de félicitations et de sourires...

Comme une belle fleur longtemps captive s'épanouit aux tièdes lueurs d'un soleil de mai, la duchesse, isolée depuis un grand nombre d'années de ces fêtes, y reprenait déjà l'empire absolu de la beauté et de la puissance. Elle y rayonnait encore moins par ses pierreries que par sa grâce, réalisant tour à tour une noble déesse sortie de son bois de lauriers et de cyprès, ou l'une de ces femmes sculptées par le ciseau grandiose de Michel-Ange. En la contemplant, il devenait impossible de n'être pas saisi à la fois de respect et d'admiration comme devant l'un de ces visages où l'expression de la dignité s'allie à un charme irrésistible. La lumière et la vie semblaient s'étendre autour d'elle, son sourire seul protégeait, et les magiques effluves de ce sourire enchanté plongeaient le cœur des plus fiers dans un silencieux ravissement.

Giuditta l'avait vue, et Giuditta était alors doublement jalouse.

Non-seulement elle reprochait à la duchesse d'avoir enchaîné ce merveilleux inconnu à son char de reine, mais son entretien avec l'archiduc l'inquiétait.

L'archiduc avait laissé percer de tout temps dans ses discours une prédilection marquée pour la belle duchesse de Fornaro, et Giuditta appartenait à la maison de l'archiduc : elle était sa cantatrice. Giuditta avait aussi sur le cœur le renvoi de son bouquet. Appuyée nonchalamment au bras du comte Pepe de Sirvuela, elle s'arrêta droit devant Charles, et le toisa avec cette impertinence de courtisane que beaucoup de gens ont de tout temps nommé de l'aisance.

Charles soutint ce regard d'un air calme et froid, tout en
se reprochant d'avoir suivi le conseil de la duchesse, et vi-
siblement confus d'avoir écrit à une femme qui semblait le
dédaigner.

Pour la première fois, peut-être, il comprit le danger
qu'il y aurait eu pour lui d'irriter cette sirène, entourée
alors de tout ce que Florence possédait de plus brillant,
soulevée comme une plume légère par le caprice, mais se
fiant à l'enthousiasme ; il se repentit d'avoir osé blesser sa
vanité. Giuditta, dès lors, l'inquiéta comme un péril ; elle
refroidit la hardiesse de son entrée. En cherchant la duchesse, son point d'appui ordinaire, il lui fut facile de voir
que Teresina, tout en écoutant l'archiduc, l'entretenait de
son protégé ; son regard bienveillant lui rendit presque le
courage.

— Après tout, se dit-il, ne suis-je pas son libérateur ?

— Monseigeur, dit en ce moment la duchesse en prenant
Charles par la main et en s'adressant à l'archiduc, monsei-
gneur, permettez que je vous présente le comte de San-
Pietro.

Charles s'inclina ; l'ivresse et l'orgueil gonflaient son
cœur ; il releva le front, et considéra le cercle qui l'entourait.

Sa grâce, sa figure, son air de franchise ne pouvaient
manquer de lui faire des partisans ; étranger à ces hommes,
il ne leur en parut pas moins digne de la faveur et de la
fortune. Mais le monde vous aime et vous écrase, mais l'envie s'attache à ceux qui charment ; le comte de San-Pietro
put entendre, en se retournant, cette phrase prononcée
aussi vite qu'elle se perdit dans la foule :

— Qu'est donc ce jeune homme à la duchesse de Fornaro ?

— Hélas ! murmura Charles en regardant celle qu'il avait
faite l'objet de la plus sérieuse tendresse, hélas ! il n'est que
trop vrai, je ne lui suis rien, rien qu'un embarras, un ennui ! Ah ! je ne le sens que trop, la ruine de mon amour
est consommée, car la duchesse a payé sa dette, elle m'a

donné un titre, elle m'a fait noble, moi qui n'étais hier encore qu'un roturier! Me faudra-t-il donc, mon Dieu, retomber bientôt dans l'engourdissement des souvenirs, imposer silence aux voix de mon âme? Une vie nouvelle commence pour moi, la duchesse m'ouvre les portes d'un monde étincelant; mais cette vie est un combat; je dois vaincre! Oui, continua-t-il, je serais indigne de ses bienfaits si je ne triomphais pas. Assez d'abaissements et de malheurs ont pesé sur moi, je veux conquérir enfin une place qui m'est bien due. En me voyant ainsi, Bellerose le comédien rirait peut-être, mais ici nul ne me connaît, ici je ne dois de compte à qui que ce soit. La paix vient d'être signée; n'importe, tenons-nous ici sur la défensive. Cette épée que m'a donnée la duchesse porte une belle devise, la devise d'un infant de la noble famille de Charles-Quint : *No me saques sin razon, no me envaines sin honor* (1)! Après tout, elle est aussi affilée que celles de ces gentilshommes.

En se parlant ainsi, Charles sentait son cœur embrasé d'un feu nouveau. Fort de son courage, il alla se perdre résolûment dans un groupe de jeunes seigneurs qui le regardèrent tous avec non moins d'étonnement qu'un alcyon tombé d'aventure dans un nid d'aigles. Une longue habitude avait appris aux Italiens d'alors, comme à ceux d'aujourd'hui, à se méfier des nouveaux venus; mais le comte Pèpe se trouvait au milieu de ces cavaliers si fiers; il mit fin bien vite à toutes les incertitudes :

— Salut au vainqueur du Pratolino! dit-il à Charles. C'est bien à vous, seigneur cavalier, de faire trêve à vos triomphes. Il n'y a ici ni tigres ni loups, mais de bons Toscans ravis de recevoir un gentilhomme tel que vous. La duchesse de Fornaro m'a fait part de votre réussite en cour de Rome, monsieur; je vous félicite et vous remercie en même temps de vous être fait Italien en Italie.

_____

(1) Ne me tire pas sans raison, ne me rengaine pas sans honneur.

Le comte Pepe de Sirvuela avait en effet donné dans le piége. Le titre nouveau du jeune homme lui avait semblé une chose toute simple, beaucoup de seigneurs français voyageant alors sous le nom de fiefs achetés à Rome.

— Puisque le cardinal de Richelieu nous donne la paix, me sera-t-il permis, continua le comte Pepe, de vous offrir une guerre pacifique? Le lansquenet est devenu ici, grâce à la France, un jeu à la mode; voulez-vous, en attendant le concert, que nous entamions une partie?

Charles n'avait pas joué depuis la nuit fatale où il avait quitté Bellerose; il avait pris les dés et la table de jeu en horreur; il pensa alors que s'asseoir à ce tapis où le comte Pepe lui montrait un siége ce serait tenter le ciel, et que le sort l'avait jusque-là assez servi.

— Heureux... vous l'êtes sans doute, dit Pepe au comte de San-Pietro, et ce m'est une grande imprudence que de lutter contre votre banque...

— Je suis le partenaire du noble comte de San-Pietro... dit Rodolfo qui survint; j'ai chez moi une Vierge admirable de Raphaël, voulez-vous que j'en fasse ici l'enjeu?

— Moi, dit un banquier florentin, j'ai une Vénus que l'on croit de Praxitèle. Jouer de l'or me répugne. De l'or! on ne voit que cela maintenant sur toutes les tables de jeu!

— Moi, je joue ma cave, dit un marquis en tirant de sa poche une clef d'or ouvragée avec finesse; les vins de Chypre y coudoient ceux d'Espagne et de Hongrie. Le nonce m'a envoyé ces jours-ci une coupe d'or; elle vaut cent mille ducats...

— Ma bourse renferme une assez belle quantité de sequins de Venise, reprit un dernier interlocuteur; il peut se faire que le noble comte ait oublié chez lui de prendre de l'or, le mien est à son service...

Au milieu de cette fournaise d'enjeux, Charles Gruyn éprouvait déjà le tourbillon du vertige; ébloui, haletant, l'œil et la lèvre en feu, il froissait entre ses doigts ses gants formés de perles, il regardait et il écoutait d'un air incertain.

Tout d'un coup il se fit un grand silence. Giuditta chantait, pendant que le maître de chapelle l'accompagnait sur la basse de viole.

Et vraiment c'était merveille que d'entendre chanter ainsi cette admirable créature... Tout ce que l'âme humaine peut contenir d'harmonies, tout ce qu'un maître peut rêver, le chant de Giuditta le réalisait; cependant cette femme n'était qu'un marbre, un instrument, rien de plus. L'engouement romanesque, les applaudissements exaltés que déchaînait cette voix laissaient dans l'âme un vide réel; c'était une course victorieuse que la cantatrice de l'archiduc venait de fournir. Les difficultés dont triomphait sa méthode pouvaient étonner, mais elles laissaient le cœur froid en charmant l'oreille, elles satisfaisaient les difficiles et les curieux. Devant cette femme aussi belle alors qu'une statue, Charles ne put s'empêcher de songer aux airs naïfs que lui disait Mariette; il se reporta sur les ailes du souvenir à cette petite fenêtre ouverte sur la Seine, et sur la pierre de laquelle il s'était assis tant de fois... Tout n'était que parfum et enivrement autour de lui, les séductions l'entouraient; encore un instant, et il allait céder aux paroles mielleuses de ces seigneurs qui semblaient tous avides de son amitié. Giuditta elle-même venait de fendre la foule, elle s'était assise près de la table de jeu qui servait à Charles de point d'appui; elle attendait un éloge, et son attente provoquait le jeune homme... Chancelant encore sous le poids d'émotions si nouvelles pour lui, Charles se leva comme un convive à demi ivre; il entr'ouvrit la fenêtre qui donnait sur la place du Palais-Vieux. Elle était alors déserte; un seul homme enveloppé de son manteau, le feutre à demi rabattu sur le visage, paraissait observer attentivement du dehors les mouvements de la fête... Quel est donc ce curieux? pensa Charles. Il l'examinait encore quand une voix de femme murmura de suaves paroles à son oreille... C'était Giuditta qui le pressait de se rasseoir à la table de jeu... Un noble Florentin avait, à l'entendre, ga-

gné l'avant-veille des sommes fabuleuses, le tout parce
qu'il tenait la banque à côté d'elle; la veille on allait peut-
être saisir son palais, maintenant il pouvait braver l'infortune, il avait réalisé un rêve brillant, il était riche! Jeune
et riche, ce sont là deux grands bonheurs, ajouta Giuditta.
Il est vrai, reprit l'insidieuse conseillère, que la duchesse
de Fornaro est loin d'être pauvre; mais au premier jour
un mari peut se présenter, un homme insinuant peut conquérir cette fortune... Charles se sentit blessé des réflexions
de Giuditta; sa condition, après tout, était sujette au hasard
comme la sienne. Échapper aux bienfaits onéreux de la
duchesse lui semblait depuis longtemps l'effort d'un noble
cœur; non-seulement il rêvait l'indépendance, mais il eût
voulu voir Teresina misérable et délaissée, pour lui créer
un palais comme l'un de ces magiciens fantastiques dont
l'éblouissante baguette sillonne les comtes de fées. Avec
les habits nouveaux qu'il portait, Charles avait senti se glisser dans son cœur d'orgueilleuses et folles pensées. Dominer la foule comme les seigneurs qui l'entouraient, parler
haut, briller à Paris ou à Florence, devenait le rêve de sa
jeune ambition; les mots échangés entre Giuditta et lui
l'affermissaient dans cette subite résolution de tenter fortune. Chacun de ces nobles s'était empressé de le choisir
pour banquier; l'or et l'argent couvraient déjà les tapis...
Le flot des joueurs l'enlaçait et le pressait.

Par un élan spontané, Charles Gruyn chercha des yeux
la duchesse...

Il ne la vit point, soit que le tumulte du bal la lui cachât,
soit que le voile qui commençait déjà à s'épaissir sur ses
yeux confondît pour lui ces silhouettes légères de la fête.

Cependant les joueurs formaient cercle autour du jeune
homme, les uns légers, d'autres graves; les uns pareils à
ces beaux cavaliers à rubans dont les peintres hollandais
n'ont jamais manqué d'entourer l'Enfant prodigue; les autres, spectres vivants, que Buonarroti eût placé dans son
enfer...

Les deux camps étaient formés, seulement celui de Charles avait vu bien vite s'élever autour de lui une muraille d'or et d'enjeux... Il eût fallu vraiment se nommer Pitti ou Médicis, être juif ou grand-duc, pour tenir contre cette banque formidable, improvisée tout d'un coup autour du jeune comte de San-Pietro.

La vue de cet or ainsi éparpillé donnait le vertige ; un instant Charles eut peur que l'archiduc ne vînt à passer et ne le vît, ainsi que la duchesse, tenant les rênes du jeu d'une main tremblante, inhabile... Le marquis de Rovedere venait d'offrir au jeune homme d'être son trésorier tout le temps du jeu ; le comte de Fersen, riche Hongrois, dirigeait le camp opposé à celui de Charles...

— Le jeu n'est point fait, objecta le marquis de Rovedere ; qui donc ici fait le jeu?

Un silence profond avait succédé à cet appel du marquis, il fut bientôt suivi d'un brouhaha dans la foule des joueurs.

— Fait-on notre jeu? demanda de nouveau le partenaire de Charles avec lenteur. Allons, parlez, messieurs ; qui d'entre vous se présente?

— Moi! s'écria tout d'un coup un personnage qui mit une bourse sur le tapis et prit la place du comte de Fersen...

XVII

LE DÉFI.

Ce nouveau venu était un joueur de fort grande mine ; il s'annonçait à la fois par un ton décidé, un visage hautain et des manières brillantes; le comte de Fersen le connaissait, et ne fit aucune difficulté de lui céder sa place.

— Leo Salviati! s'écrièrent-ils tous; Leo à Florence! Leo de retour, quand nous le croyions en France ou en Hongrie!... Vivat! cher Leo, tu nous manquais!

Le comte Leo Salviati remercia bien vite ses amis de

leur bon souvenir, tout en ayant peine à se défaire de leurs accolades. Il revenait de Rome, à ce qu'il leur apprit en peu de mots, il y avait passé tout un grand mois chez le cardinal Bibiena, son oncle.

— L'excellent oncle ! ajouta Leo, il s'est occupé de mes affaires avec autant de zèle qu'un intendant. Pourquoi me croyez-vous de retour à Florence, mes délicieux amis ? Pour convoquer le ban et l'arrière-ban de mes créanciers, allez-vous dire, pour devenir aussi sage que le comte Pepe, mon honorable cousin que voici. Ah bien oui ! je suis, je serai, Dieu aidant, encore plus sage que lui, je viens pour me marier, et j'épouse d'ici à huit jours... Mais jouons d'abord, je vous présenterai ensuite ma femme...

Peste ! continua Leo en examinant les enjeux, vous jouez ferme ! N'importe, il ne sera pas dit que le comte Leo ait jamais refusé un duel ou une partie. Contre qui ai-je l'honneur de tenir ? ajouta le comte en jetant sur Charles un regard où perçait déjà l'ironie.

— Contre le jeune comte de San-Pietro, reprit le marquis de Rovedere, en ne remarquant pas sans un mélange d'étonnement et d'inquiétude le coup d'œil dédaigneux que Leo Salviati venait de laisser tomber sur Charles...

Le comte Leo passait en effet pour le plus imprudent des joueurs, et à la fois pour le plus dangereux des raffinés. L'année précédente, il avait tué le comte Fosco, parce que son lévrier avait osé approcher le sien ; une autre fois, il avait cherché querelle à un Français, à l'occasion d'une fresque de Bernard Gaddi, et l'avait laissé pour mort au pied de la statue de Pétrarque. Jeune, galant, hardi, mais déjà blasé par le plaisir et le faste, il avait l'insolence que donne l'adresse, son visage seul inspirait la crainte au plus résolu.

Peut-être aussi faut-il croire qu'en apercevant Charles pour la première fois, et surtout en l'entendant nommer, le comte retrouvait ce nom écrit dans ses souvenirs, car il se tourna en ce moment même vers Giuditta avant de commencer la partie :

— Vous avez reçu ma lettre? lui demanda à voix basse la cantatrice. Le jeune homme qui est devant vous, c'est lui.

En même temps elle passa du côté de Charles, et se penchant à son oreille :

— Savez-vous, lui dit-elle, qui le comte vient épouser ? La duchesse Teresina de Fornaro.

A ces paroles, les mains de Charles, posées déjà sur les cartes, furent agitées d'un frissonnement convulsif; le marquis de Rovedere, l'attribuant à la peur que Leo Salviati lui causait peut-être, lui dit :

— Remettez-vous, monsieur, le comte Salviati ne vous tuera pas.

Le marquis de Rovedere haïssait les Salviati. Depuis quelques secondes, il surveillait avec inquiétude tous ses mouvements; c'était alors Leo qui taillait, et, de temps à autre, de larges éclairs semblaient sortir de sa prunelle fauve. La contenance mal assurée de Charles lui avait d'abord paru à ce jeu un indice certain de sa frayeur. Mais peu à peu sa contenance changea. Leo sentit à son tour la flamme acérée de ce regard; il comprit qu'il rencontrait un adversaire. Cette témérité enflamma le sang du comte Leo Salviati. Ce n'était pas à un simple rival de lansquenet, c'était à un amoureux que Leo Salviati s'attaquait.

Alors commença entre les deux joueurs un combat sinistre, effrayant. Le silence que la galerie observait donnait à cette scène un caractère profond de terreur ; nulle parole, nul geste ne trahissait les acteurs de ce duel. Se fiant à la chance, le comte Leo engageait d'énormes sommes; il perdit, et perdit jusqu'à six fois. Le camp de Charles triomphait, mais nul autre n'osait manifester sa joie devant un si rude spadassin que le comte Leo, à qui la fortune faisait défaut pour la première fois. Un instant Charles Gruyn pensa lui-même à se lever et à quitter la partie, tant la vue de cet or amoncelé devant lui ébranlait son cœur et son cerveau, tant l'intrépidité inouïe de ce joueur l'épouvantait. Un coup d'œil du marquis de Rovedere le soutint, de nouveaux enjeux déroulaient autour de lui leur sillage d'or ; chaque poitrine était gonflée, chaque œil avide, chaque main fébrile. La partie continua.

La sueur mouillait le front de Leo, ses meilleurs amis perdaient courage ; lui, cependant, demeurait impassible, et il se contenta de dire à Charles :

— Quitte ou double !

Il laissa tomber ces paroles plutôt qu'il ne les prononça devant le cercle ; son œil était vitré et se colorait par moments de teintes sanglantes.

Charles Gruyn accepta.

Deux pyramides d'or, qui devaient bientôt s'épancher comme deux fleuves, marquaient la limite des deux armées. Giuditta s'était rangée du côté de la fortune, elle-même semblait encourager le jeune homme, confondue comme elle se trouvait alors dans le groupe des joueurs. Giuditta craignait Leo, mais elle se souvenait alors encore plus de ses trahisons et de ses insultes. C'était bien elle qui lui avait écrit à Rome pour le prévenir des assiduités du jeune homme près de la duchesse, la perfidie étant son recours habituel, et le comte Leo ayant eu l'imprudence de manifester dans cette lettre au comte Pepe son amour pour la duchesse de Fornaro.

Un cri violent, ou plutôt une tempête de voix se perdant en un seul cri, vint lui apprendre que la banque avait sauté.

La perte du comte Leo Salviati était telle, que toute la fortune du cardinal Bibiena, son oncle, l'eût à peine comblée, et cependant il était cité comme un des princes les plus opulents de Rome.

Tous ceux qui partageaient la chance de Leo Salviati l'entourèrent, et ce fut bientôt autour de lui un concert de plaintes et de récriminations haineuses.

— Se laisser ainsi dépouiller par un homme que nous ne connaissons même pas !

— Le comte de San-Pietro ! quelque noble de contre-

9.

bande! On sait maintenant comment les juifs se font
inscrire eux-mêmes sur le livre d'or.

— Heureusement que ton mariage est prochain, il re-
mettra de l'ordre en tes affaires.

A toutes ces phrases banales, Leo ne répondait que par
un morne silence.

—Mon cousin, lui dit Pepe, fais-nous connaître au moins
celle que tu épouses; voyons, est-ce avec moi que tu veux
faire le mystérieux? Est-elle ici?

Cette question nettement posée rendit au comte son assurance sardonique; il indiqua du doigt à son cousin un
groupe de dames, au milieu desquelles Teresina Fornaro
était assise, et tirant de son sein une lettre cachetée :

— Cette missive, reprit-il, est du cardinal Bibiena, il me
l'a remise ouverte et je sais ce qu'elle contient. Regarde
d'ici, Pepe, l'effet que ces lignes vont produire sur la duchesse.

Leo s'était avancé en même temps vers Teresina. Il la
salua avec toute l'aisance d'un cavalier célèbre à Florence
pour le nombre infini de ses bonnes fortunes, et se tenant
debout devant elle, bien que la duchesse lui eût fait signe
de s'asseoir.

— J'attendrai, madame, que vous ayez lu la dépêche du
cardinal.

La duchesse parcourut la lettre rapidement, et en même
temps un nuage obscurcit sa vue. Cette épître du cardinal
Bibiena la prévenait de certains murmures que la nomination
de son secrétaire au titre de comte de San-Pietro venait de
causer chez le gouverneur et dans la chancellerie romaine.
Ce Français appuyé par elle n'était peut-être qu'un espion.
Le cardinal Chiggi se repentait lui-même d'avoir été trop
facile, et il conjurait sa nièce de lui donner de nouveaux
détails sur l'homme qu'elle protégeait.

Evidemment, cette lettre n'avait été écrite qu'à la sollicitation du comte Leo par le cardinal Bibiena. Aussi était-ce
l'arme que se réservait sa vengeance.

— Qu'ordonnez-vous maintenant, madame ? demanda le comte Leo. Dans six jours, il faut que je reparte pour Rome, et j'ai promis de rapporter moi-même votre réponse... Disposez de moi, parlez. Il y a à cette lettre un paragraphe dont ma modestie doit se défendre, celui où mon oncle le cardinal Bibiena me dépeint à vous sous des couleurs trop flatteuses... Si cependant votre cœur est libre... si le choix d'un époux...

— Arrêtez, monsieur, reprit avec fierté la duchesse ; mon époux ne sera jamais un meurtrier ; avez-vous donc oublié le meurtre du comte Fosco ?

— Si le comte Fosco vous tenait au cœur, répliqua Leo Salviati avec aigreur, je l'eusse ménagé, madame la duchesse ; mais dans tout Florence on ne parle que de votre insensibilité. Nous savons maintenant le secret de cette vertu farouche ; vos serviteurs deviendraient-ils donc nos maîtres, et ce parvenu auquel vous jetez un titre...

— Assez, assez, monsieur, interrompit derrière Leo une voix brève et stridente. Comte Salviati, vous êtes un lâche !...

Ces paroles, articulées d'un ton ferme, avaient fait retourner Salviati comme un lion ; il posa la main sur la garde de son épée... Il se tenait debout, pendant que la duchesse, évanouie, était entourée d'un cercle de dames...

— Est-ce un gentilhomme ou un laquais qui défend ici la duchesse ? demanda-t-il.

— C'est un misérable qui vient d'insulter une femme, répondit Charles.

— Contentez-vous, jeune homme, de m'avoir gagné ce soir, murmura Salviati. Ne me forcez pas à lire tout haut la lettre du cardinal Bibiena... En parlant ainsi, le comte cherchait à reprendre la lettre des mains de la duchesse.

Mais avant qu'il eût pu s'en ressaisir, Teresina, par un geste aussi rapide que l'éclair, l'avait brûlée à l'une des bougies d'un candélabre.

— Comte de San-Pietro, reprit Leo avec un rire étouffé, seriez-vous d'aventure aussi fort aux armes qu'au jeu ?

— Loyal à tous deux, et devant tous deux me confiant à
mon étoile, monsieur le comte.

— Votre étoile pourra pâlir, ajouta Léo. Mais descendons
tous deux, on nous observe.

Il était temps en effet que Charles et le comte se déro-
bassent par un prompt départ aux espions de l'archiduc
mêlés à la foule. Les duels étaient alors sévèrement défen-
dus et poursuivis.

— Ainsi, marquis de Rovedere, vous consentez à être le
témoin de monsieur? demanda Leo Salviati en indiquant
Charles au marquis.

Le marquis de Rovedere répondit par un signe d'assen-
timent.

— Témoin et second? dirent Pepe et Rodolfo, les amis
du comte.

— Oui, dit le marquis de Rovedere. Je trouverai bien
quelqu'un qui m'assistera.

— A merveille, dit Leo. Et le lieu du rendez-vous?

— A la porte San-Gallo; demain, à six heures.

— A six heures, répéta Leo Salviati.

Et se séparant du marquis et de Charles sous le large
vestibule, Leo rejoignit son cousin Pepe et Rodolfo.

En ce moment, le roulement d'une voiture sur les dalles
en mosaïque de la cour fit tressaillir Charles... Deux pages
du palais y transportaient la duchesse défaillante. Quittant
la main du marquis de Rovedere, Charles se précipita dans
le carrosse auprès d'elle.

XVIII

UN TÉMOIN.

La pâleur de Teresina était mortelle; lorsque sa duègne
ralluma les bougies de l'appartement, le visage de la duchesse effraya Charles.

L'audace de Leo Salviati l'avait glacée; elle connaissait

depuis longtemps la méchanceté de cet homme ; sa présence à cette fête ne pouvait lui présager qu'un malheur. L'éclat de l'insulte avait attiré bien vite les regards sur elle ; on l'avait vue trembler et pâlir ; puis, quand ses forces avaient défailli, elle avait pu recueillir sur son passage des rires insultants et dédaigneux. En apercevant Charles à ses genoux, Charles éploré, tremblant, elle crut sortir d'un rêve.

— Vous ici ! demanda-t-elle ; il ne vous a donc pas tué ! il a eu peur !

Et comme il gardait le silence :

— Oh ! je le vois, dit-elle, vous vous battez ce matin. Le comte Leo Salviati n'est point homme à pâlir devant l'épée d'un enfant ; et qui êtes-vous, Charles, sinon un novice courageux, plus accoutumé aux jeux de la force qu'à ceux de l'adresse, plus jaloux de combattre un tigre qui brise sa chaîne que de lutter avec ce duelliste acharné ?

La duchesse, en prononçant ces paroles, regardait Charles avec une douloureuse compassion.

— Si jeune ! murmura-t-elle, si jeune et déjà mourir ! Car votre courage ne peut vous sauver ; cet homme est sûr de lui, il sait où s'arrêtera la pointe de son glaive. Folle que je suis d'avoir été moi-même au-devant de vos idées d'ambition ! folle que je suis d'avoir remis le pied dans ce monde dont la douleur m'avait séparée jusqu'alors comme une barrière ! Du moins s'il vivait encore, lui dont le courage et le bras étaient si sûrs, il vous eût protégé, couvert de son corps ; il eût tué le comte, ajouta la duchesse dans l'égarement de ses pensées et de sa stupeur.

— De qui donc voulez-vous parler, madame ? demanda Charles ; de votre mari, peut-être?

— De mon mari... poursuivit-elle en se voyant ramenée par Charles à elle-même ; d'un homme que vous n'avez pu connaître, mais qui, lui du moins, fut loyal et bon... Ce Salviati n'est qu'un lâche ! Oser me soupçonner, moi, la duchesse de Fornaro, d'être votre maîtresse ! Ah ! c'est une

injure qui veut du sang ! Mais si le vôtre allait être versé,
cher enfant ; si, pour me venger, vous deviez succomber
dans cette rencontre ! Ah ! je le sens là aux battements de
ce cœur, le remords, le remords seul deviendrait le compagnon, le tyran de mon existence ! Après tout, n'ai-je pas
encore des parents à Ferrare, et faut-il que ce soit vous...

— Ce sera moi, madame, interrompit Charles avec fermeté, moi, que le comte Leo Salviati a bien voulu accepter, moi qui le tuerai ; oui, madame, je le tuerai.

Le visage de Charles, empreint d'une noble fierté, n'ex-
primait que trop sa résolution ; la duchesse, en le contemplant alors, en suivant les lignes énergiques de ce beau
front, semblait retrouver d'autres souvenirs ; son âme se
brisait à l'idée d'un malheur dont elle allait encore être la
cause. N'était-ce point assez que le seul homme qu'elle
avait aimé eût péri dans les cachots de Florence, et devait-
elle donc retrouver, après quinze années de fuite et d'exil,
une autre tombe entr'ouverte sur le sol natal ? Ce jeune
homme l'avait sauvée, et c'était pour elle qu'il allait ris-
quer ses jours, pour elle qui ne pouvait récompenser son
amour que par la plus chaste et la plus dévouée des sympathies ! Teresina laissa tomber son regard voilé de pleurs
sur Charles Gruyn.

— Un espion ! un espion ! n'ont-ils pas craint de m'écrire !
Ah ! le ciel a mis sur ce calme et doux visage la sincérité
qui rassure. Non, il ne doit point affronter l'épée du comte,
je saurai déjouer le plan impie qu'il a formé. Oui, dussé-je
écrire à l'archiduc, dussé-je m'exiler de nouveau avec celui
qui m'a ramenée ! Mais comment penser jamais à la France,
moi que la haine de Richelieu y poursuit, moi que la reine
ne saurait, hélas ! elle-même sauver ! Je suis condamnée à
vivre toujours dans l'Italie, ma prison, prison cruelle,
odieuse, où tout ne m'entretient que des douleurs, des ca-
lamités passées. Enchaînée par mes souvenirs, où trou-
verais-je jamais le repos ? quel être chéri me devra jamais
le sien ? Je ne le sens que trop, Dieu a marqué fatalement

mon existence; il m'a punie bien sévèrement d'une première faute. Cet amour a miné ma vie et mes forces, je ne
suis plus même rafraîchie, consolée par la prière. Oh! malheureuse, malheureuse femme que je suis! Ce jeune homme
va mourir, et je ne puis éloigner de lui le danger qui va
l'atteindre; à défaut de l'épée du comte Leo, il trouverait
le poignard de l'un de ses sbires!

Oui, poursuivait-elle en attachant sur Charles un regard
désespéré, il n'y a plus pour lui d'autre ressource que la
fuite. Cette nuit, cette nuit même, il faut qu'il parte, il
partira sans moi, mais mon souvenir, mes bienfaits, mes
pensées le suivront partout. Charles, continua-t-elle en
prenant la main du jeune homme, écoutez-moi, c'est une
sœur, c'est une amie qui vous parle. J'ai le moyen d'assurer
votre départ, mais il est urgent que vous partiez. Ce matin,
au petit jour, il faut que vous ayez quitté Florence, il le
faut, votre sûreté et la mienne l'exigent. Que m'importe la
haine du comte Leo Salviati! ce que je dois garantir avant
tout, c'est votre vie, vous avez sauvé la mienne. Mon
écuyer, homme sûr, vous conduira dans une heure sur la
route de Bologne; dans une heure vous serez prêt, laissez-
moi tout disposer. A cette condition seulement je consens
à vous revoir, je vous irai même rejoindre dans le premier
lieu que vous m'indiquerez, mais partez, fuyez, rendez-moi
le calme, la vie! Ne vous ai-je pas dit que votre destinée
tendrait toujours à se désunir de la mienne? ne vous ai-je
pas dit que le ciel m'avait maudite? Ne craignez pas que
j'oublie jamais le cœur généreux qui m'a comprise; je suis,
je veux toujours me montrer digne de vous. Mais vous avez
sans doute encore sur la terre des parents ou des amis qui
vous chérissent, revolez vers eux, parlez-leur de moi, dites-
leur que je vous aime. Le marquis de Royedere me remet-
tra demain, cette nuit même, tout l'or que vous avez pu
gagner à ce jeu; s'il ne vous suffit pas, puisez, oh! puisez
dans tous mes coffres... Retournez en France, heureux et
brillant, faites-vous la vie dorée. Moi, durant ce temps, je

m'occuperai de vous, j'aurai toujours les yeux sur celui qui va peut-être m'oublier. Mais vous ne m'oublierez pas, oh! non, je le vois à vos larmes, à votre pâleur, à vos regrets. Seulement, vous vous direz : J'ai fait à la duchesse de Fornaro le plus éclatant des sacrifices, celui de mon honneur que j'ai immolé au soin de ses jours, de son repos. Moi, de mon côté, je dirai la vérité, que je vous ai fait violence, que je vous ai dénoncé ainsi que le comte à l'archiduc. Vous m'avez entendue, vous m'obéissez, n'est-il pas vrai?

La duchesse avait apporté dans cette pressante sollicitation toute l'éloquence d'une femme résolue de vaincre la plus rebelle des résistances. Elle entourait Charles de ses caresses, elle le pressait, elle le suppliait. Le jeune homme parut céder. Pendant que Teresina donnait ses ordres, Charles passa dans la pièce qu'il occupait, et dont la fenêtre se trouvait alors ouverte. Le calme enchanteur de la nuit, le murmure des brises et des fontaines rafraîchissaient peu à peu son front brûlant ; il repassait en lui-même les événements de cette soirée, et elle lui faisait l'effet d'un rêve. Deux coups légers venaient de retentir à la porte du palais de la duchesse, Charles reconnut deux laquais, porteurs d'immenses coffres. Se penchant au balcon de l'appartement, il leur demanda ce qu'ils voulaient.

— Nous venions, lui dirent-ils, de la part du marquis de Rovedere, notre maître, vous remettre cet or et une lettre. Veuillez en prendre connaissance.

Par un instinct machinal, Charles descendit, et à la lueur d'un falot, il put lire les lignes suivantes :

« Le comte Leo Salviati est un beau joueur, monsieur, vous le voyez, mais c'est aussi un redoutable adversaire. Faites mettre cet or en lieu sûr, et suivez les porteurs jusqu'à la salle d'armes de Belphégor que je viens de réveiller. Je vous y attends.

» Votre ami,

» Le marquis DE ROVEDERE. »

A ce billet était joint l'avis suivant :

« Le comte Pepe et le seigneur Rodolfo se trouvant les seconds du comte, il est de toute importance que vous vous mettiez vite en quête d'un ami qui tienne pour vous. »

En recevant cette nouvelle, les yeux du jeune homme cherchèrent machinalement alentour de lui... Une seule ombre errait sur la place, c'était la même que Charles avait aperçue des fenêtres du Palais-Vieux quand il allait se mettre au jeu.

— Le personnage de cette nuit, le fantôme que j'ai vu, murmura Charles ; bien, il sera mon second.

Le cavalier en question était porteur d'un manteau et d'une rapière qui parurent assez convenables à Charles. Il s'approcha de lui, en faisant signe aux porteurs des coffres de l'attendre.

— Bellerose ! s'écria-t-il.

Et en effet, c'était Bellerose, Bellerose qu'un bonheur inattendu offrait aux regards stupéfaits de Charles Gruyn. En le voyant, Charles ne put réprimer un élan de joie et de surprise.

— Bellerose ! murmura-t-il, mon cher Bellerose ! c'était donc toi, toi que je voyais, il n'y a pas une heure, arpenter dans ta cape les dalles de cette place ! Mais par quel miracle te trouves-tu dans Florence, et que viens-tu faire en Italie ?

— J'y viens, dit Bellerose, promener mon infortune ; Charles, tu vois ici un misérable exilé.

— Un exilé ! pour quel crime ?

— Je te conterai cela à mon aise, reprit Bellerose. Mais quels sont ces drôles qui t'attendent avec des coffres ; d'où descends-tu ? ou vas-tu ? Ma chambre, ou plutôt ma mansarde est à deux pas, je suis logé chez le Florentin Belphégor...

— Belphégor ! un maître d'armes ? demanda Charles, songeant au billet de Rovedere.

— Précisément. C'est un gîte maudit pour les gens qui veulent dormir ; il s'y fait la nuit même un vacarme de ferrailles et d'estocades, tant il y a que je n'y saurais reposer, et voilà pourquoi je me promenais à cette heure indue devant le palais des ducs de Florence. Tout ce que je puis t'offrir chez moi, c'est une malle pour t'asseoir et une bouteille de marasquin. Mais tu gâterais tes beaux habits, ajouta le comédien, te voilà nippé comme un héros.

— Mon cher Bellerose, répondit Charles, permets à ces porteurs de me suivre jusque chez toi. Je n'ai pas de temps à perdre, ce matin même je me bats, et tu viens à point, car tu seras mon second.

— Ton second! et contre qui? Je n'ai parbleu pas envie de mourir sur le territoire toscan, moi qui n'ai l'habitude de me laisser transpercer en scène que pour ressusciter plus gaillard qu'auparavant. Un duel! fi donc! sommes-nous ici au Pré-aux-Clercs ou à la porte Saint-Bernard? Charles, mon ami, je te trouve l'air d'un matamore; serais-tu devenu par hasard Italien?

— Quand tu sauras le sujet de ma dispute, tu m'approuveras, répondit Charles; mais allons chez Belphégor.

— Chez Belphégor, soit, reprit Bellerose. Cet hôte vertueux me rappelle le brave capitaine la Ripaille. A propos, reprit Bellerose en ôtant son feutre d'un air tragique, il est bien près de la Parque, ce digne capitaine. Que veux-tu, il a croisé le fer pour défendre un vers de *Mirame*. Cela valait bien une pension, il n'en fut rien; le cardinal Richelieu n'est qu'un ingrat.

En devisant ainsi, ils étaient arrivés tous deux devant le porche du maître d'armes Belphégor. Le marquis de Rovedere s'y trouvait déjà, et à la lueur d'une lampe fumeuse, il s'essayait tant bien que mal au plus farouche des assauts. Belphégor s'inclina en voyant Charles dans la compagnie de Bellerose, qu'il prenait pour un seigneur, grâce à son panache et à sa mine.

— Attention, dit le comédien à son ami, on m'appelle ici le baron de Lunéville.

— Et moi, le comte San-Pietro; tiens ta langue.

Marquis de Rovedere, ajouta Charles, je viens me

mettre en armes sous la conduite de maître Belphégor ;
mais je vous préviens que je n'ai jamais tenu une épée.
Voici mon second, poursuivit-il en indiquant Bellerose au
marquis, essayez-le.

Bellerose n'avait nulle envie de dégaîner ; mais l'affaire
lui paraissant sérieuse, il mit bas son pourpoint et se livra
à quelques passades.

— Voilà ce qui s'appelle s'escrimer à la française, dit vic-
torieusement Belphégor ; mais ici, voilà comme nous nous
en tirons. Marquis de Rovedere, montrez un peu à ces
gentilshommes comment je professe.

Le marquis attaqua maître Belphégor de pied ferme...
C'était un tireur excellent et renommé ; ri   en le
voyant, Bellerose s'applaudit de ce que Charles eût pris
plutôt pour second que pour rival.

— Nous avons donc affaire à forte partie ? demanda-t-il
au marquis de Rovedere.

— Autant vaudrait combattre un géant, dit le marquis.
Mais on m'a conté de monsieur, ajouta-t-il en montrant
Charles, un trait de valeur si audacieux... Le comte Sal-
viati, continua-t-il en riant, n'est point un tigre...

Cette allusion rendit à Charles son courage. Armé de
l'épée que Belphégor lui donna, il en porta de si rudes
coups au maître d'armes, que celui-ci lâcha pied.

— Comme vous y allez, mon gentilhomme ! si le courage
supplée à l'adresse, le comte Leo est vaincu.

Les combattants étaient fatigués, le jour commençait à
poindre. Le marquis se jeta sur une natte de la salle d'armes, Bellerose entraîna Charles jusqu'à sa chambre. Arrivé
en ce lieu, le comédien n'eut rien de plus pressé que de lui
conter son odyssée de malheurs tout en débouchant le
flacon de marasquin. Sifflé au Palais-Cardinal dans une
pièce de Bois-Robert, l'un des faiseurs de Richelieu, il avait
tiré l'épée contre le parterre et cette rébellion l'avait
obligé de fuir. Un maigre secours, obtenu à grand'peine
du cardinal, qui trouvait plus juste de pensionner Chape-

lain, l'avait mis à même de gagner la frontière de Milan ;
en cette ville, il s'était vu forcé d'abandonner jusqu'à ses
nippes. Bellerose employa tout son pathos pour déterminer
Charles à abandonner la partie ; Charles était riche, il
devait se mettre à l'abri avec son trésor.

— Je ne puis comprendre, disait Bellerose, que l'on se
batte pour une princesse ailleurs que dans les pièces de
théâtre. Outre qu'on est bien sûr d'en revenir, on se bat en
vers de M. Rotrou, ce qui est toujours une belle compensa-
tion.

D'ailleurs, ajouta l'ami de Charles, tu es parti comme
une bombe du milieu de nous ; maître Philippe Gruyn, ton
respectable père, se désole, et son cabaret en souffre. Pour
Mariette, j'aurais honte de t'en parler, ton ingratitude va
la conduire au tombeau. Enfin, te voilà riche, et te faire
tuer est une fantaisie tout comme une autre. Tu l'auras
voulu, et je reviendrai en France, le crêpe au bras, désolé
d'avoir servi de second à un imprudent, à un fou ! Parce
que tu m'as vu m'enfariner la figure, parce que je ne suis
pour toi qu'un misérable histrion, tu ne me crois pas capable
de te donner seulement un bon conseil ? Mon conseil, le
voici : je m'en vais trouver les magistrats et leur dirai le
lieu de ton rendez-vous ; j'ajouterai, en prenant la chose
sur moi, que tu m'as chargé d'expliquer ta conduite à ce
comte Salviati ; qu'il n'est pas séant qu'il te tue après t'avoir
remis son argent. C'est une façon de reçu que je n'admets
pas. Toi, pendant ce temps, tu gagneras la France, tu reverras ton père et Mariette. Je ne vois pas trop ce que tu
peux dire à cela, à moins que tu ne veuilles en finir avec
la vie. Mais la vie te sourit, mais, encore un coup, te voilà
riche, et si le comte te tuait...

— S'il me tue, reprit Charles en s'asseyant à la table du
comédien, sur laquelle il traça rapidement quelques lignes,
voici un écrit qui dépose de mes dernières volontés ; pro-
mets-moi, Bellerose, de l'exécuter de point en point, car
c'est un legs sacré. Jure-moi que tu n'en rompras les ca-

chets qu'à Paris même... et cela, sans parler en rien de ma mort, car je ne signe pas cet acte de mon nom.

— Je te le jure, dit solennellement Bellerose.

— Maintenant, continua Charles en remettant à son ami le papier qu'il cacheta, Bellerose, tu vois cet or? Cet or, prix du jeu, cet or me pèse; je veux qu'il serve au moins à consacrer par un souvenir éternel l'événement le plus important de ma vie. Tu as mes instructions, tu les liras. Si je dois survivre, si je fuis, mes intentions restent les mêmes. Après l'issue de ce combat, tu devras partir avec cet or; une fois à Paris, tu en connaîtras l'emploi. J'ai ta parole et j'y compte. J'ignore ce qui adviendra de ma rencontre avec le comte Leo Salviati, mais j'aime ici une personne qui en attend l'issue avec angoisse; si je meurs, tu lui feras part de ce que l'écrit contient.

En découvrant ainsi sa plus secrète blessure à Bellerose, Charles était ému, il pleura. Tromper la confiance de la duchesse, trahir sa parole et courir à ce rendez-vous fatal, lui paraissait presque un crime. Bellerose n'osait le mettre plus avant sur la pente des confidences, car l'heure pressait. La voix du marquis de Rovedere se fit jour bientôt à travers la mince cloison qui séparait la mansarde du comédien de la salle d'armes. Le jour était venu, l'aube blanchissait le beffroi de la grande place.

La voiture du marquis de Rovedere était prête; elle entraîna bientôt Charles et Bellerose jusqu'à la porte de San-Gallo, le lieu du rendez-vous.

XIX

POMPEO.

Huit mois après ces divers événements, le cabaret de la *Pomme de pin* venait de voir ouvrir ses fenêtres comme de coutume; l'antique enseigne se balançait au vent, et maître

Philippe Gruyn, armé de sa longue pipe hollandaise, humait l'air du matin devant son comptoir.

Maître Philippe Gruyn était cependant bien changé.

Etait-ce la vieillesse ou le chagrin qui creusait autour de ses yeux ce cercle bleuâtre, indice de la douleur et de la fatigue? Avait-il éprouvé quelque revers, ou bien son corps robuste se ressentait-il des atteintes communes à son âge? Nul, excepté maître Philippe Gruyn, n'eût pu le dire.

Sa chatte Marmousette avait l'air de s'ennuyer comme une ancienne pratique; les garçons du cabaret nettoyaient à peine les brocs et les tables, et les barreaux vénérables de la *Pomme de pin* étaient voilés çà et là de larges toiles d'araignée.

— Maison déserte! maison sans âme! dit maître Philippe en frappant du pied; depuis qu'il est parti, rien ne nous succède à bien! Et cependant, les ouvriers de ce seigneur inconnu...

— De qui donc voulez-vous parler, mon père? demanda au vieillard la gente et douce Mariette.

— D'un cavalier italien qui fait bâtir, ma fille, le beau palais que voilà. Palais fantasque, ajouta maître Philippe, idée de fou qu'on ne mènera jamais à bien. Sur l'emplacement de ces marécages, la scie élève chaque jour son cri strident; les marbres les plus ares sont, tu le vois, apportés à grands frais de Milan ou de Venise. Et c'est un comédien, je devrais dire un ignorant, qui se trouve chargé de ce travail. Ne l'as-tu donc pas vu trancher, vis-à-vis de ses ouvriers, du grand seigneur? commander et régner depuis six mois? C'est ma ferme croyance que ce coquin se sera faufilé dans les bonnes grâces d'un noble. Et quand je pense, Mariette, que c'est lui qui a, le premier, égaré mon fils, qui lui a soufflé toutes ses folies, tous ses vices :

— Arrêtez, mon père; Bellerose est honnête homme. Poëte et fou, c'est possible, ne lâchant jamais pied devant les vagabonds, les vauriens; un peu ferrailleur à l'exemple de son ami la Ripaille, mais incapable d'avoir entraîné

Charles dans quelque action méchante et honteuse. Avez-vous donc oublié cette grande dame qu'aimait votre fils? pensez-vous que Charles ait pris Bellerose pour confident? Hélas! voici plus d'un an, mon père, qu'il a quitté cette ville, plus d'un an que nous n'avons reçu de ses nouvelles... Aussi, depuis son départ, que de pleurs versés, que de ausses joies, quand un inconnu faisait retentir ses éperons sur le seuil de notre porte! Dieu nous garde d'un malheur, ô mon père; mais un pareil oubli est bien cruel; un tel abandon ne s'excuse que par le bonheur!

Mariette essuya ses yeux du coin de son tablier. Le vieillard la regardait avec douleur, car ce n'était pas la première fois qu'elle lui parlait de son fils.

Véritablement Mariette elle-même n'était plus reconnaissable.

Ceux qui l'avaient vue alerte et joyeuse, ceux qui avaient pu admirer autrefois le mol incarnat de ses joues roses, la splendeur de sa peau et la fraîcheur de son teint, n'eussent pas remarqué sans peine la rapide décomposition de sa beauté.

A cette fleur brillante et suave de sa jeunesse, avait succédé chez elle un morne dépérissement; une amertume secrète se faisait jour dans ses traits, tout son corps avait souffert.

Maître Philippe ne pouvait la contempler sans un vif attendrissement. Depuis le départ de son fils, Mariette ne l'avait pas quitté; elle l'entretenait de lui pendant de longues heures. Bien souvent elle avait eu l'idée de s'enfuir, de se réfugier dans un cou'en t; mais là douleur profonde du vieillard s'opposait à se projets. Mariette n'était-elle donc pas sa fille? ne l'avait-il pas recueillie toute petite? Les larmes du vieux Philippe, Mariette les séchait sous ses caresses et sous ses baisers.

— Je n'ai plus qu'une fille, avait dit souvent maître Philippe à ses voisins; et les voisins, émus, trompés par la tendresse ingénieuse de Mariette, l'avaient cru, eux aussi.

La fille de ce père désolé, ils la vénéraient et ils l'aimaient, tant Mariette, en se dissimulant à elle-même son servage volontaire, redoublait de soins et d'amour envers le père de Charles.

Dix heures du matin venaient de sonner alors à l'église de Saint-Gervais, et une bande d'ouvriers, accoutumés sans doute à prendre leurs repas chez Philippe Gruyn, envahissait déjà les tables de la salle basse.

Maître Philippe déposa sur le front de la jeune fille un baiser plein de tendresse; puis, selon son habitude, il lui demanda de lui lire un chapitre de la Bible, afin, disait-il, que Dieu bénît sa journée.

Mariette passa dans la pièce contiguë à la grande salle; elle y vit un homme la tête appuyée entre ses mains.

— Notre seul ami, murmura-t-elle, j'étais sûre de le trouver!

Le personnage en question salua Mariette avec tristesse.

— Vous prendrez votre part de notre lecture, dit-elle d'un ton ému; mon père veut que je lui lise un fragment de cette vieille Bible tous les matins.

Puis, sans attendre sa réponse, Mariette tira la Bible d'un vieux bahut sculpté, seul décor de cette pièce, et elle ouvrit le livre à la parabole suivante, celle de l'Enfant prodigue :

« Enfin, étant revenu à soi, il dit en lui-même : Il faut que je me lève et que j'aille trouver mon père, et que je lui dise : Mon père, j'ai péché contre le ciel et contre vous.

» Je ne suis plus digne d'être appelé votre fils; traitez-moi comme l'un des serviteurs qui sont à vos gages.

» Il se leva donc et s'en fut trouver son père (1). »

En écoutant cette simple et touchante parabole, les yeux du vieillard s'étaient obscurcis de longues larmes, et l'étranger semblait partager son attendrissement. Nul, en

_____

(1) Évangile selon saint Luc, chap. xv

vérité, n'eût reconnu Pompeo sous cette défroque misérable et triste. A dater de cette nuit fatale où l'Italien, dans le but unique de saisir une vengeance, s'était fait complice d'un crime, il s'était vu malgré lui reporté vers le cabaret de maître Philippe. Mariette, il faut le dire, entrait pour beaucoup dans cette préférence de Pompeo pour la demeure du cabaretier.

Une religion vague, un instinct secret enchaînait Pompeo à la mélancolie de Mariette; l'heure de récréation de la jolie fille était devenue son heure. Auprès du cabaret, dans un espace rétréci, était un petit jardin; on y jouait à la paume aux jours d'été, mais le reste du temps c'était une sorte de parterre inculte où filaient tristement de monotones rayons de soleil sur des berceaux où le pinson ne chantait plus. C'était un endroit si triste, qu'un buveur s'y serait maudit lui-même devant un flacon de chypre ou de hongrie, et cependant Pompeo y allait souvent chercher le calme loin des rumeurs de la ville; son cœur révolté, plein de haine, s'y apaisait.

Mariette l'avait surpris bien des fois en ce lieu écarté, versant tour à tour des larmes amères, ou se livrant aux sombres pensées d'une âme jalouse; car, pour Pompeo, être jaloux c'était encore vivre, l'amertume des soupirs cachait chez lui la vengeance.

Pompeo n'avait pu réussir à retrouver l'homme qui l'avait accompagné à sa sortie du Palais-Cardinal, il l'avait demandé vainement à tous les échos, à tous les abords de cette splendide caverne de Richelieu.

Une année entière s'était consumée de la sorte pour l'Italien en sombres recherches, investigations ardentes, insensées, pleines de tourments, car son guide masqué lui avait promis de le faire rencontrer face à face avec l'ennemi qu'il poursuivait, avec celui que tout lui donnait le droit de haïr.

Il en était résulté pour Pompeo une sorte de folie.

Le souffle de la haine passait encore avec tant de force

I. 10

sur ses pensées, qu'il lui arrivait de ne pouvoir s'étourdir en rien dans les joies folles; le jeu même et l'ambition, ce démon plus dur que le jeu, n'avaient plus de prise sur lui. Il avait songé d'abord à se représenter aux regards de Richelieu et à lui demander le prix du crime, car c'était bien un crime que l'Italien avait commis, c'était une victime qu'il avait jetée en Seine.

Mais quelle était cette femme? de quel délit odieux se trouvait-elle donc coupable? Devenu l'instrument d'une vengeance, Pompéo comprenait qu'il avait été joué.

Et cependant, il avait aussi à se venger; la vengeance lui eût remis du baume au cœur. D'ailleurs, n'avait-il pas agi vis-à-vis d'une promesse inviolable? n'avait-il pas obéi à un démon?

Le remords étendait déjà sa main sur lui; il en était presque à regretter de ne s'être point livré au cardinal.

— Ah! s'écriait-il avec un accent de rage et de douleur, le serment de ce misérable ne recouvrait qu'un mensonge! Je n'en veux pour preuve que sa fuite habile et son silence obstiné après l'attentat. Samuel existe, il complote contre moi sans doute avec cet homme. A moi la misère, la honte, les nuits où la sueur baigne mon front, les nuits où ce fantôme inconnu se dresse devant moi; à lui le repos, l'oubli peut-être!... Moi, je me souviens, je ne saurais oublier! Souvenirs affreux et déchirants, voix de la tombe qui me brisent! Un mendiant est plus en repos que moi!

Et Pompéo baissait la tête en silence; il murmurait en pâlissant des paroles sombres, sauvages... Lorsque Mariette s'approchait de lui en ces moments-là, elle le trouvait presque insensible, emporté qu'il était au delà des limites humaines, et gardant sur ses traits la pâleur du désespoir.

Par un hasard singulier, Mariette était là seule femme contre laquelle le poids de sa douleur vînt se briser; son souffle, tiède, pénétrant, avait le pouvoir de consoler ses angoisses. Au fond de tout chagrin, il y a toujours un reste

de foi; Pompeo croyait au sourire de Mariette... Les rayons
émanés d'elle rétablissaient le calme au sein de son âme;
ils l'attiraient forcément. Mariette n'était-elle pas d'ailleurs
une pauvre orpheline dont le cœur allait au-devant de lui
avec son regard; quelque chose de doux et de triste ne
s'attachait-il pas à son existence brisée? Le cabaret de
maître Philippe devint bien vite le refuge de Pompeo. Il n'y
buvait pas, mais il y songeait.

Lorsque Mariette et lui se rencontraient, tous deux se
devinaient, car tous deux avaient souffert.

Mariette, abandonnée par Charles Gruyn, vivait avec des
pensées si tristes dans le cœur, que l'Italien en avait pitié.
Sans pouvoir s'expliquer ce que le fiancé de la jolie cabaretière était devenu, il ne se rappelait que trop dans quelle
circonstance il l'avait vu pour la dernière fois. Charles
l'avait aidé dans une sombre et fatale mission. Pompeo en
avait fait son complice à son insu. Cet incident ténébreux
augmentait l'intérêt de l'Italien pour la jeune fille. Le fils
de maître Philippe se serait-il tué, ou l'aurait-on fait périr?
Le bruit de sa mort avait suivi celui de sa fuite. Pompeo
éprouvait une terreur indicible à retrouver dans ses rêves
ces deux figures: l'une effarée, inquiète, celle de Charles,
pressé par lui, Pompeo, de l'aider à pousser dans l'eau ce
sac terrible; l'autre, celle de la femme inconnue qu'il avait
enfermée dans cette toile comme un immonde bétail. Il
lui survenait alors de si lugubres pensées qu'il entrait
dans un cimetière pour y passer tout le jour, au lieu de
s'en aller boire et noyer son chagrin dans la bouteille
comme il eût fait autrefois. Ces jours-là il fuyait le cabaret
de maître Philippe, il errait par les carrefours, recherchant
de préférence les rues désertes et silencieuses. Son costume était devenu le plus parfait miroir de la ruine et de
la misère, il cachait son visage sous les ombres d'un capuchon, serrait sa robe usée avec un vieux ceinturon de
cuir, et ressemblait moins à un capitan qu'à un moine. Il
ne parlait plus guère qu'à Mariette. Vous eussiez tremblé

rien qu'à voir ce regard mort, ces lèvres violettes et cette pâleur de chartreux.

La lecture de la Bible une fois faite, maître Philippe avait serré la main de Pompeo et s'était rendu à son comptoir, envahi déjà, nous l'avons dit, par une foule d'ouvriers employés au nouvel hôtel élevé dans l'île (1).

— On ne se plaindra pas de notre paresse, disait l'un : en six mois nous avons assez travaillé pour ce seigneur. Il est vrai que la paye est bonne... Maintenant que voici la pierre façonnée, les murs élevés, il ne manque plus que le peintre. Les ornements de cet édifice rivaliseront avec ceux du Palais-Cardinal. Quel peut donc être ce mystérieux propriétaire ?

— Quelque partisan gorgé de la sueur du peuple, comme ce M. Ribaudon que protégeait tant Monsieur.

— Un ami du cardinal, l'une de ses créatures !

— Imbécile ! puisque c'est un étranger, un Italien !

— C'est vrai, M. Bellerose nous a même dit son nom. Attends donc, je demanderai à l'un des laquais du duc d'Ornano s'il connaît ce nouvel hôte.

—Après tout, qu'importe ! Il aura là une belle demeure; la pierre et le marbre n'y ont point été épargnés.

— Sans compter la vue qui, ma foi, s'étend jusqu'au Louvre. Le balcon est placé presque en face de votre porte, maître Philippe. Oh ! vous deviendrez vite le cabaretier de ce seigneur-là, c'est sûr.

Maître Philippe Gruyn, le regard collé contre l'une des vitres, examinait alors en effet la façade que présentait le nouvel hôtel. Les planches et les charpentes ne le masquaient plus, et sur l'une des cheminées on avait planté déjà le bouquet d'honneur.

— Toute mon ambition, mon rêve, pensait le cabaretier, eût été de faire bâtir une maisonnette entourée de vignes

_____

(1) L'hôtel de Pimodan. Il porta ce nom depuis.

en cet endroit; j'eusse alors cédé mon fonds et je me serais établi en ce lieu avec Charles et Mariette.

Le bonhomme essuya une larme furtive, il se détourna; le broc matinal faisait le tour des tables, les ouvriers donnaient à leur gaieté franche un libre essor. Tout d'un coup, au milieu de ces figures barbouillées de plâtre et de lie, le visage de Pompeo se fit jour; une exaltation bizarre semblait l'agiter. Il se dressa devant cette troupe joyeuse comme un spectre.

— Un palais! demanda-t-il en frappant la table du poing. Qui fait donc bâtir un palais, avez-vous dit? Moi qui vous parle, moi aussi j'ai eu un palais, un palais resplendissant d'or et de peinture. Mais aussi je ne laissais pas à un cupide architecte le soin de le décorer, j'étais là... Oui, je me trouvais levé dès l'aube, je trempais mes lèvres dans le verre de mes maçons, j'étais maçon avec eux! Mon palais!... Oh! c'était là un palais! Je l'avais peuplé de nymphes et de fresques allégoriques; sur un signal de moi, les amours étaient venus se suspendre à son plafond lumineux. Mon palais à moi, mon palais de Florence, mon beau palais! c'était un hamac doré auprès de l'Arno, de bruns esclaves m'y servaient, de blondes déesses y buvaient le vin de Chypre. L'ébène, l'ivoire, la laque et les jaspes y récréaient le regard, les roses l'embaumaient, les lévriers, les faisans encombraient ses cours et ses jardins. J'avais alors un blason, et ce blason luisait partout, sur le granit, sur l'émail et sur la toile. C'était là un gîte de prince ou de roi, son éclat éblouissait. La main du génie en avait fait un monde unique, une galerie que m'eût enviée l'empereur. Maintenant, à celui qui chercherait seulement mon nom, un valet nouveau ne répondrait qu'avec un rire moqueur; il montrerait mon chiffre et mon blason effacés, il dirait à ce visiteur inattendu qu'il y a longtemps que je suis mort. Temps heureux, temps envolé, que celui où, le pied sur l'échelle, j'allais dès le matin examiner de près le travail de la ciselure ou du pinceau, poursuivant toujours

10.

l'idéal au lieu de la vie, et soulevant avec trouble la draperie de mes peintres comme si j'eusse écarté le voile qui
recouvrait ma plus chère idole! Maintenant ce poëme a
passé en d'autres mains, on me donnerait à peine l'aumône
sur le seuil de mon palais!

O mes naïfs ouvriers, je crois vous avoir entendu tout à
l'heure envier le sort de cet homme heureux qui se fait
construire cette opulente demeure, où voltige jusqu'ici la
seule poussière des atomes! Fouillez plus avant dans ce
terrain, vous y trouverez le ver du sépulcre, ce ver à qui le
corps du maître splendide est promis. Dérision, vanité que
tout cela! Que la tente soit de pierre ou de toile, de marbre
ou de planche, nous devons la replier ou la laisser. Vous
venez de bâtir un palais à l'orgueil, le souci en est le frère.
Vous l'allez voir bientôt, ce possesseur romanesque, promener en ce lieu sa vie libre, insouciante; mais sa fantaisie,
sa chimère une fois conquise, que deviendra ce roi ennuyé
de sa création? Son rêve réussi, il trouvera au fond de son
cœur le plus morne et le plus ardent des rêves. S'il est
jeune et beau, il aimera la jeunesse et la beauté; s'il est
glacé par l'âge, il verra ses élans stériles aboutir aux souvenirs, cette pente de la tombe... Vous, ses serviteurs, ses
esclaves, je vous envie! Les brocs de maître Philippe valent
bien les coupes d'or, car le fiel en est banni! Donnez-moi
votre truelle ou votre marteau, recevez-moi au milieu de
vous, partagez avec moi les durs labeurs, employez-moi à
façonner des volutes ou des colonnes. C'est un seigneur
italien qui arrive, avez-vous dit, c'est lui qui est votre
maître; eh bien, il verra un Italien!

Un Italien, ajouta Pompeo avec un rire effrayant; ah! il
l'eût peut-être salué bas, il y a seize ans; mais à cette
heure-ci il n'y a plus de lui qu'un manteau râpé de valet!

Pompeo avait prononcé ces paroles avec une amère volu-
bilité, ses cheveux s'étaient hérissés sur son front, et ses
dents claquaient la fièvre. Les hommes qui l'écoutaient le
prirent pour un fou, et cependant il n'y en eut pas un qui

se sentit prêt à le plaindre, tant il avait encore de fierté et de grandeur dans tous ses gestes, tant la souffrance marquait cet homme étrange de son sceau. Il venait d'ailleurs de les relever dans leur esprit, ces gens du port; il leur avait parlé en grand seigneur moins qu'en artiste. A cette époque d'enfantement et de travail merveilleux dans l'art, l'ouvrier était loin de se renfermer dans un cercle étroit d'idées; souvent le maçon et le sculpteur ne faisaient qu'un; les mains les plus rudes dénouaient l'écheveau de la science. Quand Pompeo se présenta à ces manœuvres qui se souvenaient d'avoir travaillé la veille à l'Hôtel de ville avec des maîtres fameux, il y eut parmi eux un élan de joie sympathique; cet ordonnateur bizarre et vaniteux, voulant se poser d'abord en architecte, et descendant ensuite vers eux jusqu'à la prière, les entraîna.

Mariette, survenue à la fin de cette scène, avait suivi chaque mouvement de Pompeo avec une singulière compassion. Accoutumée à panser les blessures de ce noble cœur, à s'entendre avec son père pour aider cette misère orgueilleuse encore sous ses haillons, Mariette avait frémi en voyant l'impétuosité de cette douleur; elle implorait pour cet homme quelque miracle du ciel... Le seul confident qu'elle eût trouvé dans sa tristesse, c'était Pompeo; la belle et triste enfant éprouvait, à l'aimer et à le plaindre, une jouissance instinctive. C'était lui qui arrosait, durant l'été, le petit jardin attenant au cabaret; lui encore qui l'avait défendue jusque-là contre l'insolence des raffinés allant du Louvre aux Célestins ou à l'Arsenal, et ne manquant jamais de s'arrêter avec leurs montures au cabaret fameux de la *Pomme de pin*. Heureuse d'un tel appui, Mariette ne craignait plus de sortir; la rapière de Pompeo semblait à maître Philippe une garantie assez sûre

Pendant que Pompeo venait ainsi de s'aboucher avec les ouvriers du quai des Ormes, il n'avait pas vu Bellerose entrer doucement, et s'entretenir à voix basse avec Mariette... C'était la première fois que Pompeo se montrait à Bellerose sous son véritable jour; le comédien, qui l'écoutait à l'écart, fut lui-même enthousiasmé. Charles Gruyn lui avait donné ses instructions; un Italien comme Pompeo pouvait lui servir.

S'approchant de lui avec un geste héroïque digne en tout d'un comédien de l'hôtel de Bourgogne, il le salua profondément.

— De ce jour, dit Bellerose aux ouvriers, vous devez obéissance à ce seigneur. Il est l'architecte du noble comte de San-Pietro !

XX

LE PORTRAIT.

Emu et ravi, Pompeo avait suivi Bellerose.

— Architecte! se disait-il, moi architecte! moi qui n'ai pas même su construire jusqu'à ce jour le triste échafaudage de ma vie! Ce Bellerose serait-il fou, d'aventure, ou bien ce seigneur étranger me connaîtrait-il? Quant à moi, rien dans mes souvenirs ne me rappelle le nom de cet homme, rien, non, rien... D'ailleurs, qui m'aimerait à cette heure en Italie, qui me protégerait au point de me confier une pareille mission? Bellerose se sera moqué de moi, il a peut-être à m'apprendre un secret qu'il ne pouvait me confier dans cette taverne. Advienne que pourra, je n'aurai pas du moins reculé; je verrai ce comte de San-Pietro, il sera content de moi.

Bellerose avait devancé Pompeo de quelques pas, tous deux se trouvèrent bientôt au milieu du quai d'Alençon (1), longue étendue de terrain qui n'était point encore couverte

_____

(1) Le quai d'Alençon ou d'Anjou, nom qu'il conserve à cette heure, s'étendait alors jusqu'au pont Marie; depuis ce pont jusqu'au pont de bois, il se continuait comme aujourd'hui sous le nom du quai Bourbon; le quai allant du pont de bois à celui de la Tournelle portait le nom de quai d'Orléans, et depuis ce pont jusqu'à la pointe de l'île, on lui donnait le nom de quai Dauphin ou de *quai des Balcons.*

d'édifices, et qui régnait depuis la pointe de l'île jusqu'au pont Marie.

Acheté d'abord par M. de Ribaudon, trésorier de France, l'emplacement de l'hôtel, appelé dans le dernier siècle l'hôtel de Pimodan, formait un vis-à-vis parfait à la rue Saint-Paul, dans laquelle le lieutenant criminel, père de Marie de Brinvilliers, demeura (1). Les dégagements en étaient vastes, bien qu'il n'eût pas de jardin ; sa vue s'étendait entre l'Arsenal et les Célestins ; il n'avait pas encore derrière lui l'église Saint-Louis et son clocher en obélisque percé à jour, car l'église ne fut commencée qu'en 1664.

C'était sur ce quai, dressé au cordeau, que devaient s'élever plus tard la magnifique maison du président Lambert de Thorigny (2) et celle du président de Bretonvilliers.

Dévolue aux magistrats, aux partisans et aux gens d'affaires, cette ligne de l'ancien Paris conserve encore à ce jour une physionomie sévère et calme ; ces palais, ces hôtels ont quelque chose de ceux de Gênes ou de Venise ; les bruits de la ville et les flots de la Seine y viennent mourir.

Du balcon ouvragé comme une dentelle ou une guipure, le regard embrasse à gauche des campaniles sveltes comme la tour Saint-Jacques, des cheminées comme celles de l'Hôtel de ville, ou des pavillons en pierre de taille comme ceux du Louvre. Quand les blancheurs de l'aube envahissent ce panorama limpide, quand le couchant l'empourpre ou que le crêpe de la nuit, troué de mille lumières, s'étend sur lui, le regard du peintre s'y attache amoureusement : sous les molles vapeurs d'une lune d'été, il égale les plus admirables pastels. Ces arches légères superposées sur la Seine, ces quais semés de points lumineux, ces eaux noirâtres et profondes qui se brisent aux piliers du pont Marie, ces nuages aux flocons roux, cet échiquier de tours et de

(1) M. d'Aubray.
(2) L'hôtel Lambert,

clochers assombris, donnent au tableau un relief étrange,
un relief digne de Mazzo, le peintre enfumé de l'Escurial.

En cette partie de la ville, le retentissement des églises
rappelle, par sa sonorité et sa fréquence, les carillons de la
Flandre; les agrès, les cordes, les bateaux de pêche indi-
quent le travail; l'odeur de la Seine elle-même a souvent
celle des canaux épars autour du palais ducal. Si la mode
n'y tient plus aujourd'hui ses comptoirs exclusifs, si les ca-
notiers ont succédé aux riches seigneurs, si les seuls visages
des marchands de bois flotté remplacent les physionomies
de cour qui brillaient jadis en ce lieu même dans les
somptueux salons d'Ogier (1), du marquis de Richelieu et
de Lauzun, c'est qu'insensiblement Paris se déplace, et
que l'île Saint-Louis n'est plus aujourd'hui que la queue
du monstre aux cent bras. L'Olympe des dryades et des
amphitrites est remplacé aujourd'hui par la confrérie des
blanchisseuses; la Seine, en cet endroit, foisonne d'une
infinité de bateaux, et les Lycurgues de l'Hôtel de ville ne
permettent pas que le gaz s'étende plus loin que le pont
Marie.

A quelques pas de l'hôtel de Pimodan, s'élève cependant
encore aujourd'hui l'hôtel Lambert, sous les plafonds duquel rayonne l'aigle de Pologne.

Or, cette portion du quai n'est pas plus éclairée le soir
que celle de l'hôtel de Pimodan.

Après avoir franchi le seuil de l'hôtel sur la porte duquel ne brillait point alors la plaque de marbre qu'on peut
y voir à présent (2), Pompeo se trouva introduit par Belle-

(1) « Ogier (Pierre-François), receveur général du clergé de France,
dit Germain Brice, *très-fameux et des plus redoutés entre les gens d'affaires*, a une maison située sur le quai d'Alençon; elle ne se distingue
pas beaucoup à l'extérieur de celles des environs, mais les vues rè-
gnent sur l'Arsenal et les Célestins, les appartements sont d'une
richesse qui va jusqu'à la magnificence, l'or y est prodigué partout
avec profusion, ce qui fait présumer que le maître a travaillé avec
succès pour en acquérir. » (GERMAIN BRICE, tome II, p. 185).

(2) Elle indique le nom de ses anciens maîtres; car la famille de

rose dans une cour spacieuse, flanquée de bornes scellées dans le mur, et décrivant plusieurs arcades parallèles. L'escalier s'ouvrant à main droite était large et digne d'un président à mortier ; son dessin était noble et rappelait la sage ordonnance de tout ce qui fut fait sous François Miron, le prévôt des marchands et le continuateur zélé de l'Hôtel de ville, dont la façade était demeurée imparfaite pendant soixante-douze ans. Les appartements, encore à nu, que l'Italien parcourut ensuite, étaient vastes, aérés ; leurs vues s'ouvraient sur la Seine. Les plafonds, disposés en dôme, attendaient un peintre ; les élèves de messer Nicolò le Florentin, que François Iᵉʳ fit venir exprès d'Italie, y eussent à peine suffi. Plusieurs pièces de parade devaient se voir en effet soumises à l'art du décorateur ; les meubles de velours brodés d'or, d'argent et de perles, allaient encombrer un jour cette riche demeure ; il ne fallait plus qu'un ordre de Pompéo pour que le cèdre et l'ébène, les parquets en marqueterie, les trophées d'armes, les miroirs de Venise et les tapisseries, couvrissent cet espace de pierre.

Étranger au soleil parisien par sa façade, exposé au nord par le seul choix du terrain, l'hôtel de l'île, comme ceux du quai Bourbon et du quai Voltaire, gardait une humidité de tombe... La Seine aux ondes miroitantes baignait son pied, et dans ses fougueux débordements elle pouvait un jour inonder ses caves profondes.

Une *porte d'eau*, pareille à celle de Venise, s'ouvrait sur le fleuve ; la barque pavoisée du maître de l'hôtel pouvait de là descendre mollement jusqu'au Louvre.

Devant ces larges aspects, Pompéo demanda à son compagnon quel avait été l'architecte de cette belle demeure.

— Paris, lui répondit sentencieusement Bellerose, ne vous doit pas tout, à vous autres Italiens. Sans parler de

Pimodan qui a occupé l'hôtel a sa date précise dans l'introduction de ce récit.

Dominique Cortone, employé à l'Hôtel de ville par Henri II,
du Bernin et de vingt autres attirés ici par les Valois ou
madame Catherine, combien de nos ouvriers ne se sont
pas inspirés aux sources d'Athènes et de Rome ? Au rang
de leurs élèves militant déjà des noms glorieux, c'est à l'un
de ces hommes que je me suis adressé. Il a fini sa tâche,
en êtes-vous satisfait? C'est à vous maintenant, à vous, l'un
des fils de cette terre luxurieuse et folle, à répandre à flots
votre fantaisie sur ces murailles ; je vous ai entendu vanter
tout à l'heure un palais que vous possédiez, celui-ci vous
est ouvert ! Peintre ou magicien, prenez votre pinceau ou
votre baguette, mais créez ! Etalez en ce lieu les allégories
splendides, les merveilles du ciseau, de la palette, des
arts ! Qu'étais-je hier, moi qui vous parle ? Un comédien
bariolé, dont tous se moquaient comme de vous. Arrière
maintenant la honte, la misère ! je suis majordome d'un
noble, je représente ici, ainsi que vous, le comte de San-
Pietro !

— Quel est ce seigneur ? répliqua l'Italien. Est-il jeune
ou vieux, libre de son cœur ou marié ? Est-ce quelque
chagrin, quelque deuil récent qu'il vient enfermer ici dans
cette tombe dorée, ou bien ne songe-t-il qu'au plaisir, aux
jours embaumés, aux folles nuits ? Marche-t-il d'un pas
grave comme l'un des portraits de famille qui décorent sans
doute la galerie de son palais sur l'Arno, ou jette-t-il au
vent son or et sa vie ? Il faut que je sache tout cela de
vous, Bellerose ; il faut que rien n'offusque ici le regard
du maître quand il viendra. Un palais, c'est un ami ; rien
dans son aspect ne doit blesser notre cœur ou nos souvenirs ; ce vaste poëme doit être notre Eldorado.

Assez d'ennuis l'assombrissent, assez de fantômes s'y pro-
mèneront un jour, traînant après eux la chaîne des illusions trompées. Quand vous devez donner la comédie à un
prince, à un monarque, dites-moi, n'avez-vous pas soin,
mon cher Bellerose, que rien ne puisse le mécontenter ?
S'il est amoureux, l'ennuierez-vous d'un sermon de philo-

sophie? S'il est belliqueux, lui montrerez-vous Hercule
endormi aux pieds d'Omphale? En mettant le pied dans
ces murs, je veux que le comte y retrouve sa vie écrite, vie
de gloire, d'amour, de tristesse ou de combats. Chaque
page de ce livre doit lui rappeler un souvenir; autrement,
Bellerose, l'œuvre commencée demeurerait imparfaite.
Mettez-moi donc vite au courant des goûts et de l'existence
du comte; aidez-moi, je vous écoute. Renfermé à l'avenir
dans ces murs comme un moine dans son cloître, je ne
veux plus appartenir qu'à mes idées. Si le comte est satisfait, la plus mauvaise chambre de cet hôtel somptueux me
suffira; appuyé la nuit à sa lucarne solitaire, je me dirai :
Là-bas est le bal, le bal étoilé de mille lumières, le bal ardent, magnifique, le bal où j'arrivais autrefois l'espoir dans
le cœur et sur les lèvres, le bal où la seule pression d'une
main aimée me faisait rougir et pâlir! Aujourd'hui j'écoute
le bruit de ses mille pieds et de son archet, comme un solitaire brisé qui ne demande plus que le repos. Riez et
dansez, ô mes indolents cavaliers, riez et voyez petiller
dans les cristaux le vin de Chypre! Et vous, les reines de la
fête, imprégnez le parquet du seul parfum de vos pas!
Les ans qui sont courts vous regardent comme moi; je ne
vous convoite plus, ce sont eux! La Seine frissonne; elle
reflète les longues girandoles de ce palais... cette Seine qui
roule aussi bien des corps! Mirez-vous pourtant dans ces
eaux pures et sereines. Qu'y verrai-je, moi? Un front ridé,
une tache de sang peut-être!... Allez, fiers danseurs, nobles dames, charmants héros, cavaliers de l'Arioste et de
Boccace, j'ai été jeune comme vous!

Une larme roula de la paupière de l'Italien. Bellerose le
contempla quelques secondes dans un silence attendri.
Sans connaître la vie de Pompeo, Bellerose avait deviné
qu'il y avait autre chose sous ces haillons que la pauvreté;
la parole de cet homme remuait le comédien; ce n'é-
tait pas là de ces mendiants ordinaires et dont la cape et
l'épée couvrent l'astuce. Ce qui l'embarrassait le plus,

c'était sa réponse ; il lui paraissait imprudent de l'entretenir de son nouveau maître.

— Vous m'avez demandé ce qu'était le comte de San-Pietro, reprit-il après une pause ; il ne m'appartient pas de pénétrer ses secrets ; tout ce que je puis vous dire, c'est qu'il est jeune, amoureux, plein de courage. Je ne pense pas, en effet, que vous l'ayez jamais vu ; mais il vous plaira, vous le trouverez digne de sa fortune. Il aime une dame dont j'ignore moi-même les traits, mais je sais qu'elle est aussi belle que noble. Dans une rencontre funeste, il eut le malheur de tuer, il y a huit mois, un homme de haute naissance qui l'avait insultée au milieu d'une fête à Florence. Cette femme porte aujourd'hui son nom, elle doit l'accompagner. Bientôt, je l'espère, ils seront tous deux ici ; ce palais les recevra.

— Assez ! assez ! interrompit Pompeo avec cette exaltation singulière que le malheur faisait naître en lui, assez, Bellerose ! Le comte est jeune, il est amoureux, dites-vous. Comme lui aussi, j'aimai d'un amour à qui les anges souriaient, d'un amour qui faisait ma joie et mon orgueil. Soleil radieux, à tout jamais éclipsé, tes rayons vont renaître, tu resplendiras ici ! Tout ce que ma mémoire garde du passé, ses fleurs, ses parfums, ses leçons même, tout cela est à vous, ô mon superbe inconnu ! De ce jour aussi, moi, je suis peintre. Oui, je vois s'ouvrir devant moi le monde des souvenirs. Monde aérien, flottant, jonché de branches vertes et de doux ramiers, comme le nuage qui porte la jeune aurore. Olympe admirable, splendide, à la voûte duquel j'ai vu fondre un jour, comme Icare, mes ailes de cire. Ce monde embaumé renaît déjà, ses vapeurs m'enlacent, elles m'enivrent, me transportent. Qu'une armée de peintres m'obéisse, et, pareil à Titan, j'escalade encore ce ciel, des hauteurs duquel je suis retombé sur mon sol aride et froid. Symboles transparents de la mythologie grecque, chiffres amoureux, devises joyeuses, suspendez-vous à ces dômes, semez ces voûtes, ces lambris de vos fils d'or ! Chi-

mères souriantes, sirènes menteuses, mais belles, déroulez
ici les replis de vos beaux corps! Que Jupiter, Diane ou
Vénus sortent de leur nue d'azur. Oh! que n'ai-je tenu le
pinceau quand j'étais jeune, que n'ai-je appris à peindre la
rosée, les pluies de fleurs. Sur le nu de ces murailles, je
ferai palpiter ces mille images qui assiégent ici mon cerveau confus, je serai le dieu de ce chaos. Mais où trouver
des peintres assez prompts à réaliser ces éclairs de la pensée?
à qui demander de transporter sur la pierre ces tableaux
tracés par la joie ou le chagrin au fond de mon cœur?

Pompeo s'était arrêté, il semblait vaincu par un réel
désespoir, il redoutait l'impuissance de ses efforts.

— Écoutez, dit-il enfin à Bellerose, je connais un lieu
où se rassemblent quelques-uns de mes compatriotes, il est
au bout de cette partie de la ville; c'est un jeu de paume
misérable, Là, plus d'une fois, le cœur déchiré par la honte,
je me suis assis sur un mauvais banc, regardant à peine les
coups de ceux qui jouaient, mais entendant près de moi un
murmure de voix confuses. Cela pouvait ressembler aux
damnés dans quelque cercle du Dante. Les uns accusaient
le sort de leur malheur, d'autres prétendaient que l'oisiveté est le meilleur et le plus doux des biens. « Qui nous
emploierait? disaient-ils entre eux, nous, les enfants gâtés
de la mollesse, nous, que l'Italie a élevés jusqu'à ce jour, et
qui ne trouvons dans la France qu'une marâtre? Quand
nous nous présentons à quelque riche, la défiance ombra-
geuse qu'il nous témoigne nous accable; nous retournons
au jeu, à la paresse, à l'orgie. — C'est un Italien, a dit cet
homme, et il faut que nous tendions la main à son aumône
dédaigneuse, il faut que nous endurions son mépris. Et
pourtant, n'y a-t-il donc pas parmi nous de nobles cœurs,
des poëtes, des peintres, des artistes oubliés? Mais aucun
rayon ne pénètre dans notre enfer, nous sommes proscrits,
misérables! » Ainsi parlaient ces hommes, Bellerose, et ces
hommes étaient mes frères. Souvent, à la lueur fumeuse
d'une méchante lampe, je les voyais pourtant charbonner

sous mes yeux des dessins pleins de génie... Leur humeur fantasque se traduisait par mille ébauches incomplètes, mais où la séve abondait ; leur talent se trahissait à leur insu. « Que ne suis-je grand seigneur, me disais-je alors en les regardant ; je les arracherais à l'opprobre de cette vie ! Au lieu de traîner sur le pavé de cette ville leurs corps usés, appauvris même avant l'âge ; au lieu de se livrer à un métier de bandit ou de sbire obscur, d'aiguiser la pointe de leur couteau pour l'homme qui passe, ou de méditer un vol nocturne sur un pont, ils manieraient l'art sous toutes ses formes ; la fortune les rendrait bons, elle épurerait l'or de leurs âmes enfoui sous une couche de vices. » Eh bien, Bellerose, ne m'as-tu pas fait aujourd'hui un grand seigneur, ne me laisses-tu pas le choix de mes ouvriers ? A ma voix ils accourront, ils réussiront, j'en suis certain. Un salaire honnête en fera vite d'autres hommes ; et quelle gloire, ami, si, non contents de leur faire ici produire des chefs-d'œuvre, nous les disciplinons comme autant d'élèves. Le bonheur élève, il guérit, il classe les hommes. Dès demain, crois-le, cette légion de démons va m'obéir ; l'art glorieux, divin, produit aussi ses miracles ! Quant à moi, continua Pompeo avec orgueil, je te l'ai dit, je scelle à jamais ensuite ces murs sur moi. Roi de ce royaume ténébreux encore, je m'y plairai, je le peuplerai d'ombres chères, éloquentes ! Merci, Bellerose, merci, car sans toi il ne me restait plus rien au monde que l'amour de cette pauvre enfant, qui veut bien quelquefois pleurer de mes pleurs et sourire de mon sourire. Si Mariette veut venir ici, la porte de cette demeure où tu la conduiras doit s'ouvrir à elle comme à une jeune et chaste sœur ! Dieu qui lit dans mon cœur sait que je l'aime ; mais il sait aussi que le malheur a suivi toujours ceux que j'ai aimés !

L'Italien venait de retomber dans sa tristesse. Bellerose, en le quittant, lui promit de revenir le lendemain. Le comédien fut fidèle en effet à cette promesse ; les ouvriers de Pompeo, enrôlés déjà, travaillaient sous sa conduite, et

parmi ces hommes il se trouvait des ornemanistes pleins
de feu et de goût, dont la patience et l'habileté rappelaient
ceux de Benvenuto Cellini (1).

Un soir que Pompeo se trouvait seul, et que les pas de
ses travailleurs n'ébranlaient plus les vas es parquets de
l'hôtel, l'Italien se dirigea vers une galerie rehaussée de
stuc et d'or; en ce lieu étaient déjà plusieurs toiles qui attendaient des portraits. Pompeo tira de son sein un médail-
lon qu'il considéra longtemps aux lueurs mates de la lune.
S'approchant ensuite avec précaution d'un tableau voilé et
encadré dans la boiserie de cette pièce, il en souleva déli-
catement la draperie.

Un bruit léger le fit retourner, il se trouvait devant Ma-
rietta.

— Que voulez-vous? demanda-t-il d'une voix troublée.

XXI

ÉVÉNEMENTS.

A l'approche de la jeune fille, Pompeo avait remis le mé-
daillon dans son pourpoint et tiré le rideau sur le portrait;
mais ce mouvement, si rapide qu'il fût, ne put échapper à
Mariette.

Dans la galerie où se trouvait alors l'Italien, une palette,
fraîche encore, témoignait assez du travail récent de quel-

(1) Grâce aux études consciencieuses de nos artistes et au goût
des belles choses répandu dans le grand monde, le temps actuel n'a
rien à envier au temps d'autrefois. Les délicatesses des anciens *niels*
palpitent encore sous le ciseau de nos ouvriers; nous citions l'autre
jour Froment-Meurice, notre riche orfévre, si supérieur à Morel, et
c'était justice. A l'instant où nous revoyons ces lignes, nous n'ap-
prenons pas sans un secret plaisir qu'un choix auguste a ratifié nos
éloges. Froment-Meurice est chargé par la cour de Lucques et madame la duchesse de Berri d'un ouvrage qui va mettre le sceau à sa
renommée. C'est à l'occasion du mariage de MADEMOISELLE avec le
prince de Lucques que cette commande a eu lieu.

que artiste à cette toile inconnue, voilée si vite au regard curieux de Mariette.

Pompeo lui avait semblé plongé, devant ce cadre, dans une rêverie extatique. Une mélancolie indéfinissable noyait encore son regard quand il lui dit :

— Ah ! c'est vous, enfant ; vous m'avez surpris, car je parlais à quelqu'un.

— A quelqu'un ? demanda Mariette ; mais vous causez donc avec un être invisible ?

— Visible pour moi seul, dit Pompeo. Si vous me promettez de ne pas me demander son nom, je vous le ferai voir, Mariette.

— Qui ? la dame de ce portrait ? car c'est une femme, j'en suis sûre ; sans cela, auriez-vous recouvert si vite la toile que voici de son rideau, votre front serait-il si pâle, votre parole si tremblante ? Moi qui me croyais dépositaire de tous vos secrets, vous m'en cachez un ; c'est mal ! Je gage que ce sera quelque comédienne de l'hôtel de Bourgogne, que messire Bellerose veut vous faire immortaliser. Laissez-moi l'admirer à mon aise, je vous en prie.

Mariette avait jeté ces paroles à Pompeo d'un air ironique, elle avait peine alors à se défendre elle-même d'un sentiment inquiet de jalousie. L'âge de Pompeo établissait entre la jeune fille et lui une véritable disproportion, et cependant Mariette l'aimait au point de souffrir, à la seule idée d'une femme rivale qui lui eût ravi le cœur de cet homme, qu'elle préférait aux plus riches et aux plus beaux d'entre les seigneurs. Elle se jeta, émue et palpitante, dans ses bras.

— Je serais, dit-elle, si malheureuse de vous perdre, moi qui ai déjà perdu Charles !

Pompeo la releva, tout en l'attirant doucement hors de la galerie où se trouvait le portrait voilé. Il la fit asseoir sur un riche sofa incrusté de nacre, et lui demanda ce qui l'amenait. Mariette tremblait, elle mit quelque temps à se rassurer, puis elle reprit :

— Je ne viens point ici, mon cher Pompeo, admirer de stériles magnificences. Un danger réel me fait accourir vers vous ; voici de quoi il s'agit. Depuis qu'on vous sait absent de notre maison, vous qui m'y protégiez par votre seule présence, des gens suspects rôdent jour et nuit à ses alentours. Cette insistance étrange effraye mon père ; il existe surtout certain cavalier masqué dont il n'a pu sonder jusqu'ici les intentions. Ce mystérieux visiteur humecte rarement ses lèvres du vin que je lui verse ; seulement, dois-je vous le dire, son seul regard m'effraye à travers les trous de son masque ; il en veut peut-être à mon honneur, à ma vie. Toutefois, son silence ne me laisse rien entrevoir de ses projets ; j'ai remarqué seulement qu'il examinait avec une attention scrupuleuse la porte de la chambre où je dors chez maître Philippe. Le capitaine la Ripaille, retenu chez lui par une blessure dangereuse, n'a point apparu depuis longtemps au cabaret ; mais j'ai su de son valet Mardochée que ce damné masque s'étonnait des préparatifs somptueux de cet hôtel, dont vous dirigez l'exécution. Il a ajouté que cet inconnu lui paraissait être de la police, et qu'il craignait bien, pour sa part, qu'au premier jour elle ne vînt faire une descente à la *Pomme de pin*. Ceci m'a rassurée quelque peu en voyant qu'il n'était pas question de moi, et que ce prétendu séducteur ne cachait qu'un espion... Mais j'avais chez moi certain dépôt... Et tenez, reprit Mariette, en tirant un coffret de dessous sa mante, je vous l'apporte. Il sera plus en sûreté dans cet hôtel que dans la maison de mon protecteur, de mon père.

En même temps, Mariette remit à Pompeo un coffret de bois de sandal.

— D'où tenez-vous ce coffret ? demanda l'Italien dès qu'il en eut vu seulement l'écusson en forme de cœur.

— C'est mon secret, répondit la triste enfant ; j'ai trouvé ce dépôt dans des circonstances que je ne puis me résoudre à vous faire connaître. Comme ce coffret avait sa clef, je fus bien tentée de savoir ce qu'il contenait ; jugez de mon malheur! ce sont des lettres en italien! J'ai cependant lieu de supposer qu'elles ont quelque importance... Qui concernent-elles? vous le savez peut-être; en attendant, j'ai cru qu'il était prudent à moi de les garder. Je vous dirai plus tard dans quel lieu je les trouvai.

Pompeo n'écoutait plus. Agité d'un tremblement convulsif, il venait d'ouvrir le coffret et de le vider; Mariette avait dit vrai, il ne contenait que des lettres à moitié jaunies par le temps, mais chacune de ces lettres faisait refluer le sang de l'Italien jusqu'au cœur; la joie et la douleur se le disputaient. A la fin, il poussa un cri aigu, un cri de tigre blessé; puis, laissant échapper le coffret de ses mains froides, il retomba inanimé sur le parquet.

Mariette eut peur, elle était seule; elle courut jusqu'à la vasque de marbre ornée de tritons qui recevait l'onde cristalline d'un réservoir, près de la grande galerie.

Elle puisa de l'eau dans ses mains tremblantes et la versa sur le front brûlant de l'italien.

— Qui me rappelle à la vie? demanda Pompeo d'une voix sourde.

— Moi, moi, votre amie; moi, Mariette, répondit la jeune fille en écartant les cheveux de Pompeo.

Son souffle léger s'épanouit bientôt en fluide électrique sur les tempes de cet homme, qui la regarda avec une singulière expression. Une pensée amère, absorbante, déchirait le cœur de Pompeo; il se releva d'un bond en ramassant le coffret. Après y avoir renfermé les lettres, il en prit la clef, et la serrant dans sa poitrine, il dit à la jeune fille:

— Ces papiers, Mariette, renferment un secret qui me regarde moi seul; vous les avez remis sans le savoir à leur adresse... Un mot seulement: vous m'avez promis de me dire où vous les aviez trouvés?

— Dans la cabane de maître Gérard le passeux, répondit Mariette.

— C'est bien cela, reprit Pompeo d'une voix brève. Gérard m'avait dit qu'une femme lui avait confié ce dépôt...

— Mariette, continua-t-il en déposant un chaste baiser sur le front de la jeune fille, je t'ai promis de te faire voir une femme dont tu ne peux connaître ni l'histoire ni le nom. Cette femme, je l'ai connue belle et jeune comme toi; cette femme, je l'ai aimée... Maintenant, Mariette, si tu veux que je te présente à la fois le plus parfait miroir de la beauté et de la douleur humaines, regarde cette figure dont je soulève le voile. Cette femme était mère; cette femme, un misérable l'a privée de son enfant! Cet homme infâme, il faut que je le trouve, que je le provoque, qu'il meure! Car, si tu le veux savoir, Mariette, c'est ma fille qu'il a tuée, ma fille, le seul bien qui m'eût rattaché à la vie; ma fille que j'aimais, et dont tu ne peux toi-même à présent me tenir lieu! Je le jure ici devant ce portrait, Mariette, je tuerai cet homme! Il me rendra compte du sang versé, en quelque lieu qu'il se trouve. Mariette, Mariette! peux-tu bien comprendre l'étendue de ma douleur? Je sais le nom de cet homme, les lettres que tu m'as remises me l'ont appris. Et cependant, je suis là, immobile et foudroyé. Je regarde, ainsi que toi, ce portrait avec des pleurs dans les yeux! Ah! ce ne sont pas des pleurs, c'est du sang, c'est ma vengeance qu'il me faut! Mariette, adieu! lorsque je te reverrai, tu pourras te dire: Pompeo a puni celui que Dieu n'avait pas encore puni, il a écouté les voix de son cœur! Insensé que je suis, je croyais à la mort naturelle de ma fille; je ne soupçonnais ni la perfidie ni le crime. Mais il en est temps, mais cette nuit même les abords du Palais-Cardinal me sont frayés. Laisse-moi sortir, laisse-moi voler à la vengeance. Tu pâlis, enfant, tu considères cette beauté froide et sans voix! Celle que j'aimais est morte aussi!... Va, laisse retomber sur cette image ce rideau comme un linceul... Encore une fois adieu, suis-moi du regard et ne trahis pas mon secret. Qu'as-tu donc? tu trembles, tu te détournes et tu pleures? Ton cœur déborde-t-il comme le mien, Mariette? toi, pauvre orpheline, songerais-tu donc aussi à ta mère?

11.

Le cœur de Mariette était brisé, en effet, et de longues larmes brûlaient ses joues... La femme que retraçait ce portrait avait à peine vingt années; elle était si belle, que sa beauté frappa la jeune fille d'admiration et de douleur. Elle comprit bien vite que Pompeo l'eût aimée; mais en apprenant l'odieux forfait qui l'avait privé de sa fille, le ressouvenir amer de ses jeunes années, sur lesquelles un abandon fatal avait pesé, lui revint. Ce portrait qu'elle avait alors devant les yeux semblait l'attirer par un regard magnétique; Mariette en vint à le considérer comme celui d'une sœur. La personne en question était peinte en Diane partant pour la chasse; sa grâce et sa noblesse éblouissaient. Lorsque Mariette laissa retomber le rideau sur le cadre, il lui sembla entendre un soupir étouffé, comme celui d'une âme qui se plaindrait.

— Oh! s'écria-t-elle, j'ai peur; partons de ce palais inhabité, partons vite!

Dans sa frayeur, elle chercha Pompeo, mais Pompeo avait déjà fui... Mariette regagna la maison de Philippe Gruyn d'un pas chancelant... Elle trouva le vieillard inquiet de son absence, elle le rassura par de bonnes et douces paroles... Saint-Amand et la Ripaille entraient en ce moment au cabaret, tous deux s'entretenaient du bal que Son Eminence le cardinal de Richelieu croyait devoir donner ce soir même à l'occasion des Catalans qui venaient de se soumissionner au roi, après s'être révoltés contre Philippe V.

Le capitaine la Ripaille, relevant alors de maladie, ne ressemblait pas mal à feu le vicomte de Jodelet; sa pâleur devenait plus saillante en raison du vieux pourpoint de satin noir éraillé dont il s'était revêtu; ce satin, véritable repaire de mites, le digne Amilcar l'avait acheté, le matin, au pilier des halles. Le capitaine, éloigné longtemps du cabaret de maître Philippe par le plus malencontreux coup d'épée, avait alors la luette en feu.

— Çà, mon garçon, disait-il au sommelier, puisque j'ai

eu le bonheur d'échapper à l'Achéron et aux médecins,
humecte-moi. Saint-Amand, vous voyez cet habit; il est, je
l'espère, assez galant ! Allez, mon cher poëte; ah! vous en
verrez bien d'autres ! Comme vous l'avez dit vous-même
dans votre ode à monseigneur le duc d'Enghien :

> Battre le fer tant qu'il est chaud,
> Est un des points de ma science,
> Et mon courage noble et haut,
> Brûle toujours d'impatience!

Eh bien, oui ! je brûle d'impatience, mon cher Saint-
Amand. Tel que vous me voyez ici, je suis peut-être au plus
près de la faveur. Vous ne pouvez avoir oublié que je me
suis battu pour un vers de *Mirame*. Le gendarme de la
reine qui m'a blessé avait un rude poignet. Tant il y a que
j'ai gardé le lit un bon temps, et que j'eusse pu faire vingt
tragédies de la force de celle du cardinal pendant cette
longue maladie... Toutefois, comme je ne m'étais battu,
vous le pensez bien, que pour plaire à ce grand homme,
je me disais à part moi : Voilà un bélître ! Savoir qu'un
brave de ma trempe s'est battu pour soutenir un de ses
vers, et ne pas lui envoyer de quoi rafraîchir son admiration, c'est d'un plat gueux ! Mais, ventre-saint-gris! vous
allez voir que le cardinal a bonne mémoire...

— Pour ses vers, dit Saint-Amand, cela est possible.

— Pour ses amis... Écoutez... Cette nuit, et comme je
m'en revenais, la mine piteuse, à mon garni du *Bras
d'argent*, j'ai trouvé devant ma porte une sorte de grand
escogriffe vêtu de noir, masqué, renfrogné, capuchonné,
en un mot, toute la mine d'un vrai sbire. Rien qu'en le
voyant, j'avais mis la main à la garde de mon épée.

— Vous êtes, m'a-t-il dit, le brave capitaine Gaston de la
Ripaille?

— Pour vous servir, monsieur, ainsi que le roi, ré-
pondis-je.

— Il ne s'agit pas du roi, mais du cardinal, répliqua-t-il.

Demain, il y a fête au palais de Son Éminence; j'en sorti-
rai à minuit. Ne manquez pas de vous trouver alors à la
petite porte basse qui donne sur la rue des Bons-Enfants;
j'ai à vous y entretenir d'une chose qui peut faire votre
fortune.

— Cela dit, il me quitta et se perdit bientôt dans l'ombre
des ruelles qui entourent ma demeure. Je ne pense pas que
le quidam ait voulu se jouer de moi. Mort et sang! si je le
savais!...

— Remettez-vous, capitaine, dit Saint-Amand avec ironie,
le cardinal veut sans doute réparer ses torts... Allez à ce
rendez-vous de la petite porte, vous serez là plus en sûreté
que dans le bal même.

— Pourquoi cela?

— Parce qu'à ce bal on pourrait bien dire des vers du
Richelieu. Je vous vois lancé. Ce que c'est que d'applaudir
à propos!

— Oui, parlez-en à votre aise; que l'on m'y reprenne!
J'ai gardé le lit six mois.

— Je parie que le cardinal vous fera l'intendant de son
théâtre. Si cela est, mon cher capitaine, conseillez-lui donc
de le brûler.

Comme l'heure avançait, Saint-Amand engagea le capitaine à se hâter; car les violons de Tiberio devaient, disait-
il, commencer déjà la sarabande.

Brossant alors une dernière fois son feutre, et relevant les
deux crocs de sa moustache capriçante, la Ripaille sortit en
serrant la main du poëte de M. 'e duc de Retz, lequel demanda à Mardochée, son valet, de l'encre et une plume,
puis se mit à composer incessamment la satire du *Poëte
crotté*. Saint-Amand y dépeignait l'équipage de maint auteur de son temps, traînant par les rues un roquet de bouracan rouge en guise d'habit, une plume de coq et des
grègues trop longues d'une aune par un côté. La Ripaille,
avec sa broche et son costume, n'était guère mieux mis,
mais il ne tarda pas à voir s'ouvrir devant lui le Palais-

Cardinal, où brillait, sur la porte principale, l'écusson de Richelieu surmonté du chapeau rouge.

XXII

L'HOMME DE LA PETITE PORTE.

Cependant Pompeo n'écoutant que sa douleur et sa vengeance, venait déjà d'atteindre le seuil du palais de Richelieu.

Elevé sur l'emplacement des hôtels de Rambouillet et de Mercœur, le Palais-Cardinal devait à son architecte, le Mercier, le dédale de ses issues; ce dédale était de nature à dérouter les plus habiles.

Outre les escaliers des boudoirs, de la salle de bal, de la salle de spectacle, de celle des gardes et de la chapelle qui ouvraient sur plusieurs rues, une infinité d'autres sorties se croisaient jusqu'à l'hôtel de Sillery, situé vis-à-vis le palais, et qui n'en était séparé que par la rue Richelieu. Le ministre s'occupait alors de faire démolir cet hôtel pour en former une place digne de l'édifice qu'il venait de se construire.

Pompeo se heurta d'abord à tous ces échafaudages, il se tira du mieux qu'il lui fut possible des litières et des valets; arrivé enfin sous les arcades entre les bandeaux desquelles figuraient des galères sculptées (1), il s'arrêta.

Tout le monde se pressait alors devant la façade de la première cour, cet endroit était plus libre.

Cependant l'Italien ne l'avait atteint qu'à grand'peine; sa marche rapide, haletante, se trouvant gênée ici par un carrosse, plus loin par un îlot de gens empanachés qui, précédés tous de pages munis de torches, se rendaient chez le

(1) Le cardinal de Richelieu était amiral, et ces sculptures annonçaient sa charge résumée par le titre de grand maître chef et surintendant général de la navigation et commerce de France (GERMAIN BRICE, t. Ier, p. 196).

cardinal, force lui avait été d'écarter de temps à autre, avec sa rapière, des manants ou des oisifs ; aussi lorsqu'il se trouva sous les arcades, il s'éventa complaisamment avec la longue plume de son feutre.

En ce moment, et comme il prenait ses aises sous la colonnade, un laquais s'en vint lui demander ce qu'il faisait là, et s'il n'était pas, d'aventure, l'un des gens de M. de Luynes.

Dans la disposition d'esprit où il se trouvait, cette demande ne pouvait manquer de déplaire à Pompeo ; il toisa le laquais à le faire rentrer cent pieds sous terre.

— Insolent faquin ! s'écria-t-il, je suis ici parce qu'il me plaît d'y être. Arrière !

Puis, cette première fureur calmée, l'Italien comprenant qu'on allait peut-être lui faire un mauvais parti, céda aux remontrances de cet homme, et regagna la rue des Bons-Enfants.

Il n'y était pas depuis un quart d'heure à s'y promener de long en large, roulant mille plans de vengeance dans son esprit, quand un personnage enveloppé comme lui dans son manteau jusqu'aux yeux, et traînant sur le pavé une rapière formidable par sa longueur, se mit à arpenter le terrain, tout en ayant l'œil de temps à autre sur une petite porte basse attenant au palais, devant laquelle l'Italien marchait à grands pas sans y donner la moindre attention.

— C'est lui, plus de doute, murmura le personnage à la rapière. Diable ! il est à l'avance, il m'avait dit : A minuit !

Et s'approchant de Pompeo avec une obséquieuse précaution, le nouveau venu s'excusa de s'être laissé prévenir par lui au rendez-vous.

— De quel rendez-vous voulez-vous parler, monsieur ? demanda l'Italien d'une voix brève.

— Mais... monseigneur... reprit l'homme à la rapière, de celui que vous m'avez donné hier soir. Vous ne pouvez, je pense, l'avoir oublié ; ne me reconnaissez-vous pas ? je suis le capitaine la Ripaille...

—Au diable! dit Pompeo, vous vous méprenez, mon cher.

— Pardon, monseigneur, je ne me méprends pas... nous voici bien tous deux devant la porte basse.

— Eh bien! qu'y a-t-il? que me voulez-vous? Je vous préviens que je n'aime pas que l'on marche sur mes talons.

La Ripaille commença à croire qu'il était la dupe de quelque mauvaise plaisanterie.

— Monsieur, reprit-il, comme la personne qui m'a parlé hier soir portait un masque, j'aurais peine à affirmer que ce soit vous. Cependant vous trouverez bien que je continue à attendre ici, car j'ai affaire.

Disant ainsi, le capitaine se mit à siffler lestement un air de chasse.

— Ce drôle me déplaît, pensa Pompeo. Serait-ce d'aventure un espion du cardinal? Je vais lui faire quitter la place, mordieu! ou alors nous allons voir!

Si le capitaine était furieux de se voir joué, Pompeo, de son côté, trouvait ses allures matamores hors de saison; ils se regardèrent dans les demi-ténèbres comme deux chats courroucés.

— Ainsi, reprit Pompeo, vous prétendez demeurer ici obstinément?

— Ici comme ailleurs, dit le capitaine; la rue est, je pense, à tout le monde.

Et il se remit à se promener sur les chausses de Pompeo.

— Monsieur, dit l'Italien en faisant voltiger quelques étincelles du pavé avec la lame de son épée à coquille, voulez-vous voir, une fois dans votre vie, une lame de Burgos?

— Monsieur, reprit la Ripaille, cette colichemarde que je vous présente, vient du fourbisseur de l'arche Marion. Elle n'en est peut-être pas plus mauvaise pour cela.

— On nomme la mienne *la victorieuse*, dit Pompeo.

— Et la mienne *la gigantesque*, objecta le capitaine.

— Êtes-vous de qualité? demanda Pompeo en toisant la Ripaille avec dédain.

— Oui, certes, et je le prouverai, répondit l'autre. Si cela vous agrée, monsieur, et que vous désiriez tuer le temps.

— Comme il vous plaira, dit l'Italien, qui se mit en garde.

Les deux champions venaient de croiser à peine le fer, que Pompeo désarma le capitaine d'un revers élégant et ferme à la fois. La Ripaille, furieux, ramassa *la gigantesque* et attaqua vigoureusement son adversaire.

Accoutumé depuis longtemps à ces passades, Pompeo se défendait en décochant de temps à autre d'ironiques compliments au capitaine.

— Bien, très-bien! disait-il; la main plus à droite, les ongles en dessous. Tudieu, quel bras! vous voulez donc me tuer?

La Ripaille, exaspéré, allait peut-être se ruer à tout hasard sur Pompeo, quand tout d'un coup des casaques rouges des gardes du cardinal apparurent au bout de la rue des Bons-Enfants.

— Alerte! cria Pompeo, sauve qui peut!

— Par ma foi! voilà qui est un peu fort, s'écria le commandant de l'escouade en se saisissant de l'un des combattants qui venait de rouler sur le pavé; se battre ici malgré les édits, ici même... sous les fenêtres du cardinal! Faites votre devoir, messieurs les archers, et vous, pas un mot; sinon, vous aggravez votre faute, ajouta le commandant au coupable.

Ces paroles à peine dites, l'escouade environna le délinquant et l'entraîna. Pendant ce temps, son rival avait eu le temps de se blottir derrière un pilier dans l'ombre épaisse que formait le cintre de la petite porte basse.

Les ténèbres profondes qui entouraient cet endroit ne permirent pas au commandant des archers de croire que quelqu'un y fût caché; satisfait de sa prise, il se contenta de s'éloigner en disant :

— Il faudra bien que celui-ci nous apprenne le nom de son complice.

Sur ces entrefaites, et comme les archers venaient de gagner le bout de la rue, minuit sonna à l'église de l'Oratoire. La petite porte s'ouvrit lentement.

Un homme masqué en sortit, il posa la main sur le champion assez heureux pour avoir échappé aux griffes du guet.

— Bien, murmura-t-il, capitaine la Ripaille; vous m'attendiez.

Minuit sonne, poursuivit-il. Vous devez bien penser que je ne vous ennuierai pas de longs discours. Je sors du bal, où j'ai vu Son Eminence. Il a été convenu entre elle et moi qu'on vous chargerait d'une commission pressée... A l'extrémité de l'île Saint-Louis s'élève maintenant un hôtel que se fait bâtir un comte italien du nom de San-Pietro... Vous le savez?

Celui auquel s'adressait l'homme masqué baissa la tête en signe d'affirmation.

— Vous connaissez cet hôtel? L'architecte qui en dirige le travail est un certain Pompeo... Il faudra savoir au juste quand il y entre ou quand il en sort. Demain, à pareille heure, il faut qu'il n'y rentre plus... Vous comprenez, n'est-ce pas?

— Monseigneur sera obéi.

— Le coup fait, vous passerez en Lorraine deux mois seulement. Là j'aurai soin de vous, de votre avancement; je vous le promets.

L'homme masqué s'attendait à une réponse, et paraissait prêt à quitter ensuite la place, quand tout d'un coup il poussa un cri étouffé. Ses mains se voyaient serrées par celles de son interlocuteur comme dans un étau de fer.

— Y songez-vous, capitaine? quel accès vous prend? lui demanda-t-il; quittez-moi!

— Je ne te quitte plus, reprit une voix qui fit tressaillir l'homme masqué au fond des entrailles. Vaincu par la surprise et la douleur, il n'osait crier. Au lieu de la Ripaille, il avait devant lui Pompeo.

— Oui-da! reprit celui-ci, en n'ayant garde de lâcher le

bras qu'il serrait; vous envoyez trop vite les gens dans
l'autre monde, monseigneur !

— Que voulez-vous de moi? que demandez-vous? demanda le masque d'une voix éteinte, et cédant à la pression vigoureuse de Pompeo.

— Rien, absolument rien que de facile, monseigneur,
que vous me suiviez, voilà tout. Nous irons, si tel est votre
bon plaisir, par les quais, jusqu'à la rue des Lions-Saint-
Paul. La promenade est peut-être un peu longue, mais
nous l'avons déjà faite ensemble... il doit vous en souvenir?

— Oui, certainement... mais lâchez-moi... ou je vais appeler, dit l'homme en se débattant.

— Monseigneur, dit Pompeo, je dois vous prévenir qu'au
premier cri de Votre Excellence, un tout petit poignard catalan, que m'a donné, en Espagne, une hôtelière du nom
de Pepa, suffirait pour vous faire taire. Nous allons, si tel
est toujours votre bon plaisir, causer raison. Vous vous rappelez fort bien ce que vous me fîtes faire, il y a plus d'un
an, dans la rue des Lions-Saint-Paul, n'est-ce pas?

— Oui.

— Moi, de mon côté, je ne l'ai point oublié. Je vois toujours cette chambre dont je décrirais le moindre détail, et
cette femme voilée que vous me dîtes de jeter en Seine... Mais
vous n'avez pas oublié non plus, monseigneur, à quelles
conditions je me fis, ce soir-là, votre valet, je veux dire
votre bourreau... Un homme existait alors à Paris; il y est,
il s'y cache encore, je le sais, cet homme; vous promîtes
de me le livrer, vous me le promîtes devant Dieu... Vous
savez mieux que tout autre ce qui vous a empêché de tenir
votre parole. Maintenant, monseigneur, peu m'importent
vos motifs; je viens vous dire qu'il me le faut, que vous me
le devez, que je le veux sur l'heure, ou bien je vous tue...

La voix de Pompeo, gonflée par la rage et la colère, acquérait en ce moment une sonorité lugubre; sa figure, con-
tractée par les passions violentes qui l'agitaient, était devenue si terrible, son geste si fier, que le masque se sentit

prêt à défaillir. Toujours entraîné par la main de fer de Pompeo, il suivait machinalement la ligne du quai qui longe le Louvre, il songeait à donner le change à l'Italien par quelque ruse.

— Monseigneur, reprit Pompeo, j'attends.

Il tira son poignard catalan de son étui, et le fit briller aux molles clartés de la lune.

— Grâce, s'écria l'homme; Pompeo, grâce, dans quelques jours je te livrerai Samuel !

— Non dans quelques jours, sur l'heure même.

— Je te demande quinze jours.

— Pas un seul, il me le faut.

— Ecoute, Pompeo, si je te rends le plus heureux des hommes, toi jusqu'ici le plus malheureux peut-être, m'accorderas-tu le délai que je te demande ?

— C'est selon. D'abord je veux savoir à qui je parle; je vous ai appelé monseigneur, mais qui êtes-vous ?

— Ton ami, rien que ton ami, Pompeo, reprit le masque, un homme que tu accuses et qui veut te combler de joie. Ecoute...

— J'écoute, dit Pompeo.

— Tu ignores peut-être que tu avais une fille...

— J'en avais une, oui, cela est vrai... murmura Pompeo d'une voix sourde. Mais ce misérable...

En même temps, les sanglots l'interrompirent.

— Pompeo, reprit le masque, ne pleure plus... elle vit.

— Elle vit, elle, ma fille ! elle vit, dis-tu ? Ah ! tu ne me trompes pas, qui que tu sois, toi dont je veux bien respecter ici le masque ! Ma fille existe ! tu sais où elle est, je la verrai !

— Dès ce soir, si tu veux.

— Ah ! ne te fais pas un jeu de ma douleur, toi qui me parles, ou crains ma vengeance !

— Je ne redoute rien de toi, je ne mens pas.

— Va donc, guide-moi vers mon enfant ! Je prends à témoin ces étoiles, ce fleuve, ces murailles, que si tu me la

montres, il ne te sera rien fait. Ce poignard, je l'attacherai
à ton pourpoint quand tu sortiras; cette rapière sera la
tienne. Tu me rends ma fille ! oh ! je te bénis, je t'aime !
Mais songe à te hâter; indique-moi vers quel lieu... Je hais
bien cet homme, ajouta Pompeo, je hais ce Samuel à payer
de tout mon sang un quart d'heure de ma vengeance... eh
bien, je la différerai si tu me fais voir ma fille... Mais qui
donc es-tu, toi qui connais et remues tant de secrets ? Qui
donc es-tu, toi qui fais succéder ainsi les voix les plus op-
posées au fond de mon cœur ?

— Tu me demandes qui je suis? répliqua le masque avec
un rire strident, tu veux le savoir, Pompeo ?

— Dis-le-moi ! oh ! ne fût-ce que par pitié.

— Pompeo, dit l'homme en s'arrêtant, je suis une énigme
vivante. Ange ou démon, peu t'importe. Tu vas voir ta fille,
frappe ici.

— Ici ! s'écria Pompeo étonné, ici ! mais c'est la demeure
de maître Philippe, c'est le cabaret de la *Pomme de pin !*
il n'y a ici qu'une enfant, c'est Mariette !

Tous deux étaient arrivés, en effet, vis-à-vis de l'enseigne,
qui criait sur sa longue flèche, agitée par le vent des fraî-
ches brises de la Seine. Aucune lumière ne troublait alors
l'obscurité de cette vieille façade ornée de grillages de fer.

— Mariette ! Mariette ! soupirait l'Italien dont les pleurs
mouillaient les yeux.

En ce moment Pompeo avait oublié sa vengeance, il ne
se possédait plus de joie, il était fou.

— Mais comment pénétrer à cette heure chez maître Philippe, objecta-t-il à son compagnon. Je vais le réveiller, je
vais crier.

— Garde-t'en bien, répondit le masque, je m'en charge.
Il ne faut pas que maître Philippe nous voie. Escaladons le
mur du petit jardin; une fois là, je me chargerai du reste.

XXIII

LE SACHET.

Le mur du jardin était fort bas, Pompeo et le masque l'eurent bien vite escaladé.

En traversant ce petit enclos où souvent il avait caché sa tristesse à tous les regards, l'Italien essuya une larme furtive. Il se souvenait sans doute que là, dans ce maigre terrain planté de bouleaux, dans ces allées, sous cette tonnelle, Mariette avait écouté plus d'une fois les voix douloureuses de son cœur.

— Mariette ! murmura-t-il, Mariette ! oh ! comment ne t'avais-je pas devinée à tes bonnes et consolantes paroles ! quelle autre que ma fille eût pu me calmer et me guérir ?

Une crainte soudaine s'empara toutefois de Pompeo, en examinant de nouveau son guide... Etait-ce donc un piége qu'il allait lui tendre, était-ce un moyen d'arrêter son bras et d'enchaîner sa vengeance ?

En proie à ce doute poignant, l'Italien suivit l'homme jusqu'à la petite porte d'un escalier qui communiquait à la chambre de maître Philippe, arrivé en ce lieu, il lui recommanda de tenir son souffle et d'amortir le bruit de ses pas.

Pompeo connaissait cet escalier aussi bien que lui, mais il lui parut étrange que l'homme le connût; cet escalier conduisait à la pièce habitée par Mariette...

— Tu savais donc où demeure celle que nous cherchons ? demanda-t-il avec une anxiété secrète à son guide.

— Rassure-toi, on n'est pas dans les bonnes grâces de Son Eminence pour rien.

Pompeo trembla en entendant ces paroles, son courage manqua de l'abandonner.

Le cardinal aurait-il donc semé aussi les dangers et l'espionnage autour d'elle? pensa Pompeo ; j'entre bien souvent dans cette chambre, un autre que moi en saurait-il les secrets? Secrets charmants, embaumés, asile chaste et doux dans lequel je ne pénètre moi-même qu'en me découvrant comme au seuil d'un temple, nid de colombe que je croyais jusqu'ici à l'abri de tout vautour. N'importe, quel que soit le sort qui m'attend ici, oui, je dois entrer résolûment. Mariette, rassure-toi; je n'étais hier que ton ami, maintenant un lien indissoluble nous unit.

Une vive lumière s'échappait alors de la porte entr'ouverte de Mariette; à travers la cloison qui séparait la chambre de l'escalier, on entendait le souffle égal et pur de son sommeil; le silence du dehors était profond.

A peine entré, le guide de Pompeo se tint sur le seuil, en lui indiquant du doigt la jeune fille endormie... Pompeo s'agenouilla rapidement devant le lit, des larmes abondantes mouillaient ses joues. L'instinct paternel écartait en lui le soupçon : il examina Mariette dans une extase recueillie.

La belle enfant dormait, un de ses bras blancs passés sous son cou; elle avait dénoué ses cheveux retombant en boucles épaisses sur ses épaules, de façon à s'en faire une sorte d'oreiller sur lequel sa figure se détachait aussi pâle qu'un marbre. L'ombre de ses cils, renvoyée sur son visage par une lampe suspendue près du chevet, était d'un contour et d'une ligne séraphiques. La lumière inondait tour à tour son front légèrement bombé, et sa poitrine délicate et le jais luisant de ses cheveux; un sourire ineffable de langueur errait sur ses lèvres. Sa tête penchait alors comme celle d'un lis chargé de pluie, son haleine douce avait l'arome des fleurs. Un petit sachet était retenu par un fil léger à son cou, l'Italien frissonna en le voyant.

— T'avais-je menti? demanda le masque.

— Non, répondit Pompeo, car ce sachet fut ouvragé par ma sœur elle-même au couvent des dames de la Celestia à Venise. Ce sachet, je l'avais donné à une personne...

Que tu aimes encore, que tu aimeras toujours, interrompit sourdement le masque. Insensé, qui ignore que l'amour d'une femme est aussi fantasque qu'il est rapide, et qu'au delà de la tombe il n'y a plus d'espérance !

— Pourquoi parler de tombe ? Laisse-moi, je suis heureux, si heureux, vois-tu, que devant ce lit qui ressemble pour moi à un berceau, j'oublie presque ma vengeance ! Ma fille ! je vois ma fille !... Toi qui me l'as rendue, dis-moi du moins comment elle se trouve ici. Serait-ce donc toi qui l'aurait couverte de ton amour, toi qui l'aurais sauvée de la mort et de l'opprobre ! Quel que soit ton nom, je te le répète, oh ! si tu as fait cela, sois béni ! Mon Dieu ! pourquoi faut-il que je sois pauvre ? Mais si tu exiges de l'or, dis-le, je travaillerai, j'engagerai ma vie pour m'acquitter de ma dette. Réponds-moi donc, es-tu mon bienfaiteur, toi qui te caches, ou ne serais-tu, après tout, qu'un hasard heureux dans mon existence ?

— Rien de tout cela, Pompeo ; sache seulement que durant toute ma vie, il m'a été impossible de surprendre un pâle rayon de bonheur ; pour te donner celui-ci, tu peux songer à ce qu'il m'en coûte. Oui, chaque minute de ta félicité présente est un feu qui me tord et qui me brûle, et, vois-tu, si je restais plus longtemps, la contemplation de ton bonheur me rendrait peut-être coupable.

— Que veux-tu dire ?

— Qu'en ce moment même j'ai peur de moi... Tu pleures, n'est-ce pas, mais tu pleures d'attendrissement ; moi, je pleure de rage ; je t'ai ouvert le ciel, moi, je retombe dans l'enfer !

En disant ainsi, le masque avait franchi les degrés de l'escalier. Épuisé, anéanti, Pompeo ne pouvait comprendre le sens de ces lugubres paroles. Son regard errait tour à tour sur le lit de la jeune fille et sur la place que le masque mystérieux avait quittée. Mariette, endormie, semblait alors en proie à un rêve qui l'absorbait, son front se plissait par instants comme l'onde du lac sous la tempête ; d'autres

fois il reprenait une sérénité joyeuse. Sa poitrine battit
bientôt avec force, elle étendit les mains, puis elle les
laissa retomber en murmurant une suite de mots confus.

— Charles ! s'écria-t-elle enfin avec un effort singulier,
Charles devant moi... lui, Charles !...

Et elle semblait étreindre, appeler vers elle quelque
fantôme invisible. Peu à peu la voix se sécha dans son
gosier, peu à peu le sommeil ressaisit ses droits sur elle.
Pompeo écoutait encore avec avidité le bruit de son souffle ; il se penchait sur son front, quand il lui sembla
qu'on l'appelait lui-même dans la rue.

L'Italien crut d'abord s'être trompé. La voix prononça de
nouveau son nom, il entr'ouvrit la fenêtre.

— Pompeo, dit la voix, j'ai oublié de te donner un conseil. Tu as aimé Teresina Pitti dont le duc de Fornaro a
fait sa femme, défie-toi maintenant de la comtesse de
San-Pietro !

L'Italien avait reconnu cette voix assourdie sous le masque ; il allait courir à la recherche du ténébreux personnage, quand il s'aperçut qu'il s'était déjà enfoncé dans
l'une des ruelles transversales à la rue des Nonaindières.
En ce moment, le jour bleuâtre frappait les vitres de la
chambre de Mariette, la lampe suspendue au-dessus du lit
venait de s'éteindre.

— Il est temps de partir, murmura Pompeo, il est temps
de s'arracher de ce lieu où dort mon bien le plus cher.
Adieu, Mariette, que les anges du ciel veillent sur toi, qu'ils
me conservent ma fille ! Moi, je dois songer à tromper la
perfidie, et la haine qui me poursuivent ! Oh ! la vie m'est
précieuse, maintenant que j'ai un enfant ; la quitter ici,
n'est-ce pas déjà mourir ?

Des larmes abondantes s'échappaient des yeux de Pompeo, il regardait Mariette dans un silence plein d'angoisses
et de frayeur, il ne voyait pas sans une mortelle tristesse
l'aube grandir et s'accroître sur les murs de la petite chambre. Un morceau de glace, un pot de fleurs, misérable vase

ébréché, une mandoline et deux planches de chêne chargées de livres formaient les seuls ornements du gîte de Mariette, il y avait au lit une image de la Vierge du Rosaire.

Cette vierge se trouvait aussi brodée sur le sachet que la jeune fille portait au cou.

Pompeo, au moment de partir, prit des ciseaux qu'il trouva sur la table de Mariette, et il trancha le fil qui retenait le sachet.

Quand Mariette s'éveilla, Pompeo était bien loin...

Mariette semblait encore se débattre sous l'impression d'un rêve étrange ; elle tremblait, elle était pâle ; elle courut d'abord se regarder à sa petite glace... Le désordre de son visage la surprit ; mais ce qui l'étonna davantage, ce fut de trouver sa fenêtre ouverte... sa fenêtre que Pompeo avait oublié de refermer.

En même temps, par un mouvement machinal, elle porta la main à son cou, sa stupeur augmenta en n'y trouvant plus son sachet.

— Veillé-je encore? se dit-elle, serait-ce donc lui? mon songe ne serait-il pas un songe? Non, c'est bien lui, poursuivit-elle, je l'ai vu, je l'ai appelé ; ce sachet, que je porte depuis ma naissance, il l'a détaché de mon cou, j'en suis bien sûre. N'était-il pas là, il n'y a qu'un instant, timide et confus, près de mon lit? ne s'accusait-il pas de sa fuite soudaine, de mon désespoir et de mes larmes? Je le vois encore se jeter à mes genoux avec des sanglots, il me priait de lui pardonner, il me disait que j'étais sa vie ! Charles devant moi, Charles à mes pieds, lui, Charles ! il était sincère, éloquent comme autrefois ! Quand je lui ai parlé de celle qu'il aimait et pour laquelle il m'avait quittée, il a secoué la tête avec un soupir, il me l'a montrée livide et muette ; elle était morte ! C'est par cette fenêtre qu'il est entré, c'est par là qu'il est parti.

Parti ! s'écria-t-elle en se penchant sur le quai, parti ! lui que je voulais retenir. Mon Dieu ! la tête me brûle ; il m'a abandonnée, je suis folle !

I.   12

Et Mariette, se tordant les bras de désespoir, semblait
suivre encore des yeux celui que son rêve lui avait montré ;
elle revoyait Charles, jeune, triste et beau, elle lui parlait
comme s'il eût pu l'entendre.

Égarée, vaincue par cette hallucination de son rêve, elle
descendit quelques marches, tout le monde reposait dans
la maison.

Rien n'indiquait ou ne trahissait le passage d'un malfai-
teur, chaque meuble était à sa place, la porte du cabaret
était verrouillée avec soin comme de coutume.

— C'est lui, c'est bien lui, se répéta la jolie fille. Quel
autre que Charles eût pu s'introduire ainsi dans cette maison ? Il aura craint sans doute le courroux de maître Philippe ; il ne sait donc pas que les bras paternels ne restent
jamais fermés ! Qu'il était charmant et simple à la fois,
mais aussi quels remords mes paroles firent naître en lui,
quelle douleur l'a saisi quand il m'a demandé le sujet de
ma tristesse ! Cette femme est morte, je l'ai vue morte, il
est donc libre ! Il a coupé mon sachet, il l'aura coupé avec
ses ciseaux, mais il me le rendra ; maintenant, c'est moi
qu'il aime !

Et Mariette resta convaincue que Charles était de retour,
qu'il avait tenté de la revoir, mais qu'il n'avait osé affronter le regard de maître Philippe, son père. L'exaltation que
lui avait causée ce rêve se soutint ; la jeune fille descendit
dans le jardin d'un pied furtif. Chaque arbre lui parlait de
Charles. Sur la fleur des buissons bordant l'enclos, le
rouge-gorge modulait son air matinal ; les bourgeons s'ouvraient au souffle tiède du printemps, l'air et le bonheur
étaient partout. D'un bosquet voisin partit une volée criarde
d'oiseaux, et Mariette envia leurs ailes.

— Captive ici, se dit-elle en remontant avec tristesse dans
sa petite chambre, captive lorsque Charles arrive ! En quel
lieu pourrai-je désormais le rencontrer ? A qui m'adresser
pour le revoir ? En même temps, la jeune fille souleva près

de son alcôve un léger rideau ; un équipement complet de cavalier était suspendu à la muraille.

La voix de maître Philippe la força d'abandonner sur-le-champ l'examen que Mariette faisait de ce costume. Cette voix rappelait la pauvre enfant à la réalité.

Quand elle se trouva vis-à-vis de maître Philippe, elle demeura frappée de son air d'abattement. Le visage du cabaretier avait la pâleur d'un linge.

— Qu'avez-vous donc, mon père ? lui demanda-t-elle avec crainte.

— Rien, répondit-il ; un rêve bizarre, voilà tout. J'ai cru voir devant ma maison des ouvriers nocturnes qui dressaient un échafaudage...

— Celui-ci, sans doute, reprit Mariette en montrant à maître Philippe un poteau auquel manquait encore la lanterne.

— Celui-ci même, répondit maître Philippe, en regardant sur le quai des Ormes le poteau placé devant sa maison. C'est singulier...

— Et qu'y a-t-il donc là qui doive vous alarmer si fort, mon bon père ?

— Rien, reprit maître Philippe d'un ton morne, si ce n'est qu'au lieu de réverbère il y avait autre chose...

— Quoi donc ?

— Un homme pendu... et cet homme, je le connais.

Maître Philippe se signa tristement, et se remit comme d'habitude à son comptoir.

XXIV

LE RENDEZ-VOUS.

Cependant l'hôtel de l'île (tel était le nom qu'on lui donnait) s'élevait comme un palais enchanté sur l'emplacement choisi par Bellerose ; sa façade nouvelle étonnait le naïf bourgeois, bien qu'elle n'étalât ni bossages ni moulures; ses hautes croisées s'ouvrant sur la Seine laissaient apercevoir un monde étincelant de dorures, de coupoles et de corniches; le cristal des lustres éblouissait, un air de grandeur et de majesté régnait partout.

Le soir était venu, et ses larges ombres drapaient la Seine...

Dans une pièce reculée dont les panneaux représentaient des oiseaux des îles, des fruits, des satyres, près d'une cheminée revêtue du plus beau marbre de Sicile, un homme était assis devant une table chargée de papiers; un secrétaire copiait des lettres sous sa dictée, pendant qu'un coureur en jaquette de soie orange et rouge attendait les missives dont le maître allait le charger.

Ce maître était Bellerose...

Le menton appuyé dans sa main, d'un air profond et méditatif, le comédien dictait alors des invitations à Saint-Amand, type rêveur et paresseux des poëtes d'alors, qui faisaient un peu de tout, et recherchaient le patronage des grands seigneurs pour abriter leur indolence habituelle. A chaque tournure de phrase de Bellerose, Saint-Amand hochait la tête comme s'il eût blâmé cette rédaction, qui en effet était passablement ampoulée... Deux énormes candélabres, garnis chacun de quatre bougies, brûlaient sur la table recouverte d'un tapis vert; un flacon de vin de Malvoisie servait à entretenir la longanimité du poëte.

Devenu secrétaire en attendant mieux, Saint-Amand suait dans son harnais. Soixante lettres ou billets venaient de se voir expédiés par lui depuis le matin, et chacun avec une formule variée suivant le rang de l'invité.

Ce travail terminé, Bellerose se leva et donna sa correspondance au coureur, en lui recommandant de faire diligence dès le lendemain au petit jour.

Le comédien et le poëte passèrent alors ensemble dans une vaste et somptueuse pièce, dont un dais de satin occupait le milieu. Au-dessous de ce dais, un lit exhaussé sur une estrade étalait son fronton empanaché.

Ce sanctuaire, tendu de magnifiques tapisseries de perles frangées d'or, était digne d'une princesse ; deux figures en cariatides soulevaient ses rideaux épais : c'étaient le berger Pâris et Vénus. Un prie-Dieu et une toilette étaient renfermés dans la balustrade, sur laquelle six miroirs de Venise aux bras chargés de lumières jetaient alors des lueurs vives et splendides.

Saint-Amand se récria rien qu'en voyant le plafond de cette chambre, qui représentait la Nuit avec son cortége d'étoiles. Des amours sculptés soutenaient la boiserie de la glace principale, des médaillons peints en grisaille retraçaient partout des scènes de la fable. Le canton d'armes placé au-dessus du lit était vide...

—Eh bien! demanda Bellerose en jouissant de l'étonnement du poëte, cette pièce vous paraît-elle digne d'être chantée ? C'est la chambre à coucher de la comtesse. De ce balcon, elle peut voir s'éteindre les feux du Louvre ; les bruits de la ville expirent ici, voyez. A peine un sillage de nacelle sur l'eau, à peine un bruit de pas, un silence à faire envie au désert. L'Arsenal, troué de quelques maigres lumières, déroule à votre droite sa masse noirâtre ; les ormes du quai frémissent sous la brise. Ah! c'est une belle nuit. Moi, qui ai vu l'Italie, je puis vous parler sciemment de ce tableau, de ce panorama coupé par le ruban moiré du fleuve. La lune y baigne en paix son disque argenté. N'admirez-vous pas comme moi ces maisons, ces ponts lumineux et leurs grandes ombres? Le comte de San-Pietro ne pouvait choisir un meilleur temps pour arriver; aussi, vers une heure de la nuit, j'attends en ce lieu Son Excellence...

Bellerose, en parlant ainsi, avait ouvert l'une des fenêtres du balcon. Saint-Amand se contenta de lui faire observer deux nuages noirs, dont le corps allongé comme celui de deux phoques semblait vouloir obscurcir la splendeur de l'astre nocturne. Un vent léger s'élevait, et promenait sur le quai sa raffale de poussière.

—Je crains que le temps si vanté par vous ne se gâte,

12.

dit le poëte; ce serait vraiment dommage que le comte fût reçu ici par le tonnerre. J'ai ouï dire à la vieille marquise de la Fare, que le soir où elle avait mis le pied dans son château de Bourgogne pour la première fois, la grêle avait brisé les vitres de ses fenêtres; elle redemanda ses chevaux et partit le lendemain.

— Le comte de San-Pietro sera moins superstitieux que la marquise, mon cher, dit Bellerose en cachant mal un vague sentiment d'inquiétude.

Il revint à la table, où Saint-Amand se versa une rasade copieuse de malvoisie.

— A ses souhaits, dit Saint-Amand en vidant son verre; moi, je vais rejoindre ma chambre près de la place Dauphine. N'oubliez pas, du moins, de lui parler de moi, Bellerose, je veux lui apprendre à rimer, cela est de mise; aujourd'hui on ne parle plus qu'en vers.

Le comédien pressa la main du poëte; en le reconduisant, il trouva un exprès chargé d'une lettre pour lui.

A peine Bellerose en avait-il brisé le cachet, qu'il laissa échapper un geste d'étonnement; le billet en question était de Pompeo et contenait ces simples paroles :

« Mon cher Bellerose, ma liberté se trouve menacée en ce moment-ci, n'espérez donc pas me revoir avant un temps. Une vengeance mystérieuse me poursuit, ma tête est à prix, j'ai dû me cacher dans Paris même. Si je souffre de me voir ainsi sujet aux persécutions les plus vives, en revanche une voix si pure et si profonde me console, que j'ai voulu l'enfouir loin de tous les yeux comme un trésor. Ma vie est changée, maintenant, je ne vis plus pour moi seul. Un jour, bientôt peut-être, je vous reverrai et je vous en dirai plus. En attendant, recevez dignement votre noble maître, et pensez quelquefois à son architecte Pompeo. Adieu. »

En parcourant ce billet, la première idée de Bellerose fut que l'Italien avait conquis les faveurs de quelque dame en puissance d'époux, et qu'il avait intérêt à lui cacher son bonheur. Le comédien, par un retour naturel sur lui, se regarda à la glace, en se demandant si Bellerose ne méritait pas une bonne fortune plus que Pompeo.

Bellerose, en s'admirant ainsi d'un air fat, pensait à la comtesse de San-Pietro.

Il ne l'avait pas vue, mais on en parlait tant à Florence, que la curiosité de cette merveille de beauté le préoccupait. Quelle pouvait être cette femme pour laquelle Charles Gruyn avait fait construire un si admirable hôtel? De quelle nature était donc l'empire qu'elle exerçait sur l'ambitieux jeune homme? Bellerose, étendu mollement dans un fauteuil, rêvait encore à ces choses, quand un vent fougueux menaça d'éteindre les bougies posées sur sa table de travail; il se hâta de refermer la fenêtre de cette pièce.

En quelques minutes le ciel, d'abord si limpide, s'était couvert; des éclairs éblouissants le sillonnaient. Une pluie soudaine, que fouettait encore l'ouragan contre les vitres, inondait le pavé; l'écho de la foudre roulait au loin.

— Saint-Amand serait-il devin? se demanda Bellerose; en ce cas, au lieu d'en faire un secrétaire de mes commandements, j'aurais dû lui mettre en main la lunette magique de Nostradamus. Quelle trombe, bon Dieu! et par quels chemins la voiture de la comtesse va-t-elle passer!

Bellerose achevait à peine ce monologue, lorsque le roulement d'un carrosse se fit entendre. Presque au même instant, un éclair livide sillonna le parapet du quai d'Anjou; un cri de frayeur s'échappa du fond de la voiture. La foudre venait de tomber, en décrivant un serpent de feu, sur l'un des chevaux, qui tomba asphyxié.

Ne consultant que son intrépidité, un jeune homme avait ouvert la portière de la voiture, emportant dans ses bras une femme plus morte que vive; Bellerose, troublé, l'aida bientôt; un vaste salon les reçut.

La comtesse de San-Pietro était si pâle, que l'on eût dit alors d'un marbre lavé par la pluie. Le seul trajet de la cour au salon en faisait un véritable objet de pitié : sa robe, ses cheveux, son voile, ruisselaient sur le parquet; elle était sans voix, frappée d'une étrange et muette stupeur, comme une femme de qui la foudre eût touché le corps. Charles lui prenait les mains, il cherchait à la réchauffer; mais les yeux de Teresina ne s'étaient pas même ouverts.

Insensiblement, cette frayeur horrible se calma; la raison revint à la comtesse; elle promena autour d'elle un regard lourd.

Bellerose, à peine remis lui-même, l'admirait encore dans une sorte d'extase, quand Charles Gruyn lui fit signe de le laisser seul. S'approchant alors de Teresina, le jeune homme se mit à genoux devant elle, attendant qu'elle parlât, ému et palpitant comme s'il eût franchi la distance d'un précipice.

La comtesse de San-Pietro écarta ses cheveux d'une main appesantie, et fixant les splendeurs du lieu où elle se trouvait, comme à travers un voile :

— Où suis-je? demanda-t-elle en touchant ses vêtements humides de pluie; qui donc est là devant moi?... Oui, continua-t-elle, il m'en souvient... je me suis déjà réveillée une fois, glacée par l'eau qui ruisselait ainsi sur mon corps; un homme était aussi à mes pieds... Il y a un an de cela... Oh! mon Dieu, mon Dieu! continua-t-elle en se voilant le front de ses deux mains, c'était horrible!...

— Teresina, reprit Charles en la voyant ainsi égarée, calmez-vous, je vous en conjure.

— Mais où suis-je donc? demanda-t-elle de nouveau en se soulevant sur le sofa.

— Chez vous, Teresina, cet hôtel vous appartient. N'aurait-il pas le don de vous plaire? le trouvez-vous indigne de vous recevoir? Parlez, à votre voix seule ce palais s'éclairera; parlez, et dans trois jours tout ce que Paris possède d'hommes splendides, de femmes nobles et belles, se pressera alentour de vous, mendiant l'aumône de votre regard. La pourpre de Castille, l'orgueil d'Italie, la fierté

railleuse de nos gentilshommes de France, vous les humi-
lierez, chacun se courbera devant votre parole de reine.
Rencontre imprévue que celle-ci, direz-vous, étonnement
merveilleux! Marbres portés par les fées et les génies!
Qu'importe, madame la duchesse! n'êtes-vous donc pas
aussi belle, voyez, que ce portrait délicieux et sévère à
la fois du Giorgione, aussi éclatante aussi pure que cette
statue amenée des jardins du cardinal Bibiena? Vous porterez ici avec majesté le sceptre de la grâce. Oubliez, Teresina, ce que votre vie eut d'aventureux ou de terrible;
commandez !

Et comme elle se taisait, absorbée par la contemplation
de ce qu'elle voyait alors, Charles reprit en lui montrant
les tableaux de cette pièce :

— Ne connaîtriez-vous donc pas, madame, l'histoire de
Danaé, qu'aima Jupiter? Ah! vous êtes plus belle que
Danaé, Vénus ou Diane, plus belle qu'Aréthuse et que
Daphné! Essayer de vous plaire est, je l'avoue, une témé-
raire entreprise, mais cette entreprise, j'ai dû la tenter;
cette demeure sera désormais la vôtre. Comme un pèlerin
miraculeusement sauvé consacre à tout jamais, par un
monument ou un autel, la mémoire du péril dont l'intervention céleste l'a sauvé, j'ai voulu, moi, au sein de
cette ville même, bâtir un temple à mes souvenirs, et le
plus profond, le plus chéri, le plus indestructible de ces
souvenirs n'était-il pas celui de votre délivrance, Teresina?
Ah! quand je me suis trouvé à mon insu acteur dans ce
drame sinistre où il s'agissait de votre perte, où tout se
liguait contre vous, même la nuit, quand sur la grève du
passeux je m'agenouillai, il y a un an, n'espérant plus
rien que du ciel, pouvez-vous penser que je n'aie pas
adressé aux anges un vœu recueilli d'eux seuls? Au milieu
de vos cris d'alarme, devant cette mort qui vous disputait
à mon amour, j'ai prié, prié longtemps... Mais enfin le
ciel s'est rendu à mes désirs, il permet que je revoie ce
pays où vous avez bien voulu vous abriter sous mon nom

pour déconcerter cette fois vos ennemis. Rassurez-vous, madame, le crédit de Richelieu est usé, Mazarin commence, et avec lui un nouveau règne. Ouvrez votre âme à l'espoir, voyez l'avenir d'un air calme et raffermi. Après ce duel malheureux où mon ennemi est tombé, la fuite me fut conseillée par vous; si, après avoir erré quelque temps, j'ai choisi la France pour le lieu de votre retraite et de la mienne, c'est que votre place est en France. Autour de vous déjà je vois la ville et la cour s'empresser d'un air soumis; êtes-vous d'aventure assez faible pour croire aux présages? L'ouragan s'est dissipé, je reconnais d'ici le fleuve aux rives vertes qui baigne ma ville. Approchez-vous de ce balcon, la nuit est redevenue sereine, le ciel vous sourit, et moi je suis à vos pieds.

La comtesse de San-Pietro venait d'appuyer sa main au fer du balcon; elle la retira instinctivement, comme si elle eût senti le contact visqueux d'une couleuvre.

— Qu'avez-vous? demanda Charles.

— Rien, répondit-elle, mais tout me trouble, tout m'alarme. Ces flots de la Seine eux-mêmes ont une teinte de sang! Je vois s'y refléter tour à tour l'ombre rouge du cardinal et celle de cet homme qui m'a pris le meilleur de ma vie, celle de Samuel, mon persécuteur, murmura la comtesse sans que Charles pût l'entendre.

Charles Gruyn était en effet sous le charme de cette éblouissante demeure, il s'admirait et se félicitait avec complaisance. Pendant que Teresina fermait la fenêtre, il s'était approché d'une sonnette, il la tira, et Bellerose parut.

— Avez-vous rempli fidèlement mes intentions? demanda Charles au comédien.

— Monsieur le comte, répondit Bellerose, sera satisfait : la fête a lieu dans trois jours.

— Une fête, un bal? demanda la duchesse avec angoisse. En même temps elle soupirait, elle interrogeait d'un regard tremblant, absorbé, le visage de Charles.

— Bellerose, reprit celui-ci, conduisez vous-même madame à sa chambre à coucher, elle a besoin de repos.

A peine arrivée dans cette pièce radieuse, Teresina se laissa tomber avec accablement dans un fauteuil. Elle ne donna pas même un coup d'œil aux riches dorures; ses genoux, sa voix tremblaient...

— Je veillerai près d'elle cette nuit, dit Charles à son confident d'un air alarmé; la fatigue de la route, l'orage peut-être... Tu n'as rien à me remettre?

— Pardon, monseigneur, fit Bellerose en s'inclinant d'un air narquois, à peine arrivé on court après vous. Voici un billet qu'un jeune page, le feutre mystérieusement rabattu sur son visage, m'a apporté. Prenez-y garde! les Italiennes une fois jalouses sont plus à craindre que la tempête de cette nuit, plus cruelles et plus implacables dans leur vengeance qu'un ministre!

— Trève de paroles, et donne-moi ce billet.

Le comédien obéit, et remit à Charles le papier enfoui soigneusement sous son pourpoint.

— A demain, dit-il, et que votre étoile vous protége! Sous ces plafonds d'or, les rêves doivent être de lis et de roses. Votre intendant sera à vos ordres.

A peine Bellerose venait-il de sortir que Charles ouvrit le billet.

« A huit heures du soir, y était-il dit, trouvez-vous, monsieur le comte, à la place de l'ancienne cabane du passeux; je vous y attends. Rappelez-vous votre pacte. »

Pour toute signature, le billet portait :

« LE CAVALIER AU MASQUE BLEU. »

— Voilà qui est étrange, pensa Charles.

Il se promena à grands pas quelques secondes, repassant en lui-même des souvenirs accablants sans doute, car la sueur commençait à mouiller ses tempes.

— J'irai, s'écria-t-il en se redressant enfin, j'irai!

XXV

LE CHANTEUR DE L'ILE AUX VACHES.

Le lendemain, Charles était exact au rendez-vous

En abordant ce lieu où s'était passé le drame le plus important de sa vie, le jeune homme ne put réprimer un mouvement de crainte et d'inquiétude.

Entre les ajoncs du fleuve où s'élevait autrefois la cabane de maître Gérard était une petite barque à demi défoncée par l'eau ; dans cette barque on avait planté une mauvaise croix de bois noir...

Ce lieu était devenu bien vite un lieu maudit et désert.

L'autorité, en relevant le cadavre du passeux, l'avait trouvé d'abord si défiguré qu'elle avait eu peine à le reconnaître... Le feu avait consumé jusqu'aux indices de ce terrible attentat ; les papiers de la duchesse contenus dans le coffre étaient devenus la proie des flammes, quand maître Gérard avait cherché à l'entr'ouvrir au moment de l'explosion.

L'opinion publique n'avait donc pu s'expliquer ce meurtre inouï ; mais l'édilité avait profité de cette fin sinistre pour confisquer tous les droits du passeux à son profit. Elle avait aboli sa charge et n'avait pas même répugné à démolir sa cabane.

Ce fait accompli, les suppositions les plus absurdes n'avaient pas manqué de circuler, la légende même du passeux de l'île aux Vaches était devenue à Paris aussi vulgaire que celle du *moine bourru*.

Parvenu en cet endroit, Charles éprouvait donc une sorte de frayeur superstitieuse.

Les saules de la rive penchaient vers lui leur chevelure, humide encore de l'ouragan de la veille ; chaque angle de la maison, chaque pierre revêtait à ses yeux une forme bizarre, fantastique. Il était huit heures du soir, et le ciel roulait de si gros nuages que Charles avait cru prudent de sortir drapé de son manteau. Une rapière italienne, ciselée avec autant d'art que celles de Benvenuto, ceignait son flanc; des éperons damasquinés sonnaient à ses bottines brodées de dentelles; son chapeau, à larges bords, était orné d'un nœud d'émeraudes. Malgré le mauvais temps, Charles avait apporté à sa toilette une recherche véritable; il calculait peut-être que sa bonne mine en imposerait. Quel était donc ce mystérieux cavalier? que lui voulait-il, et comment avait-il su son arrivée? Depuis cette nuit où il avait sauvé la duchesse, bien des fois l'image de ce singulier libérateur avait occupé les rêves de Charles; il se rappelait fort bien le masque bleu qu'il portait et le pacte qu'il lui avait fait signer. La résiliation complète de sa volonté entre les mains de cet inconnu faisait passer en lui des frissons de crainte; quel intérêt pouvait-il avoir à disposer ainsi de sa liberté, de sa vie?

Courageux par nature, Charles, cette fois, n'avait pas cru devoir reculer, il attendait son aventureux visiteur avec fermeté. Depuis ce duel fatal où il avait tué Leo Salviati, Charles n'avait pas cru à la possibilité d'une rencontre; le soupçon d'un guet-apens se présenta alors à son esprit.

— Quelque misérable qui veut transiger peut-être avec ma bourse, pensa-t-il. Il est certain que sans lui je pouvais être pris en ce lieu avec la duchesse; peut-être m'a-t-il dénoncé... peut-être ne viendra-t-il pas seul à son rendez-vous! Mais avec ce fer, que puis-je craindre? Des ennemis, oh! je dois m'en être fait; pardonne-t-on jamais à ceux qui s'élèvent? Découvert déjà par cet homme, espionné, reconnu! continua-t-il avec dépit. Ah! s'il ne me promet pas à son tour de ne jamais trahir mon secret, malheur à lui!

Il parlait encore quand une silhouette fine et légère se détacha sur le terrain semé d'ombre où il marchait, et Charles vit bientôt venir à lui un cavalier de moyenne taille...

Il était si coquettement habillé, si leste, si galant dans sa

tournure, que Charles éprouva d'abord, en l'examinant, une
jalousie involontaire.

La première fois, il ne l'avait vu qu'en domino, et le visage couvert de son masque; mais il arrivait à ce second
rendez-vous avec une recherche égale au moins à celle de
Charles. Des touffes d'aiguillettes voltigeaient à son épaule,
son pourpoint était de la meilleure faiseuse, son manteau
d'excellente coupe. Ce qui surprit Charles, ce fut son corps
frêle et délicat, sa taille comparable à celle d'une guêpe.
Était-ce quelque page ou un écolier que le hasard avait
rendu témoin de la fin cruelle de maître Gérard, et qui,
dans sa galanterie romanesque, avait offert à la duchesse
les moyens d'assurer sa fuite? La jeunesse du cavalier se
trahissait par la seule étude de son ensemble, le morceau
de velours qu'il portait devait cacher une figure de vingt
ans au plus. Charles l'examina dans une surprise silencieuse.

— Je me suis rendu à vos ordres, dit-il, vous le voyez;
maintenant, qu'exigez-vous?

— Il doit vous en souvenir, répondit le cavalier.

Le son de cette voix fit tressaillir Charles. Il considéra de
nouveau l'inconnu, et il parut chasser un soupçon vague.

— Ces cinq lignes ne vous disent-elles rien? ajouta le cavalier.

— Oui, je me rappelle, répondit Charles... Il est inutile
de me faire souvenir... Cette nuit terrible est encore présente à ma pensée... je n'ai point oublié votre secours, et si
de l'or... En voici, poursuivit-il, en dégageant une bourse
de son pourpoint et en la présentant à son interlocuteur.

— Vous vous trompez, objecta le jeune homme en repoussant l'offre que Charles lui faisait, ce n'est pas de l'or
que je veux... Reconnaissez-vous seulement cette écriture?

En même temps il présentait à Charles le papier qu'il
avait signé entre ses mains; en le reconnaissant, une pâleur
subite avait couvert le visage du comte de San-Pietro.

— Cette écriture est bien la mienne, monsieur, reprit-il, en jouant le calme. Mais, continua-t-il sur un ton rassuré, il a fallu le danger que courait alors la femme que j'accompagnais pour me déterminer à ne point marchander votre assistance... Il a fallu cet orage, ce lieu écarté, ce cadavre sanglant et à demi consumé qui gisait dans cette cabane, pour que j'acceptasse vos conditions.

— Et maintenant que le péril est passé, maintenant que vous revenez en France sous un autre nom, vous refusez, n'est-ce pas? répondit le cavalier avec ironie. Ce que c'est que de voyager, ah! l'on oublie vite en Italie!

— Mais qui êtes-vous donc, demanda Charles piqué au jeu, vous qui connaissez tous mes secrets, et qui, cependant, semblez si jeune? Qui êtes-vous, vous qui prétendez lier ma vie?

— Quelqu'un, sachez-le, à qui vous aviez promis la vôtre... quelqu'un, ajouta l'inconnu d'un ton de voix altéré, qui n'eût pas hésité à se sacrifier pour vous, et qui cependant s'est sacrifié pour sa rivale...

— Sa rivale! Mon Dieu, mais c'est donc ici à une femme...

— Me reconnaissez-vous, Charles? dit le jeune homme en ne déguisant plus sa voix sous le masque, et en le faisant voler loin de lui.

— Mariette! c'est Mariette!

— Oui, c'est Mariette; Mariette, que vous aimiez avant de rencontrer cette femme maudite, la source de mes chagrins et de mes malheurs! Je n'avais que trop pressenti l'empire que sa beauté funeste exercerait bientôt sur vous, je prévoyais déjà qu'elle ferait de vous un ambitieux, je devinais aussi son orgueil; mais la distance qui vous séparait tous deux comme une barrière infranchissable me rassurait. Sans cela, Charles, vous eussé-je laissé partir? Aurais-je donc moi-même sauvé cette femme! Oh! je fus bien folle, cela est vrai, mais vous me suppliâtes, il vous en souvient, avec des larmes!... Vous me la dépeignîtes entourée de mille piéges, elle qui semait déjà la ruse et les ténèbres autour de votre esprit, elle dont je vois toujours les yeux

secs et fixes me regarder à travers les trous de mon masque.
Je ne me trompais pas. Oh! dites, elle vous aura entraîné
à sa suite, elle aura fait de vous son intendant ou son
écuyer. C'est ainsi, m'a-t-on dit, que les grandes dames
vous récompensent d'un service. Un peu d'or, un titre,
c'est par là qu'elles gagnent les cœurs les plus loyaux, les
plus fiers! Et c'est là tout ce qu'elle pouvait faire ; c'est ce
qu'elle a fait, je le vois. Cette noble dame ne pouvait épouser le fils de maître Philippe; une mésalliance l'eût perdue, n'est-il pas vrai? Après vous avoir promené un an à
sa suite, comme un esclave, elle daigne enfin vous rendre
à moi, à moi dont elle sait peut-être le désespoir et les larmes ! Voilà qui est noble et magnanime, continua Mariette
sur le même ton de raillerie, s'informer de moi, pauvre
orpheline, me prendre en pitié! Ah ! si je savais le lieu
qu'elle habite, j'irais la remercier !

Charles écoutait Mariette avec une stupeur égale au
moins à sa tristesse. Le secret de sa vie, son secret le plus
terrible et le plus cher, remis aux mains de cette impru-
dente enfant, l'épouvantait. Il était loin d'ignorer la décision de la jeune fille; ces habits de cavalier eussent suffi
pour lui prouver ce qu'elle tenterait au besoin. Ce pacte
signé de son nom l'inquiétait; il voulait parler, et la parole
mourait sur ses lèvres immobiles. La beauté d'une femme
s'accroît souvent de l'impression du cadre qui l'entoure. Le
lieu où se trouvait Charles était silencieux et terrible, nous
l'avons dit ; quelques pentes d'herbes et de marécages s'y
trouvaient alors éclairées par les rayons d'une lune blafarde... la Seine étincelait au loin comme une glace limpide; mais sur la rivière aucune barque, aucun chant, aucun flambeau. Charles ne voyait alors devant lui que deux
choses : la croix noire élevée au passeux de l'île aux Vaches, et cette jeune fille qui venait réclamer de lui une
parole sacrée.

— Je suis à vous, lui dit-il, à vous, comme autrefois;
parlez.

— Oh ! j'étais bien sûre de votre cœur, reprit la naïve
Mariette ; vous pouviez devenir ambitieux, jamais ingrat!
Oui, je savais bien que vous alliez revenir, vous êtes revenu. Jusque-là j'aurais pu douter de vous ; mais je vous
ai vu, vous m'avez parlé, vous avez été bon, généreux
comme autrefois. Non, ce n'était point un rêve que votre
présence mystérieuse dans la maison de votre père, l'autre
nuit ; ce n'était point un rêve que cette voix tendre et re-
pentante, ces pleurs fraternels que vous versiez, ce serment que vous me faisiez de ne plus quitter à l'avenir notre
toit modeste ! Il est temps d'y revenir, d'abandonner, Charles, cette vie qui peut vous être fatale. Pensez-vous donc
abuser cette noblesse envieuse? pensez-vous briller impunément aux yeux de ceux qui vous ont connu? Et quand
cela serait, ne retrouvez-vous pas ici deux cœurs brisés, le
mien d'abord, et celui de votre père, pauvre vieillard qui
vous pleure? Vous le reverrez, vous l'embrasserez, et moi,
votre amie, moi, votre sœur, vous me rendrez la place que
j'avais dans votre cœur, n'est-il pas vrai? Cette femme, —
si elle est ici, avec vous, — vous la quitterez, vous aurez ce
courage, oh ! vous l'aurez. Ce n'est que pour elle que vous
nous avez quittés, pour elle que vous courez cette mer
d'aventures et de périls ! Encore une fois, quittez-la, je
vous le demande, je l'exige même au nom de votre bonheur! Voilà quel était l'objet de ce pacte, voilà les conditions terribles que je vous imposais, ajouta Mariette en
souriant. Suis-je donc, dites-moi, un créancier si exigeant,
si farouche?

— Vous êtes un ange, répondit Charles, résolu plus que
jamais à ne point déchirer trop vite le cœur de Mariette
devant l'aveu ingénu et passionné d'un tel amour ; vous
serez toujours ma sœur, mon amie ! Oui, je suis un ambitieux, un fou... Mais je vous aime, Mariette !... Absente ou
présente, je vous retrouve ; allez, je n'ai rien oublié de nos
joies d'enfance ; je vois toujours notre petit enclos aux
branches vertes, et votre fenêtre aux grappes pendantes. Je

vois et je touche le petit sachet qu'on vous avait mis au cou, j'entends votre mandoline envoyer le soir, à la Seine, de folles bouffées de musique... Nous étions heureux, nous nous aimions! ajouta Charles avec un soupir, et cependant le ciel ne nous avait point faits l'un pour l'autre!

— Que voulez-vous dire?

— Qu'il y a deux hommes en moi : l'un enfant rêveur, simple et candide comme vous, que la passion ride à peine comme l'eau du lac, et qui cependant frémit de trouble à la seule pression de votre main, qui se surprendrait de longues heures à vous entendre gazouiller comme l'oiseau; l'autre un composé de marbre et de fer sur lequel découle l'ambition en lave fougueuse, et qui, une fois échauffé par elle, devient inaccessible à tout autre contact qu'à celui de ses pensées dominatrices. Voudriez-vous de cet homme-là, Mariette? comprendriez-vous ses ardeurs dévorantes, ses insomnies, son martyre? Ne serait-il pas plutôt le fantôme ennemi de votre sommeil, l'ennemi juré de votre vie? Et c'est à un pareil être que vous proposeriez de reprendre une existence stérile! Mariette, je vous aime; mais je ne puis, sachez-le, jouer mon rôle d'autrefois. Revenir dans la maison de mon père, essuyer de nouveau les dédains de ces seigneurs! Y pensez-vous? Et que diriez-vous de moi?

— Je dirais, Charles, qu'il est doux au voyageur de se reposer après une journée de feu et de fatigue; je dirais que c'est une grande tristesse que votre bonheur si vous l'achetez au prix de votre repos! Mais j'ai foi dans vous, dans vos souvenirs, vous m'aimez, vous êtes libre. Qui pourrait, répondez, vous détourner maintenant de la voie du devoir? qui pourrait vous faire une loi de m'oublier?

— Rien, répondit Charles; aussi je ne t'oublie pas! Tu seras toujours, enfant, ma meilleure, ma plus constante pensée!

— Cependant, Charles, cette femme...

— Cette femme, reprit Charles embarrassé, cette femme

m'a protégé, cela est vrai; maintenant nous sommes quittes, ajouta-t-il avec un effort.

— Bien vrai ? dit Mariette en pressant la main de celui qu'elle n'avait jamais cessé d'aimer.

Charles allait répondre et tromper de nouveau la tendresse de Mariette, quand une nacelle, un fanal au front, glissa sur le fleuve au milieu des ténèbres... La chaleur était intense, le ciel était devenu de plomb; une main souleva les draperies de l'embarcation légère, et se plaça ensuite sur les cordes d'un luth... La voix du chanteur laissa tomber les stances suivantes :

Que fais-tu, beau gentilhomme,
Qui viens de Parme ou de Rome?
Reviens, ta femme t'attend.
Ne crains-tu pas qu'on te suive?
A minuit sur cette rive
L'ombre du passeux descend.

Elle descend sous les saules,
Le sang couvre ses épaules,
L'ombre a des gémissements.
Beau cavalier, que t'importe?
Toi que l'ivresse transporte,
Toi qui promets et qui mens!

La nacelle avait ralenti sa marche comme si le chanteur eût craint de n'être point entendu. Elle fut bientôt hors de portée, et, virant de bord, elle glissa de nouveau comme une flèche sur la Seine. Charles demeurait fixé à la place qu'il occupait, les bras pendants, le cerveau plein de vertige. Mariette, effrayée de sa pâleur, lui en demanda la cause.

— Je ne sais pourquoi cette chanson m'a troublé, murmura-t-il. Mariette, quittons-nous; plus tard je te reverrai !

— Qu'avez-vous donc? demanda la jeune fille.

— Rien, Mariette; tu ne connais pas la voix qui chantait cette chanson?

— Quelque seigneur ou un marinier, dit Mariette. La nuit est sombre, cependant, et on ne chante guère en ce lieu-ci.

— Mariette, reprit Charles, je dois partir; laisse-moi regagner l'hôtel de l'île, on m'attend.

— Je ne vous quitte plus, répondit Mariette; non, je dois vous suivre, m'attacher à vos pas! Cet hôtel, vous ne pouvez l'habiter. A quel titre? Oh! revenez, ami, revenez à moi; je tremble, je ne sais pourquoi, de vous laisser seul. Les paroles de ce chanteur inconnu m'ont toute glacée. N'avez-vous pas hâte, d'ailleurs, de revoir votre bon père? Vos larmes, vos remords, les foulerez-vous à vos pieds? Répondez-moi! Jugez de sa surprise; il ignore votre retour, il a fallu qu'un mystérieux avis me prévînt que vous arriviez ici sous un autre nom. Je ne lui dirai rien de cette entrevue, je vous le promets.

— Et de qui donc était cet avis? demanda Charles troublé, en s'acheminant dans la direction de l'hôtel avec Mariette, qui cherchait en vain à le retenir.

— D'un ami, sans doute. Hélas! je n'en ai qu'un; oh! vous le verrez bientôt.

— Mariette, reprit tout à coup Charles Gruyn, laissez-moi; n'apercevez-vous pas ce page en livrée qui vient à nous?

— Il est facile de voir, à son pas et aux oscillations de sa torche, qu'il marche vite.

— Oui, il a sans doute à me parler. Je le reconnais, c'est Cesara!

Cesara, le page de la comtesse, s'approchait en effet de Charles; son visage portait l'empreinte de l'inquiétude, son cœur battait si vite qu'il ne put d'abord parler.

— Accourez vite, monsieur le comte, dit-il enfin, la comtesse de San-Pietro vous attend!

— La comtesse de San-Pietro! murmura Mariette d'une voix faible. Marié, il est marié!

Et elle appuya sa main défaillante sur le parapet du

quai, pendant que Charles suivait Cesara à travers la cour
de l'hôtel, en toute hâte.

XXVI

UN AMI.

Mariette demeura ainsi quelque temps absorbée dans sa
stupeur.

Un coup si terrible et si imprévu brisait ses forces ; tout
ce qu'elle put faire fut de se traîner d'abord jusqu'au bout
du quai ; arrivée en ce lieu elle pensa défaillir...

A cet instant même, une inspiration soudaine vint tra-
verser son esprit ; cette idée lui rendit une partie de son
courage. Retourner chez maître Philippe, déchirer le cœur
de ce vieillard qui l'avait recueillie elle-même, pauvre orpheline, lui paraissait trop cruel ; elle se résolut à ouvrir
son âme au seul homme qui pût comprendre sa douleur.
Cet homme était son unique ami ; elle s'achemina vers la
demeure de Pompeo.

— A lui seul, pensa-t-elle alors, je dirai tout ; d'abord
parce qu'il est moins sévère que maître Philippe ; puis, n'a-
t-il pas souvent promis de me protéger, moi, faible enfant ?
n'a-t-il pas compati bien des fois à mes chagrins ? Souvent,
il me l'a dit, il a ployé sous la main de fer des événements ;
il m'apprendra, lui, comment on souffre ! Ah ! je le sens,
j'ai laissé sur le seuil de cet hôtel ma vie et mes espérances ;
mes yeux roulent des pleurs ; je ne lui ai pas même caché
combien je l'aimais !... Il l'aura épousée dans ce pays dont
Pompeo m'a entretenue tant de fois, où le bal et les palais
ne sont que folie, où les volcans eux-mêmes sont une
image du cœur ! A demain ! m'avait-il dit dans ce rêve
menteur, et demain est venu, et ce jour m'apprend que je
ne lui suis plus rien !

En marchant et en parlant ainsi, Mariette ne s'apercevait

pas même de l'heure avancée ; tantôt elle s'arrêtait et présentait aux brises de la Seine son front brûlant, puis elle reprenait sa course rapide comme sa pensée. Encombré d'obstacles, le chemin n'était guère facile, car on bâtissait alors une partie de ce quai appelé le quai des Ormes. Quelques journaliers, la veste sur le bras, rentraient chez eux en chantant. Le vent avait fraîchi, et il agitait les têtes touffues des arbres, les baissant et les relevant tour à tour comme un djin capricieux; mais les murmures de la ville s'éteignaient peu à peu, l'obscurité étendait partout son voile. Mariette, avec son chapeau de muguet rabattu sur son visage, se trouva bientôt dans l'une de ces ruelles si communes à la grande ville, et principalement au Palais-Cardinal, qui alors en comptait beaucoup; elle avait pour nom la ruelle du Chapeau-Rouge.

C'était, à vrai dire, une rue de méchant renom. Mariette leva la tête, et à travers les vitres verdâtres d'une chambre située au quatrième étage d'une maison de gothique aspect, elle aperçut un jet de lumière.

— Il est chez lui, se dit-elle, et sa main tinta la clochette du logeur chez lequel Pompeo avait pris gîte.

L'Italien n'avait élu domicile en ce quartier que pour être à même d'espionner, à son tour, l'homme du Palais-Cardinal, qu'il avait tant d'intérêt à retrouver, l'homme qui lui avait promis Samuel.

Au bruit de la clochette, Pompeo ouvrit sa lucarne. Mariette l'appela; il ne la reconnut qu'à sa voix.

— Que veut dire ceci? pensa-t-il; Mariette, c'est Mariette.

Il descendit, sa lanterne en main, et la posa d'abord sur l'une des marches de l'escalier pour examiner la jeune fille. Elle était si belle, malgré sa pâleur, que Pompeo ne put réprimer un cri de plaisir et de surprise. L'Italien lui-même s'arrachait sans doute à d'accablantes pensées, car il essuya du revers de sa manche ses yeux humides de larmes.

— Vous ici? dit-il en souriant, vous sous ces habits. Ma-

riette? Par la Vierge! vous ressemblez à quelque beau page
de la reine Anne! Quel honneur en résultera pour moi aux
yeux de maître Orio, qui me loge par charité?

Maître Orio était Milanais, en effet, et à ce titre il avait
ouvert son gîte à son humble compatriote. La chambre où
Pompeo fit entrer la jeune fille était loin de briller par
l'arrangement ou le luxe : une table de chêne et un lit la
décoraient. A la muraille nue pendait la guitare de Pompeo à côté de sa rapière.

Mariette promena sur cette cellule un regard d'attendrissement. Le costume de Pompeo était misérable, lorsque
son manteau ne le drapait point surtout; sa fraise seule
était recousue en vingt endroits. Il s'en aperçut le premier,
et il lui dit :

— Pardonnez-moi, Mariette, ce n'est pas ici le palais du
comte de San-Pietro, ce nabab inconnu qui nous arrive de
la Chine ou de Florence. L'avez-vous vu seulement, ce
noble comte? Est-il digne des murs où je me suis épuisé à
lui complaire?

— Oui, je viens de le voir, répondit-elle d'une voix
tremblante, je viens de le voir, il m'a parlé. Ce billet par
lequel on m'annonçait sa venue n'était donc pas de vous,
mon ami?

Et Mariette tendit à l'Italien une lettre soigneusement
pliée qu'elle tira de sa poitrine.

— Malheur! malheur sur moi! ou plutôt sur lui! s'écria
Pompeo, en considérant cette écriture avec des yeux qui
brillaient du feu de la rage.

— De qui voulez-vous parler?

— De l'homme qui vous a fait parvenir cet avis, reprit
Pompeo avec un rayonnement de joie; cet homme est mon
ennemi, cet homme, voilà seize ans que je le cherche! Ah!
il est ici, et il vous prévient que le comte arrive! Et ce
comte étrange, ajouta Pompeo avec un rire sardonique, ce
comte de San-Pietro est le fils de maître Philippe le cabaretier! Par la Madone! ceci devient curieux!

Pompeo s'arrêta en voyant les yeux de celle qui l'écoutait s'obscurcir de grosses larmes...

— Qu'avez-vous donc, enfant? lui demanda-t-il d'un son de voix pénétré; qu'est-ce donc? que vous a-t-on fait? Le misérable qui vous a écrit, l'avez-vous vu? vous aurait-il sali de son aspect, vous la seule fleur qui ne doit être visitée que par les anges? Ah! je jure par cette épée...

— Arrêtez, dit Mariette, ce n'est pas de cet homme, votre ennemi, de cet homme qui m'est inconnu que je viens ici vous parler.

— Et de qui donc?

— Du comte de San-Pietro... je veux dire de Charles Gruyn, répondit Mariette avec un soupir.

— De Charles Gruyn, avez-vous dit? Eh bien, qu'a-t-il fait pour que je vous voie ainsi en larmes? Vous l'aimiez, je le sais, ma pauvre Mariette, et cela était tout simple. Vous aviez été élevée avec lui, il vous avait dit qu'il vous aimait. Maintenant qu'il s'est fait de son plein droit comte et seigneur, il ne vous aime plus, n'est-ce pas? c'est le train du monde. Voilà ce que vous veniez me dire sans doute, ô ma gentille et douce Mariette! Rassurez-vous, il était indigne de tant de bonheur.

— Oui, mais moi je l'aime toujours, reprit la naïve enfant, je l'aime et il m'a brisé le cœur!

— Que vous a-t-il dit? Contez-moi cela, poursuivit Pompeo en se rapprochant de Mariette avec intérêt.

— Il ne m'a rien dit, reprit-elle, mais je sais tout. D'abord, il est vraiment le comte de San-Pietro, et c'est bien pour lui que vous avez dirigé les travaux de cet hôtel vis-à-vis de notre maison... Un page en belle livrée l'a appelé de ce nom, et devant moi.

— Un page sifflé par lui comme un perroquet, la belle raison!

— Puis il est revenu en ce lieu avec cette femme... cette femme qu'il aimait, cette grande dame dont je vous ai parlé tant de fois.

— Et elle en aura fait son intendant, comme il a fait le sien de Bellerose.

— Oh non ! c'est impossible, répondit Mariette ; cette femme est la sienne... C'est la comtesse de San-Pietro !

— Encore une fois, Mariette, comédie que tout cela ! Le monde est un grand bal, je vous l'ai dit. Comment supposer qu'une femme de naissance...

— Ah ! c'est que vous ne savez pas tout, non plus, cher Pompeo. Il l'aimait déjà avant son départ, cette femme, et moi qui vous parle, moi, je pouvais les perdre, je ne l'ai point fait. Tout autre que Charles m'eût voué dès lors sa vie, dit Mariette en pleurant.

— Sauvée, dites-vous, sauvée par vous d'un péril ! Expliquez-vous, reprit Pompeo avec insistance. Quel était ce danger ? Parlez...

L'œil de Pompeo était devenu scrutateur.

— C'est mon secret, reprit Mariette avec effort ; non, je ne puis rien vous dire.

— Un secret pour moi, un secret pour votre ami, dit Pompeo en prenant les mains de la jeune fille. Allez, Mariette, je vois bien que vous ne m'aimez pas.

— Vous vous trompez, Pompeo ; mais ce secret, je ne dois le confier à personne, il importe à la sûreté de Charles. Contentez-vous de savoir, ajouta Mariette, que ce n'est pas la première fois que j'ai sauvé cette femme... Un soir que je portais ces mêmes habits, il y a de cela un an, je rencontrai la litière d'une grande dame assaillie par quelques gens de mauvaise mine, près du cabaret de la *Pomme de pin*. L'effroi les saisit en me voyant fondre sur eux à l'improviste l'épée à la main ; ils prirent la fuite. Les rideaux de la litière s'ouvrirent alors, une main me jeta une bourse ; cette bourse, c'était celle que je vous prêtai chez maître Philippe ; cette femme, c'était celle que Charles aimait !

— Cela est étrange, dit Pompeo. Et cette dame, vous ne saviez pas son nom ?

— Je l'ai toujours ignoré.

— Eh bien, moi, reprit Pompeo en se levant, je le saurai. J'approfondirai ce mystère, je verrai Charles; aussi bien, nous avons tous deux un compte à régler. Un seul mot de moi changera la face des choses. Que voulez-vous que j'exige de lui, Mariette? je l'exigerai, il le fera.

— Vous auriez ce pouvoir? vous obtiendriez de Charles ce que mes larmes et mes supplications si tendres n'ont pu obtenir? Mais il y a donc entre vous quelque lien secret et puissant? Eh bien! s'il est encore libre, celui que je crois enchaîné à tout jamais, si l'amour le plus pur, le plus dévoué, peut le déterminer à quitter ce fol amour, Pompeo, dit Mariette en joignant les mains, ramenez-le. Montrez-lui du doigt l'abîme qu'il s'est creusé, dessillez ses yeux, faites-en tomber le bandeau! Si vous ne faites pas cela pour Charles, faites du moins cela pour la pauvre Mariette. Qu'à votre voix, Pompeo, il rentre sous cet abri où son père n'aura pour lui que de doux reproches, où il ne pourra manquer de l'accueillir dans sa facile bonté! Ne lui parlez pas d'ingratitude ou d'oubli, parlez-lui de son bonheur, soutenez-le de votre expérience et de vos conseils. S'il pleure en vous écoutant, montrez-lui mon silence et ma tendresse comme son refuge, réveillez en lui tous les sentiments endormis du cœur. Retirée dans votre chambre, je vous attendrai, vous me conduirez de là jusque chez maître Philippe. Pompeo, je vous confie en ce jour ce que j'ai de plus cher, le soin d'une douce félicité. J'ai livré à Charles comme à vous la clef de mon âme; mais telle est ma défiance en l'avenir, que sans vous je désespérerais de lui!

— Et il n'en sera rien, chère enfant, reprit Pompeo; oh! rassurez-vous, je verrai Charles, il faudra bien qu'il m'écoute.

— Vous me le promettez?

— Oui, je saurai de lui si un mariage prochain menace sa liberté; mais ce mariage, je vous le répète, ne peut être encore consommé. Je suis sûr à l'avance de vous rapporter de bonnes nouvelles. Puisque vous aimez ce jeune homme, il ne saurait être tout à fait indigne de votre plus chère affection. Mariette, poursuivit Pompeo d'une voix coupée de larmes ; Mariette, c'est pour vous, non pour lui, que j'agis ainsi. Votre désir seul est un ordre suprême pour moi ; je vous aime comme si vous étiez ma fille !... Quand ma triste vie, qui est marquée comme les autres, devra finir, je vous en supplie, Mariette, oh ! ne m'abandonnez pas ! Que ma dernière plainte, ma dernière prière, soient écoutées de Dieu et de vous, et je ne maudirai plus cette existence qui me pèse. Jusqu'ici elle n'avait été pour moi qu'un mauvais rêve ; faites-en un réveil doux et serein ; demeurez près de moi comme le prêtre près du condamné à mort. Pouvez-vous m'en vouloir si, en vous parlant, mes larmes coulent, si des pensées douloureuses et sombres plissent mon front ? Hélas ! vous saurez un jour à quel point j'ai dû souffrir pour ne pas éclaircir vos propres doutes ; quelle contrainte affreuse il m'a fallu m'imposer pour n'être que votre ami... Vous détournez les yeux ; je vous afflige, je le vois. Ah ! je me maudirais de vous causer un chagrin, s'il m'était seulement permis de vous donner une joie ; si ce secret qui m'étouffe, je pouvais le verser dans votre poitrine, si tout bonheur présent ne m'était pas interdit. Mais ce secret devra descendre dans la tombe avec le triste Pompeo. Il est de ces voix de l'âme qu'on doit refouler, comme une digue refoule la mer ; il est de ces breuvages qui font éclater le vase qui les tient ; c'est là, je le sais, une crise affreuse, une crise à devenir fou ; mais le bonheur de l'être qu'on aime, mais sa vie, mais son repos, ne sont-ce pas là des compensations à tant de douleur ? Quand mes larmes coulent, vos baisers viennent ; et dans ce moment, tenez, oh ! tenez, je suis heureux !

L'altération profonde du visage de Pompeo semblait démentir alors ce bonheur dont il parlait : son désordre, ses pleurs, tout jetait Mariette dans une cruelle perplexité. Quel était donc le secret de son affection, et pourquoi ce secret devait-il mourir avec lui ? Mariette ne lui répondit

que par des caresses affectueuses; elle posa sur son épaule
son front d'ivoire. En ce moment-là, elle avait presque
oublié Charles. Elle ne songeait qu'à cet ami rencontré par
elle sur sa route, noble cœur si durement éprouvé.

— Pourquoi m'aime-t-il ainsi, se demandait-elle, moi
que cependant il connaît à peine? tandis que Charles...

Ce retour involontaire sur son amour plongea la jeune
fille dans une rêverie inexprimable. Quelques secondes lui
suffirent pour repasser en elle-même toute sa vie depuis le
départ de Charles. Elle accusa son rêve comme elle l'avait
déjà fait, ce rêve l'avait bercée d'illusions, de mensonges.
En cherchant à son cou, par un mouvement naturel, le
sachet qu'elle y portait, et en ne l'y trouvant plus, elle se
mit à sangloter.

Tout d'un coup, en élevant les yeux à la cheminée de
Pompeo, elle vit le sachet suspendu encore à son fil noir.

— C'était lui ! s'écria-t-elle, c'était lui !... Je vais savoir...

Et elle se dressa sur son séant. Mais l'Italien avait déjà
gagné la porte de la rue, après avoir effleuré le front de la
rêveuse enfant d'un triste et furtif baiser.

XXVII.

L'EXPLICATION.

Onze heures du soir sonnaient à l'église des Célestins,
quand Pompeo se présenta à l'hôtel de l'île ; Cesara, le
page, lui demanda en langue italienne ce qu'il voulait.

— Parler sur-le-champ même à votre maître, répondit
Pompeo, il y va pour lui d'une conversation brève mais
importante.

— La comtesse de San-Pietro est avec lui, objecta le page,
permettez, Excellence, que je prenne d'abord les ordres de
mon maître. Vous êtes d'Italie, cela est vrai, mais vous venez un peu tard.

— Trêve de réflexions, reprit Pompeo. Aurais-tu donc la

langue aussi longue que ma rapière? Allons, dépêche, je
n'aime pas à attendre.

Cesara approcha son falot du cavalier, et ne parut pas
fort rassuré par sa mise. Pompeo avait jeté à la hâte son
manteau sur ses épaules, une collerette délabrée serrait
son cou, ses bottines tachées de boue le faisaient ressembler
à un courrier. Cesara pensa fort judicieusement que c'en
pouvait être un, et il n'hésita pas à l'introduire sous le
vestibule.

— Qui annoncerai-je à mon noble maître ? lui demanda-t-il.

— L'architecte de son hôtel, répondit Pompeo. J'ai un
compte pressé à régler avec le comte, car dès demain je
m'éloigne...

Cesara s'en fut, et revint bientôt d'un air insolent déclarer à Pompeo qu'il eût à écrire à son maître, mais que
pour le réveiller, cela était impossible. En disant ainsi,
il montra à Pompeo le chemin d'un escalier secret qui
abrégeait, disait-il, pour lui le trajet de la cour. L'Italien
connaissait mieux que tout autre cette issue encore neuve.

— Il ne sera pas dit, murmura-t-il, que j'étrennerai cette
porte de sortie. Mariette m'attend, je lui ai promis d'a-
gir. Que Dieu et les saints m'exaucent, mais il n'y a que
ce moyen.

Déchirant alors une feuille de son carnet, sur laquelle il
écrivit trois mots à la hâte :

— Portez ceci, dit-il, au comte de San-Pietro, j'attendrai.

Il s'assit tranquillement sur un banc, Cesara n'ayant
osé lui résister, tant son aspect glaçait le sang au cœur du
page. Pompeo, en effet, venait d'ôter son feutre : les
larges touffes grises de ses cheveux encadraient sa figure
comme la crinière d'un lion; sa redoutable épée venait de
rendre un coup sec, et l'acier de ses éperons luisait dans
l'ombre.

Un quart d'heure s'était à peine écoulé quand Cesara reparut.

— Le comte mon maître, dit-il, consent à vous recevoir dans sa galerie, c'est la salle des portraits, veuillez m'y suivre.

Pompeo suivit Cesara.

Cette pièce oblongue était celle où Mariette avait, nos lecteurs le savent, surpris Pompeo les yeux attachés sur un portrait de femme, celui de Teresina Pitti.

Pompeo n'en souleva la gaze qu'en tremblant; l'image bien-aimée était à sa place. Un rayon de lune glissa sur les lèvres de Teresina; il éclaira le portrait d'une teinte mélancolique. Cesara venait d'allumer deux candélabres et il s'était retiré. Quand Charles parut, l'Italien regardait tristement couler la Seine à travers les larges fenêtres; il se débattait contre un chaos de pensées. Le bruit des pas du comte le fit retourner. Il le salua en ayant soin de se placer près de l'une des bougies. Charles Gruyn réprima un cri et s'appuya contre le chambranle de la cheminée.

— Me reconnaissez-vous, monsieur le comte? lui demanda Pompeo.

— Non, dit Charles troublé, haletant. Qui êtes-vous donc?

— Excellence, reprit Pompeo, mon billet vous a dit ma qualité. J'ai signé ce billet : *l'Homme du pont Marie...* Voyez.

Et comme Charles Gruyn se renfermait dans un froid silence :

— Après tout, il n'est pas étonnant que vous ne me reconnaissiez pas, lui dit Pompeo. Et cependant, qu'y a-t-il en moi de si changé, monsieur le comte? Depuis un an et plus je traîne dans Paris le même nom et le même habit. Vous avez été plus heureux que moi, vous qui avez changé d'habit et de nom.

— Prétendriez-vous m'insulter? répondit Charles.

— Pas le moins du monde; je voulais dire seulement que tout vous a profité. Quand les chausses sont vieilles, il en faut de neuves; quand la futaille est mauvaise, il lui faut un autre cercle. Ce proverbe-là, vous devez le savoir mieux que tout autre, vous.

— Insolent! il ne tient qu'à moi de te faire jeter à la porte par mes valets. Est-ce là tout ce que tu avais à me dire? reprit Charles avec un mouvement de colère et de dédain.

— Monseigneur, ou monsieur le comte, dit Pompeo en commençant par s'installer dans un bon fauteuil, causons.

— Encore!

— Oui, causons, vous dis-je, c'est pour causer avec vous que je suis venu.

Disant ainsi, Pompeo s'éventa d'un air de prince avec la plume de son feutre. Une terreur secrète liait la langue et les bras de Charles; par un mouvement machinal, lui-même prit un siége et il s'assit.

— Monsieur le comte, ajouta l'Italien, le choix de l'heure est peut-être indu, mais je n'en suis pas le maître. Une simple question. Êtes-vous bien d'abord le comte de San-Pietro?

— Une pareille demande!...

— Est nécessaire, monseigneur, quand vous saurez vous-même le sujet qui m'amène. J'ai connu, il y a vingt ans, un comte de San-Pietro qui fut pendu... ce ne peut être vous... j'en suis certain. Je vous accorde donc que vous êtes le comte de San-Pietro.

— Monsieur!...

— Attendez... j'avais besoin de savoir cela et de bien m'édifier à l'avance; la proposition que j'ai à vous faire étant des plus sérieuses...

— Parlez.

— Monseigneur, êtes-vous marié?

— Que vous importe?

— Il m'importe beaucoup, puisque j'ai un hymen en vue pour vous.

— Vous raillez, interrompit Charles avec hauteur, le moment est mal pris pour me parler de sots contes.

— Du tout, monseigneur, car je vous proteste que c'est un mariage très-convenable... Oui... une jeune fille de bonne maison, vous pouvez m'en croire, et son blason est moins frais que le vôtre, il est vrai...

— Est-ce une gageure, monsieur? reprit Charles en se levant, en ce cas je vous préviens...

— Que vous ne la supporteriez pas? Fort bien, cela est d'un brave. J'aime à vous voir dans ces dispositions valeureuses, malgré les édits... Aujourd'hui il y a une foule de gens qui n'osent dégaîner dans la crainte du cardinal... Je vous tiens pour homme d'honneur, sans cela je ne fusse pas venu vous offrir un parti que beaucoup de seigneurs vous envieraient...

— Enfin, monsieur...

— Enfin, monseigneur, cette jeune fille vous aime... Amour malheureux, insensé que celui-là, reprit Pompeo sur un ton plus sérieux, puisqu'il n'est point partagé, et cependant, monseigneur, vous l'avez aimée aussi avant de partir de cette ville, vous habitiez alors le même toit qu'elle; hier encore vous la vîtes à la cabane du passeux...

— Mariette! murmura Charles.

— Oui, monseigneur, Mariette! Il paraît que dans une circonstance récente où vous ne courriez pas seul un grand péril, cette enfant vous a sauvé; pour prix de ce sacrifice dont vous êtes loin de contester l'étendue, elle attendait de vous autre chose qu'un froid oubli. Mais vous venez d'entrer dans la voie de l'ambition, vous revenez ici en espérant effacer jusqu'aux moindres traces de votre origine. C'est là votre calcul, n'est-ce pas, et à l'aide de cette grande dame...

— Arrêtez, monsieur; je ne reconnais à personne le droit de me demander compte du présent ni du passé. Si c'est Mariette qui vous députe vers moi, en ce cas, voici ma réponse : Je ne puis être à elle, car je ne m'appartiens pas. Mon esclavage volontaire est mon secret; nul ne saurait en sonder le motif sans m'offenser. J'aimais Mariette, je l'aime encore, il est vrai; mais la fille adoptive de maître Philippe...

— La fille adoptive de votre père! Oui, je comprend, reprit Pompeo avec une amère ironie... Oh! vous ne pouvez l'épouser et combler ainsi le vœu de son cœur. Mais si elle n'était point orpheline, répondez-moi; si l'humble fille que vous repoussez...

— Epargnez-vous, monsieur, une peine inutile, se hâta d'objecter Charles; vous allez sans doute me dérouler un de ces romans à la mode du jour, vous allez me dire...

— Rassurez-vous. Je vous dirai seulement, monsieur: Vous n'avez jamais aimé! Ce cœur que vous portez sous vos dentelles d'emprunt n'est qu'un morne et triste cœur. Il m'est trop prouvé maintenant que c'est un tombeau; tombeau lourd et froid, où vous avez enfoui vos plus belles années d'amour, où vous donnez asile à l'ambition, à l'envie! Mais vous ne connaissez donc pas le bonheur d'un amour pur? vous avez donc oublié cette union de deux cœurs qui n'ont pour témoins que la solitude et le silence? Quel délire criminel serait jamais comparable à cette extase chaste et sainte! quel commerce vaudrait la senteur d'un premier aveu! Oui, sans doute, en Italie, dans un de ces palais enchantés où l'œil ne rencontre que des merveilles, vous avez dû voir de ces femmes aux voix de sirènes, dont la parole seule est une musique, dont le visage enflamme les peintres, créatures heureuses que tout pousse vers le plaisir. Leurs épaules le disputent au marbre des colonnades, leur front se baigne à Venise dans les brises du golfe de l'Adriatique, le soleil d'Italie épanche ses rayons sur leur poitrine, les songes embaumés descendent sur les citronniers de leurs jardins. Elles ont dû vous plaire, au milieu de la vapeur de l'encens ou des cascatelles, comme autant de fées descendues pour vous séduire; leurs villas illuminées vous ont reçu, vous les avez aimées, puis oubliées, n'est-ce pas? Comparez un instant cette frénésie d'un jour, ces nuits folles, brûlantes, à vos souvenirs paisibles et souriants d'autrefois : votre ciel était d'azur, il est troublé à cette heure. Le souci vous ronge; il étend les rides sur votre front. Ces femmes si belles, si divines, ne vous paraissent plus que des courtisanes fanées, dryades complaisantes qui enlacent le voyageur, hôtesses d'un jour qui vous ont hébergé comme tant d'autres! Vous avez honte de vous et d'elles, j'en suis certain. Moi qui vous en parle ici, j'ai bu à leur coupe, j'ai dormi sous leurs bois de chênes et d'yeuses; elles m'ont, croyez-le, bercé comme vous de douces paroles! Rêves creux que tous ces rêves! J'en suis revenu au seul amour de ma vie, à mon premier, à mon seul amour! C'était, monseigneur, une fille aussi pure, aussi adorable que Mariette! elle avait alors son âge. Aussi je l'ai aimée, aimée au point d'en devenir fou! Pendant que vous parcouriez cette Italie où je suis né, pendant que vous étiez en ce lieu l'esclave d'une grande dame qui ne peut vous aimer comme la pauvre Mariette, éveillé dès l'aube, songeant à l'idole de ma jeunesse, j'en perpétuais ici même le souvenir... Oui, continua Pompeo, le culte de ma vie, mon culte le plus cher est là... Levez seulement ce voile, et vous le verrez; je ne connais pas encore la comtesse de San-Pietro, mais elle ne saurait à coup sûr être plus belle.

Irrité d'abord contre Pompeo, Charles s'était surpris à l'écouter, tant ses paroles avaient un caractère solennel d'ardeur et de passion; il souleva d'une main tremblante le rideau qui cachait la toile. Un cri étouffé s'échappa de sa poitrine, il avait reconnu Teresina.

Sa pâleur, son trouble échappèrent à Pompeo, qui, tout entier à ses souvenirs, étreignait encore une fois du regard ce divin portrait comme une lueur qui va s'éteindre. De son côté, Charles ne pouvait comprendre comment un pareil homme avait pu jamais aspirer à la duchesse; il le contemplait avec une rage mêlée de stupeur. Un instant il voulut s'élancer sur lui, mais cette imprudence eût pu le perdre à jamais ainsi que Teresina. Refoulant en son cœur la voix de sa haine, il se contenta de ramener vivement la gaze sur le portrait, comme s'il eût été jaloux des regards donnés par un autre que lui à cette peinture.

Pompeo reprit :

— J'ai donc été, monseigneur, l'architecte de ce palais, oui, je l'ai peuplé des souvenirs de ma jeunesse. Cette femme que vous voyez peinte ici en Diane, c'est celle que j'ai aimée; cette autre en Daphné, c'est elle encore... Mais je m'égare, je le sens, pardonnez-moi; ce n'est pas de moi, c'est de Mariette qu'il s'agit. Encore une fois, accédez-vous à sa prière? répondez, voulez-vous accorder votre repentir à ses larmes? Je vous en conjure par ce portrait, ne faites pas son malheur. Mariette vous aime, songez-y, et la pauvre enfant m'attend.

— Je vous ai dit, monsieur, ce que je devais vous dire; c'en est assez, ce me semble, reprit Charles pressé d'en finir. Laissez-moi.

— Ainsi, monseigneur, tous les souvenirs sont impuissants près de vous, même les miens!... Je croyais pourtant...

— Et que pourriez-vous contre moi, interrompit Charles, que feriez-vous?

— Rien, oh! rien, monseigneur, dit Pompeo en élevant alors la voix, si ce n'est de dire à tous qu'il y a un an, près d'ici... au pont Marie...

— Silence! malheureux! on peut nous entendre; silence! Une dernière fois, que voulez-vous?

— Que vous promettiez à Mariette de ne plus la désoler; que vous abandonniez, cette nuit même, cet hôtel; en un mot, que vous reveniez près de votre père... Sans cela, je dirai tout.

— Quoi! vous oseriez?...

— Je dirai que vous avez participé au crime commis il y a un an, que vous m'y avez aidé, en un mot, que vous avez été mon complice...

— Mais c'est une infamie, un lâche mensonge, interrom-

pit Charles; vous connaissez le coupable, ce coupable n'é-
tait pas moi. Oh! l'on ne vous croira pas!

— L'on me croira, quoique vous disiez; je parlerai devant tous aussi haut que je parle ici.

— Silence! encore une fois.

— Mais personne ne nous écoute, monseigneur; qu'avez-
vous donc? Oui, continua Pompeo, en baissant le ton
comme par pitié pour Charles, je sais que ce que je vais
faire là est d'un lâche, aussi je ne le ferai que si vous êtes
vil et lâche envers cette jeune fille... Consentez à me suivre
et à lui rendre le repos, à rentrer sous ce toit que vous
n'eussiez pas dû quitter, désormais je suis à vous!

— Jamais! reprit Charles résolu à triompher de Pompeo
par une intrépide obstination, jamais!

— Vous aimez donc mieux que je vous déshonore, vous
voulez?...

Un cri perçant retentit alors derrière la boiserie de la
pièce où cette scène avait lieu; la duchesse était là, glacée,
palpitante : elle écoutait. A la pâleur mortelle qui couvrit
les traits de Charles, l'Italien comprit d'où partait ce cri
dont il se sentit remué lui-même au fond des entrailles.

— Teresina! s'écria Charles, Teresina!

Et il se précipita vers la chambre voisine; il voulut la
fermer sur lui, Pompeo l'en empêcha.

A peine entré dans cette pièce qui formait le boudoir de
la comtesse, l'Italien n'y trouva qu'une forme blanche étendue sur le carreau. Teresina venait de s'évanouir. Il la contemplait encore d'un œil égaré pendant que Charles se penchait vers elle, quand une main se posa sur l'épaule de
Pompeo.

En se retournant, il vit un homme dont un masque noir
couvrait les traits.

— Reconnais-tu cette femme? dit-il à Pompeo en la lui
montrant du doigt, c'est Teresina Pitti, la duchesse de Fornaro, que tu as aimée!

— Teresina ! s'écria Pompeo en joignant les mains et en tressaillant au son de la voix du masque.

— Toi et ce jeune homme vous êtes complices tous deux d'un crime sur sa personne... Je t'en dirai plus, après-demain, au bal du comte de San-Pietro, où il a oublié de m'inviter...

— Et qui êtes-vous donc, monsieur ? demanda Charles en se précipitant sur son passage, pendant que Pompeo s'agenouillait pâle et brisé devant la duchesse.

— L'homme qui chantait ce soir à l'île aux Vaches. Adieu !

Il lança à Charles un regard flamboyant, courut à l'issue par laquelle Cesara avait voulu faire sortir Pompeo, et s'abîma dans les ténèbres comme un fantôme... Pompeo, s'élançant après lui, ne put réussir à le joindre.

XXVIII

UN PÈRE.

Deux jours après, les vastes salons de l'île, ardemment illuminés, projetaient jusqu'en la Seine les gerbes de leurs candélabres éblouissants ; une armée de valets campait de bonne heure sous le vestibule ; des jonchées de fleurs s'étalaient partout ; une foule de bourgeois et d'oisifs encombraient le quai.

La décoration de la cour elle seule, décoration due au génie de Bellerose, représentait une vue de la fontaine des Tritons à Aranjuez; trois énormes jets d'eau partaient d'un bassin de porphyre et formaient un dôme de rosée au-dessus de leur grande vasque ornée de figures. Dans les coins de la grande cour brûlaient quatre torchières colossales figurant des nègres enchaînés; l'escalier, orné de cailloutages et de stalactites, ressemblait à une voûte de pierres fines sur laquelle se brisait la réverbération de mille lumières.

À l'intérieur des appartements, tout n'était que luxe et somptuosité de prince : dans la première salle, des armu-

res damasquinées, venues à grands frais de la Suisse et de
l'Allemagne, des trophées rares, des chevaux caparaçonnés
avec leurs cavaliers armés en guerre, des modèles de galères
pavoisées comme à Malte ou à Venise, des bronzes, des sta-
tues, un musée réel enfin ; dans la seconde salle, un magnifique buffet garni de vermeil, flanqué de six robinets d'argent qui versaient le vin à profusion ; des fruits des îles, des
pièces de viande froides. Un orchestre placé dans la tribune
qui ornait le milieu de cette pièce, faisait entendre déjà des
symphonies, pendant que les comédiens du Théâtre-Italien,
devant représenter la farce du *Capitan Crocodillo*, s'agitaient en face, sous la toile de leur théâtre improvisé.

Il était huit heures du soir, et nul des invités n'avait pu
encore pénétrer dans les salons de l'hôtel, à l'exception des
symphonistes et des acteurs, quand une voix criarde sortie
des cuisines fit retourner vivement Bellerose, qui donnait
alors des ordres. Presque en même temps un personnage
fort étoffé de taille, et qui ne paraissait marcher qu'avec
peine dans son domino de satin noir, arriva vers le comédien
les bras tendus.

Comme il tenait son masque à la main, Bellerose n'eut
pas de peine à le reconnaître.

— Mon cher Bellerose ! s'écria le nouveau venu du plus
loin qu'il l'aperçut, sauvez-moi, mon ami, de la persécu-
tion de vos gâte-sauce. Dès que ces drôles m'ont vu me
glisser avec l'agilité qui m'est ordinaire à travers ce flot de
peuple qui obstrue l'entrée, ils se sont mis à crier : « Voilà
le capitaine Crocodillo ! » Non contents de me poursuivre de
leurs lardoires, ils m'ont accablé de quolibets, tant il y a
que j'en ai déconfi deux d'un coup de platassade pour
l'exemple des autres. Par la mordieu ! si je ne savais pas
ce que rapporte le jeu d'escrime !... Mais je le sais trop bien,
mon cher Bellerose, puisque d'aujourd'hui seulement je
sors de prison... Je vous conterai cela. Oui, un truand avec
qui j'ai ferraillé l'autre jour devant le palais de Son Eminence... Ah çà ! quelle est donc cette farce du capitan Cro-

codillo, la connaissez-vous? Je ne vais jamais qu'aux comédies de l'hôtel de Bourgogne, c'est meilleur air.

— Oui, je la connais, répondit Bellerose, je l'ai vu jouer. Le malheureux Crocodillo est un matamore à la recherche d'un homme, un certain Boccagrande, qui lui a donné des coups. Il arrive de bonne heure dans une maison où il espère le trouver; mais, comme en cette maison il y a grand monde, il se poste à la porte et se met à espionner tous ceux qui entrent. Il va sans dire qu'au lieu de mettre la main sur son homme, Crocodillo fait une foule de bévues. C'est d'abord un de ses créanciers qui, se voyant pris impertinemment à la gorge, lui fait un mauvais parti; puis c'est Gitanillo, le frère de celle qu'il aime; enfin, il serait trop long de vous expliquer...

— J'en sais assez, reprit la Ripaille en retroussant le croc de sa moustache, je pourrais jouer ce rôle au naturel. Oui, si je me rends ici, mon cher Bellerose, c'est moins pour faire honneur à votre galante invitation, et moins pour voir ce comte de San-Pietro, qu'on dit un si généreux seigneur, que pour happer le gueux qui s'est permis de me molester. Trois jours et quatre nuits au petit Châtelet, rien que cela, pour avoir dégaîné contre ce Goliath que Dieu confonde. Je dis Goliath parce qu'il avait le poignet d'un dur...

— Laissez cela et venez. De ce côté-ci, tenez, j'ai fait préparer certaine collation... Vous vous apaiserez, j'en suis sûr, rien qu'en la voyant.

— M'apaiser! m'apaiser! ah! par la victorieuse que je porte... dit la Ripaille en montrant son épée au comédien.

— Monsieur la Ripaille, reprit Bellerose d'un air digne, je ne vous ai invité ici qu'à la condition que vous n'y feriez point de tapage. Il y a mieux, et je dois vous le dire, le comte de San-Pietro a ce soir besoin de vous.

— Bah! et comment cela? demanda le capitaine d'un air curieux. Je suis à lui, quoiqu'il arrive, depuis les cheveux jusqu'à l'orteil. Il veut donc bien se charger de ma fortune?

— Il vous charge d'une commission délicate, dit Bellerose.

— Bon ! comme cet inconnu de l'autre jour, qui a été si exact à son rendez-vous ! répondit la Ripaille ironiquement.

— Je ne sais pas quel est cet inconnu, mais le comte est exact à ses engagements, croyez-le. Il vous charge donc de surveiller sa femme pendant toute cette soirée.

— Surveiller sa femme ! Y pensez-vous ? Un emploi pareil... Il est donc jaloux ?

— Peut-être.

— En ce cas, comptez sur moi.

— Voici le comte de San-Pietro et la comtesse. Regardez-la bien afin de la reconnaître... Et maintenant, suivez-moi !

Bellerose entraîna alors le capitaine dans une rotonde fermée, où il avait fait préparer pour les acteurs du Théâtre-Italien une collation des plus choisies. Une fois placé devant les flacons, la Ripaille en écouta mieux ce que l'intendant du comte lui enjoignait d'observer. L'espoir de retrouver à ce bal son agresseur de l'autre soir l'obligeant à jouer pour son compte le rôle d'inquisiteur, il faisait ainsi d'une pierre deux coups. Après s'être préparé à l'aide de quelques rasades, le capitaine voulut d'abord rentrer dans le salon, rempli déjà d'une brillante cohue de masques ; mais son regard chercha vainement la comtesse... Il se remit donc à causer avec Bellerose.

Pendant ce temps, Charles et Teresina avaient peine à fendre la presse qui les entourait ; ce n'était partout, depuis le vestibule jusqu'aux pièces les plus reculées, qu'une suite de compliments sur leur passage.

Teresina s'était pliée à l'exigence de cette fête, elle était pâle, et cette pâleur relevait merveilleusement sa beauté. Encore bouleversée des émotions qu'elle avait subies, elle avait l'air de demander grâce à quelque mauvais génie ; elle ne parcourait ces vastes galeries qu'en tremblant. L'apparition de Pompeo, deux jours auparavant, l'avait foudroyée, en même temps que celle de cet homme dont elle avait cru reconnaître la voix sous le masque. Qu'était devenu Pompeo? Teresina l'ignorait. L'inviter à cette fête, c'eût été braver le courroux et la défiance de Charles. Résolue à suivre sa destinée jusqu'au bout, Teresina apparut donc avec des larmes à peine séchées; mille craintes l'assiégeaient et l'environnaient d'un voile de deuil. Mais, si l'on remarqua sa tristesse, on fut aussi touché de cette grâce souveraine, de ce son de voix enchanteur et pénétrant. Les plus charmants cavaliers s'empressèrent bien vite autour de cette fée incomparable : Saint-Amand lui improvisa un quatrain, Boisrobert lui présenta un de ses poëmes, Colletet se fit galant pour obtenir d'elle un sourire. La duchesse portait pour costume une robe blanche à compartiments de velours bleu brodés de perles; ses cheveux de jais, étoilés de diamants, retombaient de chaque côté en longues touffes. Si Praxitèle en eût fait sa Vénus, Raphaël l'eût prise pour une de ses vierges les plus belles, et cependant son cœur battait avec violence; résignée à se taire, elle s'avançait dans le bal comme un blanc fantôme.

— Vous l'avez voulu, disait-elle à Charles à voix basse, j'ai dû obéir ; mais vous êtes bien cruel ! Ne pas m'expliquer ce que j'ai pu entendre à peine hier, vous renfermer dans un froid silence, quand je me débats moi-même sous le poids de cette fatale énigme! De quelle vengeance horrible étiez-vous donc le complice, comment ces deux hommes ?...

— Teresina, interrompit Charles, tous deux, vous l'avez vu, se sont échappés avant que j'aie pu les atteindre... Eperdu, anéanti, je n'avais alors de forces que pour vous... En vous relevant presque mourante je me suis fait le serment de vous venger ! L'un de ces hommes, vous l'avez vous-même entendu, s'est invité à ma fête; qu'il ose m'y aborder, il ira rejoindre le comte Leo Salviati !

— Mais l'autre, mais celui qui vous a reproché ce crime?

— Quoi ! c'est vous qui me parlez de lui, madame; ne savez-vous pas ce que ses révélations ont éveillé hier en moi de jalousie? Il vous a aimée, dit-il, et pour prix de

14

votre amour, il a consenti à servir une lâche vengeance...
Ah ! pour s'être abaissé ainsi jusqu'à l'infamie...

— Arrêtez, monsieur, pas un mot de plus, je l'ai trop
aimé pour souffrir qu'on le méprise devant moi.

Le jeune homme réprima un mouvement de rage, mais
son attention ainsi que celle de Teresina fut bientôt dis-
traite par une scène imprévue. Suivant l'usage, un ancien
serviteur devait lui présenter les clefs de l'hôtel sur un
coussin de velours, et le vieux Nuncio, valet de chambre
de la duchesse, était l'homme désigné par Bellerose pour
accomplir cette formalité. Tout d'un coup, à la place de
Nuncio, Charles vit apparaître au bout de la galerie où il
se trouvait alors, un vieillard à cheveux blancs dont le seul
aspect porta le trouble dans tous ses sens... Ce vieillard,
c'était son père !

Vêtu alors de sa plus riche souquenille, le vieux cabaretier s'approchait à pas lents du lieu où se tenait Charles...
Il n'avait pas eu de peine à obtenir de Nuncio sa place en
pareille circonstance, moyennant une cession de quelques
futailles, et, jaloux d'obtenir les faveurs du comte de San-
Pietro, il comptait lui offrir les clefs.

Cet incident, fort commun du reste, n'avait ému nullement cette brillante assemblée ; ce n'était là qu'un acte de
vasselage ordinaire, en sorte que Charles se résolut à payer
d'audace. Maître Philippe balbutiait encore un compliment
de circonstance, lorsqu'en levant les yeux, il s'arrêta au
milieu de sa phrase inachevée. Un nuage passait alors sur
ses yeux, ses genoux fléchissaient, il laissa tomber les clefs
à terre.

— Une pareille ressemblance ! se dit-il, non, c'est impossible... Oh ! je vais bien m'assurer...

Et le vieillard, ouvrant ses bras à Charles atterré, semblait
vouloir déjà l'étreindre sur son cœur, quand un regard
glacé du comte de San-Pietro le retint. Charles était vêtu
d'un magnifique pourpoint de soie noire à crevées blanches,
pareil à celui de César Borgia, il avait placé dédaigneu-

seinent sa main sur sa hanche gauche et peignait de l'autre ses cheveux longs et soyeux...

— C'est bien, répliqua-t-il d'une voix qu'il cherchait en vain à déguiser, j'aurai soin de vous, maître Philippe.

En même temps, il fit quelques pas vers un groupe joyeux de seigneurs qui se préparaient à prendre place sur les bancs de velours pour voir jouer la farce du capitan Crocodille.

Mais le vieillard, s'attachant alors au manteau de Charles avec un geste suppliant, l'empêcha de passer outre.

— Illusion ou réalité, dit-il, vous me rappelez, monseigneur, un fils qui faisait ma joie. Depuis son départ, je vis dans la souffrance et les larmes. Ce fils, reprit maître Philippe en baissant la voix, était l'âme de mon toit et l'orgueil de ma maison. Je ne puis lui en vouloir de m'avoir quitté, puisque je le retrouve ici au milieu du luxe et de la richesse. Il est heureux, oh! oui, aussi me rendra-t-il le bonheur à moi qui me tords dans le désespoir et l'angoisse! Charles, si c'est à toi que je parle, ne répudie pas tes souvenirs; si tu es mon fils, ne rougis pas de ton père!

Maître Philippe s'était jeté aux genoux du comte en prononçant ces paroles. Sa contenance était désolée, les pleurs jaillissaient déjà de ses yeux, sa voix et ses mains tremblaient. Il avait reconnu Charles.

— Que veut dire ceci? demanda au jeune homme la duchesse émue et surprise. Quel est ce vieillard? parlez.

Mais Charles Gruyn, au lieu de répondre directement à Teresina, reprit :

— Relevez-vous, vieillard, vous vous trompez, laissez-moi.

— Tu ne me reconnais pas, poursuivit maître Philippe, dis plutôt que tu me renies! Rappelle-toi, Charles, tes propres caresses d'enfant, lorsque tu jouais, tout petit encore, sur les genoux de ta mère, ma pauvre Ursule, Ursule que j'ai perdue il n'y a pas encore deux ans! Elle était si bonne, et elle t'aimait tant, ta mère! Si tu veux me répudier, songe au moins à elle, et n'abjure point son souvenir! A mon âge peut-on mentir, quand un pied dans la tombe on parle à son fils; suis-je un imposteur, moi qui te parle de ta première jeunesse passée à Nancy, près d'Ursule?

Le nom de sa mère avait produit sur Charles une impression réelle, le cercle des gentilshommes spectateurs de cette scène le rappela bientôt à d'autres idées. Leur stupeur égalait au moins celle de la duchesse, un murmure de voix confuses s'élevait de tous les points de la galerie.

— Je ne vous connais pas, reprit Charles résolument en s'adressant au vieillard; non, je ne vous connais pas!

— Eh bien, alors, s'écria maître Philippe en se relevant, avec une vigueur que lui donnait son indignation longtemps contrainte, moi je te connais. Comte de San-Piétro, écoute et tremble!

Il se fit un silence tel que l'on n'entendait plus que le bruit des simarres de soie et des dominos glissant sur le parquet avec un frôlement sourd. La duchesse, appuyée contre une colonne de marbre blanc, suivait d'un œil vitré chaque mouvement de maître Philippe.

— C'est donc à dire, continua le vieillard, que je suis un vil fourbe; que c'est une comédie de bateleur jouée par moi devant tous ceux qui t'entourent! Eh bien, nobles seigneurs, riez de moi à votre aise, et vous, comte de San-Piétro, faites-moi jeter à la porte par vos valets! Mais vous ne riez point, messieurs; la pâleur couvre vos joues. C'est que bientôt votre heure est arrivée, ainsi qu'à ce malheureux qui me repousse; c'est que les feux dont le Seigneur incendia autrefois deux villes coupables s'allument déjà pour vous! M'avoir volé l'amour de mon fils; en avoir fait un roué, un libertin comme vous; me le rendre ingrat, cruel, éhonté, après plus de douze mois! car ce n'est plus Charles, ce n'est plus mon sang, c'est un sépulcre blanchi que je retrouve. Ah! c'est aujourd'hui que je repousse la vie comme un supplice, c'est d'aujourd'hui que je dois me couvrir la tête de cendres... Mon fils bien-aimé n'est-il pas mort? Il est mort en me repoussant, en me reniant à la face de tous! Mais tu ne sais donc pas, malheureux enfant, à quelles extrémités funestes peut pousser le désespoir? Tu ignores que tu viens ici de briser ma vie? Va, tu n'es qu'un fils barbare et lâche! poursuivit maître Philippe. Aussi, vois-tu, retiens ici la prédiction que je te fais : Dans cet hôtel où tu mets les pieds, le sang coulera; dans ces murs dorés l'herbe cachera des tombes; sous ces lambris fastueux, des ombres terribles et menaçantes traîneront un jour leur pâle linceul; ce sera le lieu des vengeances sombres, un nid de vautours et de couleuvres! Toi-même, oui, toi-même, tu crieras épouvanté. Tes amis t'abandonneront, ton père, tu ne le reverras plus! Et maintenant, tu peux, vois-tu, faire signe à tes bouffons de t'égayer; tu peux commander à l'archet d'ouvrir le bal! Moi, je t'abandonne, je te renie à mon tour. Tu seras heureux bientôt de me revenir le front triste et courbé, la besace sur l'épaule, la mort dans le cœur comme l'Enfant prodigue de l'Ecriture. Mais non, tu ne me reviendras pas, tu m'as chassé! Aussi je m'en vais appelant sur toi les malédictions du ciel, je m'en vais secouant à ton seuil mes humbles habits; mes pieds brûlent sur tes parquets. Adieu, tu te souviendras de moi!

Un instant après le vieillard s'était éloigné, et nul, pas même Charles, n'avait osé s'opposer à son départ. La foule effarée se pressait autour de lui; chacun demeurait sous l'empire de l'étonnement et de la terreur.

Attirés par le bruit hors de la pièce où ils se trouvaient, Bellerose et le capitaine n'avaient pas été des derniers à s'approcher. En reconnaissant dans le comte de San-Pietro le fils du cabaretier de la *Pomme de pin*, la Ripaille ne put d'abord contenir un mouvement de réelle indignation. Les paroles de maître Philippe avaient fait passer en lui une sorte de transport furieux contre le jeune homme.

— Si je coupais les oreilles à ce faquin-là! dit-il à voix basse au comédien.

— Jolie manière de te mettre dans ses bonnes grâces,

objecta Bellerose judicieusement. Renferme-toi plutôt dans les limites de ton rôle et songe à observer la comtesse... ta fortune est à ce prix. Après avoir passé quelques heures au Châtelet, prends garde d'y élire domicile, mon cher la Ripaille. Tout ce que tu vois ici est fait, cela est vrai, pour te surprendre, le meilleur est de n'en rien dire.

En ce moment même, sur un signe de Bellerose, les acteurs de la comédie italienne commençaient la pièce du *Capitan Crocodillo.* La Ripaille s'assit en maugréant, résolu toutefois à suivre de point en point, durant le bal, les instructions de son ami.

XXIX

LE BOUDOIR.

Le tumulte violent qui avait suivi cette scène, dont cependant Charles s'était rendu maître, se vit à peine apaisé par les lazzis des acteurs du Théâtre-Italien, lesquels ne purent jouer qu'au milieu de murmures confus la farce du *Capitan Crocodillo.*

Cependant, et comme il n'arrive que trop souvent dans une agglomération de personnes où nul ne connaît son voisin, l'étrange intervention de maître Philippe produisit moins d'effet que son fils lui-même ne l'avait craint, et les masques brillants, peu soucieux de quitter le bal, se contentèrent d'une foule de suppositions plus curieuses les unes que les autres; ceux-ci défendirent Charles, d'autres l'attaquèrent.

— En ce temps-ci, vraiment, on ne sait plus sur quoi compter, dit le jeune comte du Lude, il y a de ces pères qui vraiment ne savent pas vivre. Que diable vient faire celui-ci au milieu de ce bal, où il ne pourrait même danser proprement la passacaille (1)?

(1) Danse de la jeunesse de Louis XIV.

— Sans compter qu'il n'y a pas vraiment de cavalier plus avenant et mieux tourné, insinua Montméron, parasite de Gascogne, grand écornifleur de plats, qui lorgnait déjà la table du comte de San-Pietro d'un œil d'envie.

— Après cela, messieurs, c'est le cardinal de Richelieu qui nous vaut toutes ces choses. Pas le plus mince bourgeois qui ne se mette en tête maintenant de faire entrer son fils dans les partis (1), et ne le pousse à devenir quelque chose. Maître Philippe Gruyn n'a-t-il pas la fourniture de la maison du maréchal de la Meilleraye, et faut-il s'étonner que son fils...

— Soit un garçon riche et noble? C'est ce que vous vouliez dire, monsieur, dit en ricanant ce même Colletet, que Boileau peignit plus tard mendiant son pain de cuisine en cuisine. Mon Dieu! je n'en veux, moi, qu'aux gens qui ferment leur main à l'aumône, qui repoussent le vrai génie.

— Et le vrai génie, c'est toi, n'est-ce pas, mon cher Colletet? dit Saint-Amand avec un salut ironique.

— Monsieur de Saint-Amand!

— Apprends donc, mon cher Colletet, reprit Saint-Amand qui espérait bien se faire un appui de Charles, que le comte de San-Pietro n'a rien à démêler avec le bonhomme du cabaret de la *Pomme de pin*. C'est un seigneur parmesan dont je puis te montrer les armes, il porte d'azur à...

— Ne venez-vous pas, messieurs, interrompit Bellerose fort à propos, visiter la salle de bal? Rien de plus superbe et de plus galant à la fois. Voici un plafond de Romanelli, des fleurs de Hollande, peintes par Rochel Ruysch. Le Palais-Cardinal a-t-il rien de plus beau que ce meuble orné de lapis-lazuli, ces vases d'albâtre, ces tentures? Le comte de San-Pietro compte ici réunir une fois par semaine ce que la ville et la cour possèdent de plus élégant. La comtesse fera les honneurs de cet hôtel avec cette grâce que les plus

(1) Alors les finances.

belles lui envient. Mais voici l'archet de maître Pasquale, le grand ordonnateur des fêtes de Son Eminence elle-même, admirez et jouissez, moi je cours où m'appellent les devoirs de mon emploi. Ah! pour avoir quitté le théâtre où je brillais, il ne fallait pas moins que l'offre magnifique du noble étranger, qui s'est déclaré mon protecteur. Il appartenait à ce seul magicien de changer ma destinée.

Bellerose quitta ce groupe où il savait que ces paroles porteraient coup; il frappa alors sur l'épaule du capitaine la Ripaille :

— Tu vois la duchesse, lui dit-il, songe à ce que tu m'as promis.

Teresina se trouvait encore sous le coup de la scène précédente, elle avait le regard terne et immobile d'une femme qui vient d'éprouver une secousse imprévue, cherchant à reprendre son souffle; épuisée, tremblante, elle était demeurée à la même place, près de Charles, se demandant si tout cela n'était point un rêve. A la vue de ce vieillard, elle avait senti courir dans ses veines un froid aigu; ses reproches amers, son désespoir, ses imprécations l'avaient tuée. Se trouvait-elle donc la dupe de Charles, elle qui lui avait fait le sacrifice de son existence, ou bien cet homme, qui venait de quitter le bal, avait-il menti? Arrachée à son ciel, à sa famille, suivant en aveugle les destinées de celui qu'elle avait cru jusque-là son libérateur, elle ne pensait pas sans frémir à ce qu'elle avait appris: Charles lui-même avait été avec Pompeo complice de sa perte! Enlacé dans ce réseau fatal, insoluble, elle se débattait vainement. Que faisait-il à cette heure celui que seize ans d'absence n'avaient pu effacer de sa mémoire, ce Pompeo dont l'appui et les conseils lui manquaient? Teresina regardait ces masques joyeux avec une profonde mélancolie.

En la voyant ainsi, le capitaine la Ripaille n'eût pu luimême reconnaître cette belle jeune femme qu'il avait trouvée à Florence, ainsi que nous l'avons dit, l'épouse du duc de Fornaro. Avec un empressement qui n'en faisait pas moins honneur à sa galanterie, il s'approcha d'elle cependant; mais Teresina se dirigeait vers un boudoir octogone où elle pria Charles de la laisser, désirant, disait-elle, se remettre de l'émotion qu'elle éprouvait. Le comte de San-Pietro avait reconnu le capitaine, il savait que Bellerose lui avait parlé; il consentit donc à s'éloigner pour un instant de Teresina, en échangeant avec la Ripaille un geste d'intelligence.

— Voilà ma faction qui commence, pensa le nouveau surveillant de la comtesse, Dieu me protége dans ce poste périlleux. Dire que je suis ici l'humble valet de ce comte de la Futaille, un drôle qui refusait souvent de me verser à boire au cabaret de monsieur son père, pour ne pas salir ses belles manchettes. N'importe, soyons attentif.

Le boudoir où se trouvait alors Teresina, presque isolée de la foule, consistait dans une pièce embaumée d'arbustes rares. Etendue sur un sofa, la comtesse pouvait de cet endroit contempler le bal à loisir, et là aussi on pouvait la voir. Son regard, chargé de langueur, ne s'était cependant arrêté encore sur aucun objet, il errait sur cette foule avec une rare indifférence. Tout d'un coup le frôlement d'un domino la fit retourner, c'était un masque qui venait de se glisser près d'elle par une porte de côté.

Au moment où la Ripaille, en vedette fidèle, allait se rapprocher de ce masque insidieux, un autre personnage également masqué suivit la trace du premier en coudoyant le capitaine avec un geste prononcé d'impatience.

— Faites donc attention, monsieur, dit la Ripaille avec un sourd grognement, j'ai mon masque à la main, et vous pouvez voir à mes moustaches et à ma royale...

— Que vous jouez là un sot rôle, mon cher ami, vous tenir planté comme un chien de pierre devant la comtesse... Vous eussiez mieux fait de pendre votre épée au croc...

Cette voix produisit sur la Ripaille l'effet d'un coup de tonnerre.

— C'est lui, c'est mon homme, plus de doute, je le re-

connais à son insolence, se dit-il en courant sur ses talons.
Mais le masque, aussi leste qu'un arlequin de Bergame,
était déjà perdu dans la foule, se réservant sans doute un
instant plus propice pour son entretien avec la comtesse.

— Par le sang, par la mort, par les rats de Montfaucon!
grommelait le capitaine, je t'éventrerai, méchant railleur,
oui, je te ferai rendre gorge! Au diable les instructions de
Bellerose, au diable ma promesse, au diable ma fortune!
C'est toi qu'il me faut, et je t'aurai.

Et le malheureux capitaine, après s'être élancé à la poursuite du masque dans lequel il avait reconnu son adversaire de la rue des Bons-Enfants, accrochait çà et là les
dentelles des cavaliers et des belles dames sur son passage.
Jamais chasseur acharné à la poursuite d'un lièvre ou d'un
chamois, recors à la piste d'un débiteur, mari jaloux poursuivant un céladon nocturne, n'avait marché d'un tel pas.

Par un mouvement subit, la comtesse de San-Pietro s'é-
tait levée en voyant l'inconnu s'approcher d'elle.

— Teresina, dit le masque à voix basse et en l'attirant
vers lui par le seul magnétisme de son regard.

— Qui m'appelle? demanda la comtesse en se laissant
retomber avec effroi sur le sofa.

— Il fut un temps, continua le masque avec un soupir,
où vous eussiez reconnu cette voix qui vous parlait d'amour
sous un autre ciel, lorsque vous portiez le nom que je
viens de prononcer. Mais tout est changé, madame; ce n'est
plus Teresina, c'est la comtesse de San-Pietro qui m'écoute.
Peut-elle avoir gardé le souvenir d'un malheureux qui l'aimait, et qui l'aime encore, après seize années d'angoisses?

— Pompeo! murmura la comtesse, Pompeo! ce serait
vous?

— Et quel autre que moi, reprit le masque avec feu,
pourrait, dans cette fête, s'adresser à votre cœur pour en
faire vibrer les cordes les plus secrètes? Ah! ne m'enviez
pas ce triste pouvoir, je l'ai acheté par assez de larmes!
Oui, c'est moi qui, le premier, ai rêvé près de vous un

bonheur à jamais évanoui, moi qui vous retrouve ici la femme d'un autre.

— Pompeo, c'est donc vous ! s'écria la comtesse vaincue par le charme passionné de cette voix.

— Oui, c'est moi, moi que le temps et l'absence n'ont pu changer. Oui, je vous aime encore, comme en ces jours trop vite écoulés, où vous me parliez penchée sur les quais fleuris de l'Arno ; je vous vois encore dans cette villa de Parme, d'où l'on vint vous arracher de mon amour pour vous reconduire à Florence. Tous ces souvenirs heureux et tristes, tendres et funestes, sont là, ajouta le masque, en mettant la main sur son cœur; mais les vôtres, Teresina, je tremble ici de les interroger, j'ai peur...

— Et pourquoi ce trouble, demanda-t-elle, pourquoi cette crainte, si vous-même n'êtes pas coupable? N'est-ce pas plutôt à moi de pâlir et de trembler? Cette conversation que j'ai surprise entre vous et le comte de San-Pietro... Mon Dieu ! serait-il donc vrai que vous eussiez consenti?... Oh ! rassurez-moi; dites-moi, Pompeo, que vous n'avez jamais prêté les mains à cette odieuse vengeance ! Après ce que j'ai entendu l'autre soir, vous devez me faire horreur ; cependant je trouve en moi un fond de tendresse et d'amour qui vous absout. Non, vous n'avez pu vouloir me punir, moi, faible femme, de l'oubli dont vous m'accusiez; vous n'avez pu, de sang-froid, vous arrêter à ce crime; on vous y a forcé en vous menaçant, n'est-ce pas? Non, ce n'est pas l'homme qui m'a aimée, l'homme qui m'aime encore, à ce qu'il dit, dont la haine aveugle eût fait de moi une victime; ce n'est pas l'ennemi, le rival de Samuel...

— Et si j'étais coupable, madame; si, obéissant aux ordres du cardinal, sous le poids de ses menaces, devant ses cachots et la torture, je m'étais rendu complice de ce crime infâme; si pour de l'or, enfin...

— Oh ! cela serait horrible ! Oh ! rien qu'à vous écouter, je tremble, dit Teresina se tordant les mains.

— Je l'avais deviné, madame; oui, je ne le vois que trop à l'effroi qui vous accable, si j'étais coupable, vous ne me le pardonneriez jamais!

— Pompeo, reprit-elle hors d'elle-même, il est donc vrai ?

Le masque baissa la tête.

— Eh bien, alors, s'écria-t-elle dans l'égarement du désespoir, Pompeo, voyez à quel point je vous aime. Si coupable que vous soyez, Pompeo, je vous pardonne.

— A moi, demanda le masque avec un rugissement étouffé, et comme si la clémence imprévue de cette femme l'eût frappé au cœur.

— A vous, Pompeo, car moi aussi je suis coupable.

— Vous?

— Oui, moi, qui ai consenti à lier ma vie à celle d'un homme que je n'aime pas, que je ne saurais aimer; moi qui ai répudié mes souvenirs, qui sans en avoir le droit, ai consenti à échanger mon nom contre celui d'un homme que le monde me forcera peut-être à mépriser. Ma vie est affreuse, Pompeo, elle est impossible, je vais en déchirer le voile pour vous; je ne suis point la femme du comte de San-Pietro!

— Je le savais, reprit le masque froidement.

— Mais ce que vous ne saviez pas, c'est que ce lien, je veux le rompre à tout prix. Pompeo, écoutez-moi. Cette nuit, il faut que je parte, cette nuit même il faut que je quitte cette vie de fard et de mystère. Pompeo, venez avec moi, fuyons cette ville, cette fête qui m'enveloppe comme un linceul. Sauvez-moi de lui, Pompeo, sauvez-moi des piéges que je prévois et qui m'entourent! Sauvez-moi de moi-même enfin. Je vous suivrai partout, j'irai où il vous plaira d'aller, de me conduire, de me perdre!

— Vous m'aimez donc bien, Teresina? dit le masque en tressaillant.

— Oui, je t'aime, reprit-elle, je t'aime comme autrefois! Pompeo, je ne suis plus rien, continua-t-elle avec transport, ni Teresina Pitti, ni duchesse de Fornaro, je suis ton esclave !

— Et moi, je suis ton maître ! dit le masque en se levant et en étreignant de son bras de fer la main déjà glacée de la duchesse. Tiens, regarde-moi, si tu en as le courage !

— Samuel !

— Oui, Samuel ! poursuivit le masque en rabaissant alors sur son visage le satin noir qu'il avait soulevé. Tremble, maintenant, je vais me venger.

XXX

SAMUEL.

Au cri de détresse arraché par les paroles de Samuel, à Teresina, la foule des danseurs se pressa autour d'elle, pleine de trouble et d'épouvante.

— Qu'avez-vous ? demanda Charles à la duchesse.

— Rien... répondit-elle ; la chaleur, sans doute... Votre bras, monsieur le comte, ajouta-t-elle à voix basse ; j'ai peur ici !

Et Teresina parut vouloir rejoindre les groupes animés du bal.

— Que s'est-il donc passé ? continua Charles, observant Teresina ; vous êtes bien pâle !

— Ne m'interrogez pas, car je ne puis rien vous dire, continua-t-elle brisée par la peur. Je ne sais pourquoi, mais il va se passer ici d'affreuses choses.

— Teresina, vous n'étiez pas seule dans ce boudoir ; un homme causait avec vous. Je saurai quel est cet homme.

— La collation de M. le comte est servie, dit Bellerose qui survint ; qu'a donc madame la comtesse ?

En même temps, Charles et lui cherchèrent des yeux le capitaine la Ripaille.

— Bellerose, lui dit Charles, il faut que tu m'amènes ce capitaine, il doit tout savoir, il était là !...

En ce moment même, le capitaine la Ripaille apparut et vint saluer le comte d'un air triomphant.

— Madame, dit le comte à Teresina en la quittant, permettez que je dise deux mots à cet homme.

Et il ajouta en prenant à part le capitaine :

— Eh bien, qu'avez-vous vu, qu'avez-vous à me dire ?

— Eh bien, monseigneur, je l'ai vu, je l'ai suivi ; maintenant, je le reconnaîtrais entre mille. Oui, grâce à la forme de sa rapière et à certaine touffe de rubans...

— Enfin, quel est cet homme, monsieur ? répondez, demanda Charles.

— Pardieu ! monseigneur, c'est l'homme de l'autre nuit, mon raffiné du Palais-Cardinal, celui qui m'a fait loger, aux frais de Sa Majesté, au Châtelet.

— Et cet homme a parlé à la comtesse ?

— Pour cela, monseigneur, je vous réponds de lui, je ne l'ai pas quitté d'un instant.

— Alors vous étiez dans ce boudoir avec lui ?

— Du tout, monseigneur, nous n'avons pas quitté le grand salon. Croiriez-vous qu'il n'a pas dansé seulement une sarabande, encore moins levé son masque ? Mais tenez, le voici... Que regarde-t-il donc, avec son air scrutateur ? Un domino dont le capuchon est rabattu, et qui vient de se diriger sur le balcon... Je voudrais savoir ce qu'ils peuvent observer de là. Monseigneur, pardonnez-moi, mais je me remets à mon poste.

— Allons, s'écria Charles avec rage, il est écrit que je ne pourrais rien savoir ! Madame la comtesse, poursuivit-il, la collation est servie, venez.

Et Charles, aussi pâle cette fois que Teresina, lui offrit la main pour passer dans la salle où le banquet se trouvait servi.

— Arrêtez, noble comte, s'écria le masque placé sur le seuil du balcon, arrêtez aussi, vous tous qui l'entourez ! Il manque un convive à cette fête, et ce convive, le voilà !

Reculant alors sur l'immense balcon, Samuel indiquait du doigt à la multitude l'angle du pont Marie, où se trouvait le cabaret de la *Pomme de pin*. Devant ce lieu, éclairé déjà par l'aube, une forme noire pendait à la corde du réverbère. Un cri de stupeur s'échappa de la poitrine des assistants : c'était maître Philippe, dont le corps se balançait à ce poteau...

Et toutes ces figures penchées aux fenêtres, tous ces acteurs de la fête, les uns revêtus du masque, d'autres le front découvert, purent saluer cette aurore sanglante, contre laquelle luttaient vainement les lumières mourantes du bal. Tous reculèrent en voyant le spectacle que Samuel, ce fantôme inconnu d'eux, leur montrait.

La ligne du quai des Ormes, placée vis-à-vis de l'hôtel, formait une sorte de blanche draperie, sur laquelle se détachait le cadavre du malheureux cabaretier. Au pied de ce poteau, une jeune fille, les cheveux épars, se trouvait alors agenouillée, pendant que les deux serviteurs de maître Philippe, montés sur le parapet du quai, s'empressaient de couper la corde serrant le cou du vieillard.

Rien qu'à voir cette scène, éclairée alors par un ciel fauve, un ciel de calvaire taché de nuages sombres, ces deux hommes, ressemblant de loin à des exécuteurs, et cette jeune fille éplorée au pied du gibet comme Madeleine, on pensait assister à l'une de ces scènes de la Passion, tant de fois tracées par le pinceau. Teresina s'était cramponnée aux rosaces de fer du balcon; elle aussi, regardait.

Tout son corps tremblait et se repliait sous elle, ses dents claquaient, ses épaules nues portaient le poids d'un manteau de glace. En ce moment elle se retourna vers Charles.

Il était demeuré debout auprès d'elle, sans mouvement et sans voix... si livide alors que la comtesse en eût peur.

— Est-ce donc un gibet que le cardinal nous donne en spectacle? demanda une voix assez courageuse pour rompre la première ce silence d'épouvante. Qui que vous soyez, parlez, vous qui venez ici jeter sur cette fête un crêpe de deuil; parlez, ou sinon...

Et Pompeo, car c'était lui, s'avança vers le masque du balcon, en mettant la main fièrement à son épée.

La duchesse tressaillit, mais cette voix mâle la rassura.

Samuel l'avait aussi reconnue, cette voix, mais elle ne fit qu'accroître sa rage.

— Oui, je parlerai, dit-il en ayant soin d'assurer son masque sous les plis du capuchon qui le retenait, je parlerai puisqu'on m'y convie! Je dirai d'abord à ce jeune homme, au noble comte de San-Pietro, regarde, voilà ton père! Ose ici me démentir!

Charles garda le silence, il s'était voilé le visage de ses deux mains.

— Oui, ton père, reprit le masque, ton père que tu as renié, chassé de cette maison, ton père qui t'aimait et que tu as poussé au désespoir! Le cardinal n'a point à faire ici, mes nobles seigneurs, car maître Philippe a attaché lui-même ce lacet autour de son cou. Il n'a pas voulu voir le déshonneur de son fils et celui de cette femme, qui n'est pas, qui ne peut pas être la sienne, poursuivit Samuel en indiquant du doigt la duchesse. Cette jeune fille en larmes que vous voyez se rouler et se tordre au pied de ce poteau, où pend un cadavre, c'est une pauvre enfant que le comte de San-Pietro a lâchement abusée, c'est Mariette, qui, se croyant elle-même la fille du cabaretier Philippe, ne l'a point, du moins, abandonné comme son fils! Et cet homme qui vient ici me parler avec arrogance, cet homme qui me commande de parler, cet homme est son père, c'est l'ancien amant de Teresina Pitti, duchesse de Fornaro, la reine de ce bal! Et maintenant, mes nobles seigneurs, maintenant que ma tâche est remplie, maintenant que j'ai mis un nom sur ces visages, je ne crains plus de vous dire ici le mien, je suis Samuel!

— Samuel! répéta Pompeo d'une voix altérée par la colère; Samuel, c'était donc toi...

— Oui, moi qui te hais, moi qui t'ai joué, moi qui te brave! Moi qui ai voulu, reprit Samuel à voix basse, acquérir ici même la preuve que la duchesse t'aimait, et que, parce qu'elle t'aime, ai juré que l'un des deux mourrait en tombant pour cette femme!

— Ce sera donc toi, misérable, murmura Pompeo en tirant son glaive par un mouvement plus rapide que la pensée... En même temps il avait jeté son masque et montrait à tous son visage plein de fierté.

Mais la foule des spectateurs le retint, force lui fut de céder.

— Es-tu donc si oublieux, reprit froidement Samuel, qu'il ne te souvienne plus de ma puissance? N'as-tu donc point obéi en esclave à cette voix? Pompeo, tu peux voir d'ici la rue des Lions-Saint-Paul!

— Infâme!

— Oh! je sais ce que tu vas dire, que ce n'est que par mes ordres... Je ne m'en défends pas, mes nobles seigneurs, continua Samuel; j'appartiens au cardinal et je m'en fais gloire! Mais Pompeo a aussi obéi à Son Eminence; cet homme si loyal, cet amant si dévoué a bien voulu consentir, pour un peu d'or...

— Tu mens, traître, tu mens! interrompit Pompeo, se tordant avec rage entre les bras de ceux qui le retenaient; tu dois savoir pour quel pacte...

— C'est du moins un pacte que j'ai tenu; je t'avais promis de te livrer Samuel; Pompeo, je te le livre!

L'ample capuchon de Samuel retomba, et les cordons de son masque, violemment arrachés par lui, laissèrent voir à tous sa hideuse figure. En l'apercevant, tous pensèrent qu'il y avait de quoi inventer la laideur, si elle n'eût point existé.

— Oui, je suis maudit, je représente Satan, n'est-ce pas? demanda-t-il à Pompeo d'une voix sourde. Le médecin de Son Eminence! ah! ah! ah! continua Samuel avec un rire strident et glacé. Oui, je suis un être défiguré par le feu en attendant celui de l'enfer! Il y a longtemps que tu n'avais

15.

vu mon visage, noble Ménélas, qui a jeté dans ce fleuve-ci
ton Hélène! Ah! ah! ah! prosterne-toi maintenant devant
elle; baise avec amour ces mains que pressait entre les
siennes le fils d'un cabaretier! Je te laisse un moment, ne
faut-il pas que je te conduise ta fille !

— Ma fille! reprit la duchesse avec un élan que le cœur
seul d'une mère peut trouver. Ma fille, qu'en as-tu fait,
toi? N'est-ce donc pas toi, misérable fourbe, qui m'as fait
le premier croire à sa mort? n'est-ce pas ton odieux ressentiment qui m'en a privée? Mais le ciel est juste, le ciel
veillait sur elle et sur moi, la Seine a trompé deux fois
ton attente et ta vengeance!... M'insulter chez moi, dans
ma maison, devant tous, continua-t-elle avec fierté; mais tu
es un misérable que je devrais faire pendre à ce gibet, si
j'étais en Italie.

— Vous êtes à Paris, madame, et à Paris on ne touche
pas impunément à l'homme qui porte ceci !

Samuel, en même temps, tira du dessous de sa simarre un
anneau de forme étrange, portant un canton d'armes gravées.

— Le scel du cardinal! murmura l'un des assistants, des
sbires ici ! sauvons-nous !

En un instant les rangs de la foule s'étaient éclaircis;
Pompeo, que la duchesse à moitié évanouie cherchait en
vain à calmer, en profita pour ramasser son épée... Déchiré
par tant de secousses, outragé à la fois dans son cœur d'a-
mant et de père, l'Italien eut la force de se contenir, et se
penchant à l'oreille de Samuel :

— A demain, lui dit-il, à demain, s'il te reste encore
dans les veines un peu de sang... L'un de nous doit mourir, c'est toi qui l'as dit. Où te verrai-je?

— Ici-même.

— Et à quelle heure?

— A midi.

— Mais dans quelle partie de ce vaste hôtel?

— Là, reprit Samuel en montrant à Pompeo un endroit
connu de lui seul, et qui parut étrange à l'Italien.

XXXI

L'ARMOIRE.

Revenu de sa première stupeur, Charles avait quitté le balcon avant que Samuel ne pût le voir se confondre aux flots de la multitude; il avait couru à l'extrémité du pont Marie.

Rien ne pourrait donner idée de cette course frénétique... Charles avait reconnu le corps de maître Philippe; il avait la fièvre, le délire; il tomba sans force devant le poteau au pied duquel Mariette pleurait.

Le peuple entourait le cadavre du cabaretier dans un silence muet et stupide. L'idée d'une exécution secrète fut alors la seule qui se présenta aux esprits. Personne ne put croire que le digne vieillard eût attenté à ses jours, lui que l'on citait dans tout le quartier de l'île comme un exemple d'ordre et d'économie. Maître Philippe était connu pour avoir la fourniture de plusieurs grandes maisons, et le cabaret de la *Pomme de pin* n'était pas, nous l'avons dit, un cabaret ordinaire.

Aussi, dès la première nouvelle de l'événement, chaque honnête bourgeois avait-il cru devoir quitter sa boutique, et se rendre sur les lieux mêmes.

Le poteau en question, destiné à l'éclairage prochain du pont auquel nos magistrats ont enfin donné aujourd'hui le gaz, ne consistait alors que dans un méchant pieu fiché en terre, attendant quelque fallot de papier peint, car l'édilité parisienne d'alors ne se piquait guère de luxe dans son système de lanterne, et l'origine des réverbères est postérieure au temps où se passe ce récit.

Un bout de corde neuve y pendait encore la veille; maintenant il soutenait un cadavre...

La figure du cabaretier était terrible; elle avait acquis ce caractère menaçant que la strangulation ne manque jamais d'imprimer à ses victimes après cette formidable secousse qui éteint le râle dans la poitrine du supplicié. Les yeux ressortaient de leur orbite, des yeux sanglants, tout ouverts; l'éclat de la face était hideux et violacé, un rire étrange et presque sauvage plissait le coin de la bouche. Quelques mèches de cheveux gris couronnant le front s'étaient dressées droites, les jambes du vieillard, froides et raides, n'étaient guère qu'à un pied du parapet de pierres de taille.

Il portait la même casaque et les mêmes chausses qu'on lui avait vues à ce bal; quelques rubans noués sur son épaule gauche, flottaient en sifflant sur son costume de gala, le costume qu'il ne mettait qu'aux grands jours, et quand le prévôt des marchands s'en venait goûter le vin chez lui.

Avant que Charles n'advint, la foule avait contenu les efforts des deux valets de maître Philippe, qui prétendaient, à l'aide d'une échelle, arracher leur maître à ce gibet ignomineux, car, par un préjugé qui existe encore aujourd'hui, il n'était pas permis, avant l'arrivée des magistrats, de déplacer le corps de la voie publique.

Dans un nuage de poussière élevé du côté de l'Hôtel de Ville, se détachaient déjà les habits bleus des gardes de la prévôté, accourant au galop. Le peuple irrité se préparait à les recevoir à coups de pierres.

— Nouveau mode d'éclairage inventé par Son Eminence, disait un espion de Richelieu, enchanté d'ameuter la foule afin d'y faire ses orges.

— Comme s'il n'avait pas assez en ce moment-ci des mazarinistes.

— Sans compter les protestants et les financiers.

— Nous voilà revenus au temps du Concini, c'est sûr.

— C'est une horreur, une indignité. Ce sera quelque vengeance comme celle exercée, il y a un an, sur le passeux de l'île aux Vaches.

— Un si brave bourgeois.

— Un homme qui vendait de si bon vin.

— Et sans le baptiser, quoiqu'il fût près de la Seine.

— Voilà sans doute les archers qui viennent enlever le corps ou le garder.

— Frondons sur eux sans pitié, faisons pleuvoir sur eux une grêle de pierres.

Ce fut dans ce moment que Charles vint tomber comme une masse inerte aux pieds du corps. A la vue de ce jeune gentilhomme aux brillants habits, la foule s'écarta avec respect. Le fils de maître Philippe s'évanouit au milieu de ces clameurs. Dans ce cavalier au teint bruni, aux cheveux lisses et soignés, cousu de dorure, de dentelles et d'aiguillettes, il n'eût guère été possible à la multitude de reconnaître le fils du cabaretier de la *Pomme de pin*. Une seule bouche laissa échapper son nom.

— Mariette, dit Charles en rouvrant les yeux, Mariette, pardonne-moi !

Les gardes de la prévôté, assaillis par quelques pierres, formèrent une haie et continrent la foule à l'aide de quelques bourrades. Un double renfort leur arrivait à la fois du Châtelet et de l'Arsenal.

Presque en même temps, et dans un carrosse de cuir roussi mené par des valets en livrée rouge, on vit apparaître la figure du lieutenant criminel. Il mit pied à terre et souleva Mariette, dont les grands yeux noirs, humides de larmes, regardaient Charles. Après quelques mots échangés avec elle, il la fit entrer, ainsi que le jeune homme, dans la salle basse du cabaret.

Contre l'ordinaire, les volets de cette pièce étaient encore clos; une lampe de nuit à demi mourante brûlait sur le comptoir.

Tout se trouvait à sa place dans le cabaret. Les tables des buveurs étaient encore empreintes de taches de lie; la chatte Marmousette dormait sur le coussin de la haute chaise affectée à maître Philippe.

— Grâce, grâce, monsieur! s'écria Charles, en élevant vers le lieutenant criminel des mains suppliantes.

— Que voulez-vous dire? demanda le magistrat, auriez-vous, monsieur, quelque révélation à me faire?

Il se retourna en même temps ému de pitié et de terreur vers Mariette. Le lieutenant criminel poussa un volet afin de voir la figure du nouveau coupable.

— Oui, grâce, reprit Charles, car ce vieillard est mon père! Ce vieillard, je l'ai tué!

Mariette devint d'une épouvantable pâleur; ses sens menacèrent de l'abandonner, elle s'appuya contre le comptoir.

Tous trois étaient seuls dans cette vaste salle, d'où l'on entendait le piétinement des chevaux et de la foule sur le pavé. Quelques masques enrubannés, vêtus de fringants manteaux, collaient leur visage de carton noir aux vitres du cabaret; c'étaient les acteurs de la fête donnée par Charles.

Vaincu par l'émotion et la souffrance, Charles eut encore la force de détailler au lieutenant criminel ce qui s'était passé, il s'accusa lui-même avec des sanglots et des larmes.

— Je suis un misérable! s'écria-t-il, j'ai chassé mon père, et le ciel m'en a puni! Ne me demandez pas si je mérite la mort, continua-t-il dans l'égarement de sa douleur, je ne dois sortir d'ici qu'avec la chemise grise des condamnés et sur le tombereau du Châtelet!

Les explications données par Mariette au lieutenant criminel n'étaient guère de nature à calmer l'exaltation du malheureux. Mariette raconta qu'à peine rentré chez lui, le vieillard s'y était renfermé après l'avoir embrassée au front comme de coutume. Vers les cinq heures du matin, elle avait entendu un léger bruit, puis quelques cris inarticulés. Ouvrant alors sa fenêtre, elle avait pu voir se balancer au poteau du quai le corps de maître Philippe.

A ces détails cruels, le jeune homme vit rouvrir toutes ses blessures. Il se frappa de nouveau la poitrine avec un rugissement étouffé; puis, se roulant en larmes aux genoux du lieutenant criminel, il lui demanda comme une grâce de le faire jeter en prison sur l'heure, implorant la mort, qui devait être, disait-il, la fin de ses maux.

Ces paroles désespérées portaient le trouble et l'effroi dans le cœur de Mariette, mais un geste bienveillant de son juge la rassura.

— Votre crime est grand, dit-il au jeune homme, mais votre remords en dit assez; il ne s'agit plus maintenant que de réparer votre faute autant qu'il peut être en vous. Fils d'un brave marchand, et né comme lui dans les rangs du peuple, vous avez voulu vous élever et devenir un seigneur; l'ambition seule vous a perdu. Descendez dans votre cœur, et voyez un peu ce qu'elle a su faire de vous : un ingrat, un parricide! Vous avez méconnu ce père dont vous étiez le fils unique et chéri, vous l'avez banni, chassé de votre maison! Eh bien, Charles, c'est dans la sienne et à l'instant même qu'il vous faut conquérir l'oubli de vos fautes. Oui, devant ce peuple rassemblé, devant ces mêmes hommes dont plusieurs viennent de quitter votre fête, je vous dirai ce que vous avez à faire. A ce prix, à ce prix seul, vous pouvez être absous de votre crime devant Dieu, vous pouvez...

— Et de quoi s'agit-il? interrompit Charles avec feu; parlez, oh! parlez, je suis prêt à tout, je m'y soumets. Faut-il m'accuser devant ce peuple, faut-il lui apprendre... Oh! j'obéirai, monsieur, j'obéirai! Mais laissez-moi d'abord obtenir mon pardon de cette pauvre enfant dont j'ai déchiré aussi le cœur, laissez-moi...

Charles parlait encore, lorsque la porte s'ouvrit, des exempts venaient prendre les ordres du magistrat. Mariette entraîna Charles dans une pièce voisine; elle eût voulu au prix de son sang calmer la douleur et l'effervescence du jeune homme. Avec cet instinct qui ne manque jamais aux nobles cœurs, la jeune fille devinait ce que le lieutenant criminel allait demander à Charles; seulement, elle n'osait encore le lui conseiller.

Tous deux demeuraient immobiles, baignés de larmes. Tout d'un coup, Mariette, qui s'était approchée de la vitrine, poussa un cri : on venait de détacher le corps de maître Philippe, et quelques porteurs allaient le déposer dans la grande salle.

Les murmures du peuple, au lieu de s'éteindre, paraissaient alors s'accroître.

On pouvait entendre, à travers les fenêtres, des cris de menace et de vengeance.

— Mort à l'assassin ! mort au fils de maître Philippe !

Ces cris forcenés paraissaient surtout sortir d'un groupe dont un masque noir occupait le centre. Son capuchon était rabattu, sa parole brève, sifflante. Ceux qui l'avaient vu dans le bal s'en écartaient; ce masque, c'était Samuel.

Cependant les cris devenaient plus fréquents et plus intenses.

— Ne les entendez-vous pas, murmura Charles, c'est moi qu'ils demandent, moi qu'ils poursuivent !... A quel autre qu'à moi pourraient s'adresser ces cris, Mariette : Mort au parricide ! à l'assassin !

La foule obstruait alors en effet les abords du cabaret.

— Mariette, dit Charles par un mouvement d'irrésistible frayeur, Mariette, sauve-moi !

Charles n'était alors qu'à deux pas du corps, dont une porte vitrée, couverte d'un méchant rideau, les séparait.

Il souleva ce voile d'une main glacée par la peur, et il put voir son père étendu sur une table... Le lieutenant criminel dictait son rapport à ses greffiers.

En ce moment, la lampe placée sur le comptoir s'éteignit, et Charles, en proie au vertige, crut voir s'agiter les lèvres du mort...

— Fuyons! dit-il à la jeune fille en l'entraînant.

Après avoir gravi tous deux l'escalier, ils entrèrent dans la première chambre qui s'offrit.

C'était celle du vieillard, chaque meuble y luisait de son

éclat accoutumé. Le lit de serge rouge n'était pas même défait. Il n'y avait qu'une seule armoire d'ouverte.

Charles courut à l'armoire, il y vit, ô surprise ! l'habit de camelot et les chausses de laine qu'il portait, il y avait à peine deux ans, avant de songer à ses rêves d'ambition et d'orgueil. En les reconnaissant, le jeune homme essuya une larme furtive.

— Ah ! dit Mariette, si vous n'aviez pas quitté ces humbles habits !...

— Et pourquoi ne les reprendrais-je pas ! s'écria Charles tout à coup, ne sont-ils pas aujourd'hui ma seule livrée de salut? Irai-je me présenter à ce peuple furieux sous ce costume, la cause de tous mes malheurs? Oui, je voudrais trouver en ce moment un vêtement qui fût encore plus misérable, je voudrais...

— Bien, Charles, s'écria la jeune fille; voilà ce que je n'eusse osé jamais vous demander, ô mon frère! voilà ce que le lieutenant criminel se réservait de vous prescrire. Ne craignez pas que je m'oppose à ce généreux élan; qui vous en blâmerait, si ce n'est la voix de ces mêmes hommes dont l'envie maligne vous poursuit? Ce que vous faites là, vous vous le devez à vous-même, à votre père!... Voyez, ajouta Mariette, comme il les gardait avec soin, ces habits devant lesquels je l'ai bien des fois surpris le regard baigné de larmes! Votre main, mon ami; oh! vous êtes maintenant tel que je vous vis pour la première fois, lorsque les blanches marguerites de notre jardin effeuillaient leur tige fleurie dans la poussière du sentier! Vous étiez bon, candide, votre cœur débordait de votre regard, de vos lèvres. Moi, qui vous connaissais, j'étais bien fière de vous! Vous ne vous êtes pas en allé, n'est-ce pas? vous n'avez point fui, vous ne m'avez point oubliée? Que vous êtes beau sous ce drap de bure, que votre air est noble et doux! En vous voyant passer, ils se diront : Il était peut-être gentilhomme ; mais vous leur répondrez que vous l'êtes, non comme eux, par une broderie collée au manteau, par une rapière souvent inutile, par la

morgue et le dédain, mais par votre amour pour tout ce qui
est grand et beau, par votre remords, par vos larmes. Oui,
Charles, croyez-moi, en ce moment celui que votre ingratitude a tué vous regarde et vous pardonne !

Ces paroles douces et calmes retentirent au cœur de
Charles; il sentait palpiter autour de lui les ailes d'un ange
invisible; son front consterné se relevait; il était baigné
de brises salutaires, le bandeau de l'ambitieux était tombé.

— Mariette ! s'écria-t-il dans un pur et doux transport, et
comment ne pas oublier le monde pour toi, comment ne
pas aimer la fille généreuse qui me sauve de mon propre
désespoir? Tous mes souvenirs, je les retrouve dans ton âme,
je les vois écrits dans tes yeux et sur ton front. Cet habit, vois-
tu, je voudrais qu'il se changeât pour moi en cilice, et qu'il
me perçât de ses pointes de fer ! Comment ai-je pu un seul
instant causer tes pleurs ! Tu dois me haïr, et tu me dis que
tu m'aimes ! Ces dépouilles de la vanité, elles sont là, tu les
vois, mais rassure-toi, avec elles j'ai abjuré mon fol amour;
je suis, je dois être à toi; Mariette, sache-le, cette femme
n'est pas la mienne.

— Il serait vrai ! balbutia-t-elle, doutant encore; quoi !
Charles, vous seriez libre?

— Oui, libre, Mariette, libre comme un esclave arraché
à sa prison; oh! si Dieu me condamne, absous-moi, du
moins, absous-moi, et je croirai que mon père même m'a
absous !

Charles avait revêtu ses habits, il semblait respirer un air
nouveau, il était fou de joie et de bonheur ; Mariette lui
souriait, plus belle qu'il ne l'avait jamais vue.

En ce moment, il avait oublié les clameurs de cette foule,
un noble incarnat montait à ses joues, il ne tremblait plus,
il ne voyait que Mariette.

La présence du lieutenant criminel le rappela soudaine-
ment à d'autres pensées, le magistrat venait le prévenir
que le corps allait être enterré à l'instant même, et qu'il
était urgent qu'on le vît suivre le convoi. Il applaudit à la

transformation de Charles; il allait l'exiger de sa prudence.

— Maintenant, lui dit-il, rassemblez toutes vos forces. Il s'agit ici d'avoir du courage; montrez à ces hommes celui que le repentir vous a donné. Ils s'attendent à voir sortir de ce lieu un pâle gentilhomme, ils veulent se venger sur le comte de San-Pietro, qu'ils trouvent un enfant du peuple!

Puis, s'adressant aux archers de sa troupe :

— Que le tambour sonne, dit-il, et vous, chapeaux bas!

Charles descendit, après avoir donné à la jeune fille un baiser d'adieu; baiser plein de larmes, car cette nouvelle séparation pouvait être éternelle.

En passant sous le porche, il entendit des cris furieux, qui ne tardèrent pas à s'apaiser, ainsi que le lieutenant criminel l'avait prévu.

A l'aspect du jeune homme suivant, dans ses habits d'apprenti, le corps de maître Philippe, des larmes de respect et d'attendrissement gagnèrent la foule; sa douleur muette changea la disposition des esprits. Tous les hôtes fameux du cabaret de la *Pomme de pin,* Faret, Chassaingrimont, Saint-Amand et plusieurs autres, ne purent s'empêcher eux-mêmes d'être touchés; tant l'abnégation écrite sur le front de Charles témoignait encore plus que ce changement d'habit, du sacrifice généreux qu'il s'imposait. Confondu dans cette multitude recueillie, un seul homme alors observait Charles avec des pensées bien différentes; cet homme, c'était Samuel.

Un désappointement amer s'emparait de lui, en voyant le fils de maître Philippe échapper ainsi à la vengeance du peuple.

— Il me reste la mienne! dit-il en s'acheminant vers le quai où s'élevait le splendide hôtel.

XXXII

LE DUEL.

Une heure après l'enterrement du cabaretier, deux personnes, une femme et un homme, causaient encore dans ce même boudoir où Samuel s'était introduit pendant le bal... L'homme était debout, arrêtant avec complaisance son regard encore troublé sur la belle créature, à demi couchée sur un sofa, qui semblait alors poser devant lui comme devant un peintre. Il admirait tour à tour l'éclatante profusion de sa chevelure, ses longs cils noirs inclinés, ses épaules de reine et ses bras nus. De temps à autre un soupir profond s'échappait de sa poitrine.

La figure de la femme était si pâle qu'on l'eût crue de cire, à ses yeux palpitaient de longues larmes, elle semblait brisée de douleur et de fatigue... Sa main gauche froissait une lettre, sa droite caressait un petit chien-lion qui ne la quittait que pour flairer le dessous de la porte avec effroi...

Pompeo et la duchesse s'étaient parlé bien longtemps, et cependant l'heure avait fui pour eux d'une aile rapide, le timbre du massif hôtel de ville de Dominico Bocardo sonnait onze coups secs et sonores... L'Italien tressaillit.

— Dans une heure, pensa-t-il, j'en aurai fini avec ce misérable. Ce sera le jugement de Dieu, et ce jugement, je l'ai attendu trop longtemps pour qu'il ne me donne pas gain de cause.

Puis, s'approchant de la duchesse dans un mélancolique recueillement et en laissant tomber sur Teresina l'étincelle électrique de son regard :

— Nous nous sommes rappelés tous deux, lui dit-il, les bons et les mauvais jours; convenez, madame, que nos joies furent bien courtes! Seize ans nous séparent de ces moments fortunés où, votre main dans la mienne, nous cachant aux yeux de tous, nous vivions de notre cœur; pourvu que

votre tête reposât sur mon épaule, que votre sourire ren-
contrât le mien, que nous marchions deux à deux sous
l'aile des anges, nous confiant nos pensées, nos joies, nos
douleurs, nous étions heureux ! Un vent de malheur a depuis soufflé sur nous ; il vous a abattue, vous, le lis superbe, il m'a desséché, moi, l'arbre encore vigoureux. Un
homme souillé de crimes a voulu vous perdre, un autre
vous a trompée. Si ma haine est au premier, ma pitié s'é-
veille malgré moi pour le second, du moins ce jeune homme
vous aimait ! Cette lettre qu'il vous adresse après avoir repris les humbles vêtements de son état est celle d'un noble
cœur ; je poursuis la lâcheté, je pardonne au repentir.
Maintenant, Teresina, si misérable que puisse être mon
sort, je vous appartiens. Vous désirez fuir, eh bien, fuyons !
Oh ! soyez bénie pour avoir conçu l'idée de m'arracher avec
vous à cette contrée de sang, soyez bénie, vous qui me
rendrez l'Italie et votre amour ! A quelles tempêtes sommes-
nous réservés encore, je ne sais, mais prenez courage,
maintenant nous sommes trois ! Oui, cette jeune et naïve
enfant que je compte vous présenter, cette Mariette que
vous ne connaissez point...

— Ma fille !... s'écria Teresina avec transport, ma fille !
Ah ! comment se fait-il qu'elle ne soit point encore ici ?...
dans mes bras et sur mon cœur ! Partez vite, Pompeo, courez, qu'on me l'amène, je ne mourrai pas si j'embrasse
bientôt ma fille...

— Retenue près du corps de son père adoptif, de l'honnête vieillard qui l'a élevée, elle a consolé, soutenu ce matin le courage de Charles... Rassurez-vous, oh ! je vais donner des ordres pour qu'elle vienne ; vous l'aimerez, n'est-ce
pas, Teresina ?

— Si je l'aimerai !... pourquoi cette demande, Pompeo ?
Elle que je croyais perdue, je la retrouve ; oh ! jugez de
mon ivresse ! C'est d'aujourd'hui, Pompeo, que je sens le
bonheur d'être du moins à l'abri de la misère. Ma fille !...
mon enfant !... Mais elle vous chérira autant que moi, plus

que moi peut-être, car elle vous connaît, elle sait quels trésors renferme votre noble résignation. Mais je tremble, j'ai peur, volez, ramenez-la-moi !... Les paroles de Samuel retentissent encore comme un glas funèbre à mon oreille... Si cet homme perfide attentait une seconde fois à ses jours... si, voulant nous frapper tous deux dans notre fille...

— Rassurez-vous, d'ici à demain il peut se passer des choses...

— Qu'avez-vous dit, Pompeo? quel éclair rayonne en votre regard? Vous haïssez cet homme... oh! vous voulez le tuer! Mais cela ne sera pas, continua-t-elle en joignant les mains; il ne sera pas dit que vous vous serez mesuré contre cet homme. L'épée de celui que j'aime d'un amour constant et dévoué ne peut se croiser contre le fer d'un assassin!

Pompeo garda le silence.

— Oh! dites que vous le laisserez en proie aux remords, n'est-ce pas? dites que c'est de Dieu que vous attendrez votre vengeance.

— Soit! dit Pompeo, j'attendrai la vengeance de ce Dieu auquel je crois. Mais l'heure s'écoule, il faut que je vous amène Mariette. Elle ignore ce que je lui suis, poursuivit-il avec un soupir; apprenez-lui ce que j'ai souffert pour elle. Adieu, madame la duchesse, adieu.

Et Pompeo, faisant sur lui-même un inexprimable effort, cherchait à cacher sous la froideur l'amertume de cet adieu, le dernier peut-être qu'il adressait à Teresina. En la quittant, il retrouva son image encadrée au mur dans la galerie des portraits; devant cette image il donna enfin un libre cours à ses larmes. Il est de ces instants où les cœurs les plus fortement trempés se brisent; il est de ces pleurs qui débordent mornes et solitaires. En voyant ce qu'il allait quitter, Pompeo se sentit faiblir, lui qui avait vécu jusqu'à ce jour de l'ardeur du combat et de la lutte contre son âpre destinée.

— Et Mariette, reprit-il, Mariette, ne la verrai-je pas avant ce duel?... n'irai-je pas l'embrasser?...

Chassant bientôt ces pensées comme un rêve pusillanime, il appela Cesara.

Le page de la comtesse de San-Pietro apparut. Il paraissait pâle, troublé.

— Cesara, lui dit Pompeo, sans remarquer son désordre, j'ai besoin de toi. Es-tu discret?

— Comme un confesseur, Excellence.

— Cesara, continua Pompeo, j'ai aujourd'hui même un rendez-vous important.

— Un rendez-vous d'amour, Excellence? parlez. Je ne mets à ma discrétion que le prix auquel vous voudrez bien la taxer vous-même, répondit le valet avec un salut obséquieux et faux.

— J'entends, tu veux de l'or; prends cette bourse. C'est juste. Sache seulement que ce n'est point ici d'un rendez-vous galant qu'il s'agit; il y va de la vie ou de la mort.

— Un duel! bravo! Je vais mettre ma cape et suivre Son Excellence, dit Cesara.

— Tu n'iras pas loin, c'est ici même.

— Ici! juste ciel! reprit Cesara en voyant le lieu que lui indiquait Pompeo. Ignorez-vous, Excellence, que ces souterrains...

— Silence, dit Pompeo, aide-moi seulement à passer encore ici cette demi-heure. A midi, je descendrai seul dans cette partie de l'hôtel. Toi, en attendant, verse-moi un verre de vin de Chypre ou de vin de France, peu m'importe.

— Nous avons ici, monseigneur, du vin de Chypre excellent, dit Cesara en se dirigeant vers l'office. Il ne tarda pas à revenir avec un flacon et une coupe.

— Pourvu que le lâche n'oublie pas le rendez-vous! pensa Pompeo. N'importe, à la grâce de Dieu!

Il vida le verre que Cesara lui présentait.

Tous deux, se parlant à voix basse, arrivèrent peu d'instants après devant la grille d'un escalier sombre et tortueux qui menait aux souterrains dont il a été parlé. Cette grille protégeait une porte basse.

L'orifice des souterrains, ouvert en entonnoir, donnait d'un côté sur la cour de l'hôtel, de l'autre sur le quai ; pilotis redoutables, pareils à ceux des maisons de Venise, ils pouvaient se voir d'un moment à l'autre inondés par la Seine dont les débordements étaient alors fréquents.

Leur sol humide et froid n'y recevait le jour qu'à travers d'énormes barreaux treillissés, cinq pilastres soutenaient leurs voûtes comme autant d'arches. Une armée de bohêmes y eût campé à l'aise sous la conduite du grand *Coesre*, et en eût fait une autre cour des Miracles.

La solidité de ces constructions souterraines était nécessaire, et en raison du fleuve, l'architecte qui avait précédé Pompeo dans la direction des travaux de l'hôtel y avait apporté un soin réel... Elles étaient hardies, gigantesques...

Samuel les connaissait...

Dans cet espace sombre, étouffé, planait la nuit ; le vent s'y engouffrait avec des murmures sinistres... Ces caveaux n'avaient qu'une issue, celle de la cour.

— Bien, dit Pompeo arrivé à la grille ; bien, Cesara, laisse-moi. Souviens-toi seulement de ceci, reprit-il ; aux trois coups que je frapperai contre cette porte, tu feras ce que je t'ai dit de faire.

— Il suffit, Excellence, répondit Cesara, j'obéirai.

Pénétrant alors dans les profondeurs du souterrain, Pompeo eut d'abord quelque peine à s'orienter. Le jour tombait d'aplomb sur un espace resserré, et décrivait en ce lieu une traînée lumineuse. Ce fut là que l'Italien se plaça en attendant Samuel.

Pompeo avait laissé la porte à demi ouverte.

En parcourant pour la première fois ce domaine ténébreux, l'Italien ne put réprimer un léger trouble. Les murs suintaient l'eau de toutes parts, des formes bizarres se dessinaient au loin sur leurs parois sinueuses et noires. Ces lieux semblèrent à Pompeo pleins de spectres, ils lui rappelèrent les sombres cachots où il avait été enfermé lui-même en Italie, et où il avait échappé au scalpel de son odieux rival. Ce souvenir acquit même, malgré ses efforts, un tel degré de consistance dans son esprit, qu'il passa la main sur son front comme pour s'en dégager; mais il lui devint impossible de s'en affranchir, il ferma les yeux comme s'il eût été encore étendu sur la table de marbre de l'anatomiste.

Tout d'un coup, il entendit se refermer lourdement derrière lui la porte du souterrain.

Presque au même instant, deux yeux brillèrent dans l'ombre.

— Défends-toi! cria Pompeo, en se plaçant l'épée nue dans l'espace que la lumière frappait.

Samuel l'y rejoignit, et tous deux croisèrent les éclairs luisants de leur glaive.

Pompeo avait pour lui cette force herculéenne, si redoutable dans un pareil jeu; quand il touchait le sol, c'était comme Anthée, il acquérait une invincible vigueur. Samuel ne connaissait de l'escrime que la prudence et la ruse.

— Ramasse ton épée, noble docteur, cria-t-il en raillant à Samuel, qu'il désarma tout d'abord; n'est-ce pas ici le moment de prendre ton scalpel? Par ma foi, tu ne saignes que tes malades!

Samuel, confus, ramassa son arme et se mit en garde avec un sang-froid apparent.

— Railles-tu, reprit Pompeo, et de quelle académie sors-tu, Samuel? N'es-tu donc bon qu'à jeter les gens en Seine?

— Pompeo, ton œil se trouble, dit Samuel, ta main n'est plus assurée.

— Elle l'est encore assez pour punir un traître, répondit Pompeo; pare donc ce coup avec ta science, docteur!

Et plongeant le fer dans la poitrine de Samuel, il l'en retira sanglant. En ce moment, lui-même chancela, et il s'appuya contre une colonne.

— Je meurs!... ah!... j'étouffe... murmura le docteur d'une voix rauque; je meurs... Pompeo, mais tu vas mourir aussi...

— Moi ? demanda Pompeo en proie à un vertige inconnu, moi, que tu n'as pas même effleuré du bout de ton glaive !

— Toi, que le poison dévore, reprit Samuel en tombant. Ne le sens-tu pas ?... oh ! oui, je le vois... il te dévore... il te ronge... Oh ! je m'y connais, tu vas mourir.

— Va, lâche, laisse-moi ! Oh ! mon Dieu, mon Dieu ! cela est vrai... oui... ce mal étrange... ma vue s'obscurcit... ma voix s'éteint...

— Oui, tu vas mourir, continua Samuel, mourir ici avec moi, sans toutes les joies dont tu voulais t'emparer... sans ta fille, sans ta femme, que tu aimais... Oh ! je te le dis, tu vas mourir !

— Pitié, Samuel, pitié !

— De la pitié ! va, je n'ai que de la haine ! répondit le docteur en se traînant sur ses mains ; je m'étais promis de me venger, je l'ai fait.

— Oh ! mais il est encore temps ; oui, murmura Pompeo, en frappant ici...

Et se traînant vers la porte, l'Italien eut encore la force, au milieu des horribles douleurs qui l'étreignaient, de donner à Cesara le signal convenu.

— Que fais-tu ? dit Samuel. Espères-tu donc qu'on puisse t'entendre ? Si c'est le page Cesara, je l'ai gagné. Sache donc que le vin qu'il t'a versé tout à l'heure...

— Ah ! tu es le démon ! reprit Pompeo, mais le ciel...

— Le ciel... Pompeo... répondit Samuel en s'appuyant sur ses mains ensanglantées, le ciel est une froide plaisanterie... Vois s'il t'aiderait, tu meurs !

Oui, continua-t-il, te voilà marbré, livide... Ce poison est un de mes secrets... A moins d'un miracle, et Dieu n'en fait plus... ajouta le docteur, la bouche crispée. Voilà notre tombe, ou plutôt notre lit de noces à tous deux. Mais Teresina, ta fiancée, ne viendra pas !

— Teresina ! dit Pompeo, Teresina !

— Oui, appelle-la, demande-lui de venir ici te voir mourir ! Ton œil ne rencontre ici que le mien, ce sépulcre nous a tous deux. On va bientôt nous coudre dans le même linceul ; on nous enterrera dans la même fosse... Ah ! ah ! ah ! poursuivit Samuel avec son rire effrayant, tous deux réunis, tous deux !

La porte du caveau s'ébranla soudain sur ses gonds. Charles et Mariette descendaient dans ces limbes qui les remplirent d'épouvante.

— Ma fille !... murmura Pompeo dans un suprême et dernier effort, ma fille ! Etait-ce ainsi que je devais te revoir !...

Mariette et Charles portaient des habits de deuil. Les sanglots étouffèrent leurs voix en voyant l'affreuse décomposition de Pompeo.

— Votre main, dit-il à Charles d'une voix étranglée par l'agonie, votre main... vous êtes un noble cœur, j'ai lu votre lettre à la duchesse...

— Mon père ! mon ami ! reprit Mariette en pleurant, mon père, il vous eût aimé autant que moi !

— Mes enfants, mes chers enfants... je ne vous quitterai pas sans vous unir... dit Pompeo l'œil déjà vitré par la mort, tous deux fiancés, tous deux... Mais Teresina, où donc est-elle, où donc ? Ah ! j'eusse voulu...

— Arrêtée par l'ordre de Richelieu... répondit Samuel se roidissant lui-même contre le râle. Va, je meurs content, elle est perdue !

— Sauvée ! reprit une voix qui éclata au sein des ténèbres du souterrain.

— Bellerose ! s'écrièrent Charles et Mariette.

— Oui, dit Bellerose, cherchant à reprendre haleine, et terrifié du spectacle horrible qu'il rencontrait, une voiture de la reine mère vient d'emmener subitement la duchesse au moment même où les ordres du cardinal allaient se voir exécutés contre elle. Pompeo, vous êtes vengé... le règne de Richelieu est fini, et celui de Mazarin commence... et il commence par un acte de justice. Capitaine, emparez-vous de cet homme, qui tout à l'heure va être un cadavre !

— De moi! murmura Samuel... de moi!... Arrière, laissez-moi mourir.

— De toi! misérable chair de potence! s'écria le capitaine la Ripaille survenant avec ses hommes; n'entends-tu pas d'ici les cris du peuple! C'est un coupable qu'il lui faut. On a détaché de ce gibet le corps de maître Philippe, il t'attend, c'est ton cadavre qu'il lui faut. Dépêche-toi de mourir pour contenter les amis de Mazarin.

Pendant que le capiaine, aidé de ses gens, relevait le corps de Samuel, Mariette, agenouillée devant Pompeo, recevait de lui le dernier souffle exhalé de sa poitrine... En cet instant, elle aperçut son sachet, il reposait sur la poitrine brunie de l'Italien. Comme elle allait le prendre, le mourant fit un geste, et plaça sa main sur lui. Cette main était déjà semée de taches noires.

. . . .

Le soir de ce même jour, un mouvement populaire avait lieu en effet pour Mazarin, bien que le cardinal ne fût pas déchu.

Mariette et Charles, en rentrant au cabaret de la *Pomme de pin*, se virent forcés de fendre une foule tumultueuse qui se pressait autour du gibet de Samuel... Par une vengeance commune en ces temps de troubles, on avait affublé le docteur d'un large bonnet de papier sur lequel était écrit ce quatrain :

> Médecin de Richelieu,
> Sournois, lâche, impie et traître,
> Ce n'est pas toi que ton maître
> Eût placé dans si haut lieu.

. . . .

Un an après, au lieu même où s'élevait jadis la cabane du passeux, devenue si fatalement célèbre, l'œil du Parisien pouvait voir une jolie maisonnette au toit pointu, décorée de deux légers pilastres dans le style fleuri de la renaissance, et devant laquelle s'alignait une belle rangée d'ormes. Les mariniers joyeux de la Seine y débarquaient souvent de nobles et galants seigneurs, c'était le cabaret des *Piliers bleus*. Celui de la *Pomme de pin* avait été détruit pour cause d'alignement du quai des Ormes.

Charles Gruyn, qui mourut cabaretier, laissa à sa veuve, la belle Mariette, une assez grasse fortune. Quant à l'hôtel de l'île, appelé depuis l'hôtel Pimodan, nous verrons, en reprenant bientôt son histoire, à quel maître brillant et fastueux il échut, après avoir été abandonné longtemps aux soins des vulgaires curateurs de la duchesse, qui mourut peu après sa retraite auprès de la reine mère.

FIN DE LA PREMIÈRE PARTIE